国家职业教育
物流管理专业教学资源库

"十四五"职业教育国家规划教材

国家职业教育物流管理专业教学资源库升级改进配套教材

 高等职业教育在线开放课程新形态一体化教材

运输管理

（第四版）

主　编　仪玉莉　关艳萍

副主编　王庆伟　王广伟

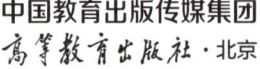
中国教育出版传媒集团
高等教育出版社·北京

U0771865

内容提要

本书是"十四五"职业教育国家规划教材，也是国家职业教育物流管理专业教学资源库升级改进配套教材。

国家职业教育物流管理专业教学资源库建设项目自2009年6月开始调研和筹备，2011年建成后全面开始应用和推广。2015年《教育部关于确定职业教育专业教学资源库2015年度立项建设项目及奖励项目的通知》（教职成函〔2015〕10号）确定物流管理专业教学资源库为国家四个奖励项目之一。

本书以公路运输为主，依托企业真实运输业务流程设计。全书包括运输管理概述，运输作业组织与管理，整车运输组织，零担运输组织，危险货物及道路大型物件运输组织，货运事故、纠纷及保险处理，运输成本控制与核算，运输绩效评价，智慧运输等内容。学习者在完成每个单元任务的基础上，专业知识和技能将得到拓展提高。

本书编写修订力求选材得当、实用性强，既可以作为高等职业教育专科、本科院校及应用型本科院校物流类及相关专业的教材，也可以作为交通运输与物流管理从业人员及社会学习者的培训教材和自学参考用书。

本书配套建设了类型丰富的数字化教学资源，精选其中具有典型性、实用性的资源在教材中进行了标注，并将优质资源以二维码方式突出，供读者即扫即用。教师如需获取本书授课用PPT、习题答案等配套资源，请登录"高等教育出版社产品信息检索系统"（xuanshu.hep.com.cn）免费下载。

图书在版编目（C.I.P）数据

运输管理 / 仪玉莉，关艳萍主编. -- 4版. -- 北京：高等教育出版社，2024.7

ISBN 978-7-04-062063-4

Ⅰ. ①运… Ⅱ. ①仪… ②关… Ⅲ. ①物流-货物运输-管理-高等职业教育-教材 Ⅳ. ①F252

中国国家版本馆CIP数据核字（2024）第067344号

运输管理（第四版）
YUNSHU GUANLI

策划编辑	康　蓉	责任编辑	贾若曦	封面设计	张　志	版式设计	李彩丽
责任绘图	裴一丹	责任校对	张　然	责任印制	赵义民		

出版发行	高等教育出版社	网　　址	http://www.hep.edu.cn
社　　址	北京市西城区德外大街4号		http://www.hep.com.cn
邮政编码	100120	网上订购	http://www.hepmall.com.cn
印　　刷	北京市白帆印务有限公司		http://www.hepmall.com
开　　本	787 mm×1092 mm　1/16		http://www.hepmall.cn
印　　张	15.25		
字　　数	270千字	版　　次	2012年5月第1版
插　　页	1		2024年7月第4版
购书热线	010-58581118	印　　次	2024年7月第1次印刷
咨询电话	400-810-0598	定　　价	45.80元

本书如有缺页、倒页、脱页等质量问题，请到所购图书销售部门联系调换

"智慧职教" 服务指南

     "智慧职教"（www.icve.com.cn）是由高等教育出版社建设和运营的职业教育数字教学资源共建共享平台和在线课程教学服务平台，与教材配套课程相关的部分包括资源库平台、职教云平台和App等。用户通过平台注册，登录即可使用该平台。

    ● 资源库平台：为学习者提供本教材配套课程及资源的浏览服务。

     登录"智慧职教"平台，在首页搜索框中搜索"运输管理"，找到对应作者主持的课程，加入课程参加学习，即可浏览课程资源。

    ● 职教云平台：帮助任课教师对本教材配套课程进行引用、修改，再发布为个性化课程（SPOC）。

    1. 登录职教云平台，在首页单击"新增课程"按钮，根据提示设置要构建的个性化课程的基本信息。

    2. 进入课程编辑页面设置教学班级后，在"教学管理"的"教学设计"中"导入"教材配套课程，可根据教学需要进行修改，再发布为个性化课程。

    ● App：帮助任课教师和学生基于新构建的个性化课程开展线上线下混合式、智能化教与学。

    1. 在应用市场搜索"智慧职教icve"App，下载安装。

    2. 登录App，任课教师指导学生加入个性化课程，并利用App提供的各类功能，开展课前、课中、课后的教学互动，构建智慧课堂。

    "智慧职教"使用帮助及常见问题解答请访问help.icve.com.cn。

党的二十大报告强调，坚持把发展经济的着力点放在实体经济上，推进新型工业化，加快建设制造强国、质量强国、航天强国、交通强国、网络强国、数字中国；构建优质高效的服务业新体系，推动现代服务业同先进制造业、现代农业深度融合；加快发展物联网，建设高效顺畅的流通体系，降低物流成本。这是党中央对交通运输行业作出的重大战略部署，为运输行业指明了发展方向。交通运输是国民经济中的基础性、先导性、战略性产业和重要的服务性行业，是我国现代运输体系建设的重要基础和关键环节。应立足综合交通运输特点，紧紧围绕加快建设交通强国和建设现代物流体系需要，深入推动数字经济和运输的高效融合。推动交通运输、智慧运输发展对于加快建设交通强国，促进经济高质量发展具有重要意义。

本教材是国家职业教育物流管理专业教学资源库转型升级的核心课程"运输管理"的配套教材。历版先后获评"十二五""十三五""十四五"职业教育国家规划教材。为满足物流行业运输货物"最先一公里"和"最后一公里"的空间位移需求，运输业中的能够实现"门到门"运输的公路运输方式被广泛应用。本教材以公路运输为例，讲解运输管理的相关理论，旨在培养运输调度员、货运主管等岗位所必备的操作技能和组织管理能力。本教材以运输操作和管理的基本知识和基本技能为出发点，包含了运输管理概述，运输作业组织与管理，整车运输组织，零担运输组织，危险货物及道路大型物件运输组织，货运事故、纠纷及保险处理，运输成本控制与核算，运输绩效评价，智慧运输共九章内容，帮助学习者具备运输业务运作管理、运输资源调配安排、运输项目运作等运输工作综合管理能力。

本教材根据物流专业人才培养规格要求，以专业人才培养目标为主线，以专业服务面为导向，构建"素养—知识—技能"三位一体的内容体系。根据学习渐进性理论，将各维度学习内容合理融合，形成层次梯度；剖析物流管理职业技能等级证书理论考核内容和技能考核要求，纳入证书培训的相关内容。同时，本教材深入挖掘课程思政元素，在每章章前的引导案例栏目中精选我国物流运输行业的先进案例，有机融入党的二十大精神，实现育人功能。

本教材实现了在线开放课程与新形态一体化教材的"互联网+"式互动。扫描教材边白二维码，即可获取与重要知识点、技能点对应的优质资源。同时，"运输管理"在线开放课程建设了PPT课件、案例、微课、动画、视频、交互式实训、试题库及习题答案等数字化教学资源，为教师和学生实现自助化、特色化教学提供帮助。

　　本教材由辽宁省交通高等专科学校仪玉莉、关艳萍主编，王庆伟、王广伟为副主编；北京络捷斯特科技发展股份有限公司邵清东、沈阳运输集团有限公司刘茂林也参加了本次编写修订工作。本教材的编写参考了大量国内外物流运输资料，在此一并向相关专家学者表示感谢。由于编者水平和掌握资料有限，教材中难免存在不妥之处，恳请广大读者批评指正，以臻完善。

编　者

2024 年 5 月

目录 <<<<<<<<<<<<

素养目标

● 树立严谨认真的工作态度，弘扬社会主义核心价值观

● 培养运输从业人员吃苦耐劳的工作精神

● 遵守运输行业规范，提高社会责任感

知识目标

● 掌握运输的概念及作用

● 掌握运输系统的含义及要素

● 掌握公路货物运输要求

技能目标

● 能够准确辨析出公路运输货物种类

● 能够熟练应用公路集装箱货源组织的方法

思维导图

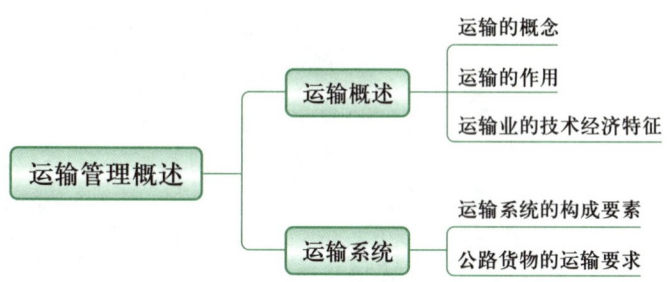

引 **导案例**

不畏艰险，交通人的楷模

锡崖沟，是山西省东南部的一个小山村，它坐落在太行山南麓晋豫两省的交界处，与河南省的辉县仅一山之隔。四山夹隙之地，因地形险恶，绝路，世世代代的锡崖沟人，就在这方圆不足8平方千米的山沟沟里过着近似原始人一样的生活。

但是，沟里人不甘闭塞，向大山宣战。历时三十年，三代人在村西绝壁上凿出一条长7.5千米，高低落差600米的挂壁公路（挂壁公路是一种有特色的公路，是在悬崖和高峻大山上开凿而出的奇险公路），开创了中国乡村筑路史上的奇迹。一条挂壁公路凝聚了几代人的梦想，几代人为挂壁公路奉献了炙热的鲜血与汗水。开凿公路的过程中，工人们口渴了，抓一把积雪润润嘴唇；胃空了，啃两口干粮填填肚子；烫热的钢钎烤烂了手心，揭起了皮，狠心地撒上一把土，拌着泥的血顺着钢钎一道道往下流……他们的头发长到了脖颈，胡子盖住了喉头，脸庞也是一层层消瘦的起皮。

走出大山以后，锡崖沟人的眼界宽阔了，思想解放了，正紧紧跟随党中央的号召，紧紧围绕各级党委的部署，继续秉承艰苦奋斗的优良传统，以更加奋发有为的姿态，开辟多种经营，发展旅游事业，大力兴办教育，不断加强农村政治、经济、文化、社会和生态文明建设，昂首阔步走在新时代的新征程上。

锡崖沟的故事，是一个因路而悲，因路而生的故事。锡崖沟人几十年艰苦奋斗的历史，就是中国人民在中国共产党的领导下，砥砺前行、不懈奋斗的缩影。锡崖沟成为一种精神、一种象征、一种标志，新时代的青年，要赓续锡崖沟精神，艰苦拼搏，奋发图强，领悟如今美好生活的来之不易，要从记录历史到传承精神，为实现伟大的中国梦，贡献自己的力量。

第一节 运输概述

一、运输的概念

中华人民共和国国家标准《物流术语》（GB/T 18354–2021）将运输（transport）定义为：利用载运工具、设施设备及人力等运力资源，使货物在较大空间上产生位置移动的活动。

物流的运输专指"物"的载运及输送。它是指在不同地域范围间（如两个城市、两个工厂之间，或一个大企业内相距较远的两个车间之间），以改变"物"的空间位置为目的的活动，是对"物"进行的空间位移。

运输是指所有物品的移动。配送则专指短距离、小批量的运输。因此，可以说运输是指整体，配送则是指其中的一部分，而且配送的侧重点在于一个"配"字，它的主要意义体现在"配"字上，而"送"是为最终实现资源配置的"配"而服务的。

二、运输的作用

运输的作用如下：

（一）产品保值

运输具有产品保值的作用。任何产品从生产出来到最终消费，都必须经过一段时间、一段距离，在这段时间和距离中，都要经过运输、保管、包装、装卸搬运等多环节、多次数的运输活动。在这个过程中，产品可能会遇到淋雨受潮、水浸、生锈、破损、丢失等问题。运输的使命就是为了防止上述问题的发生，保证产品从生产者到消费者的移动过程中的质量和数量，起到产品保值的作用，即保护产品的存在价值，使该产品在到达消费者时使用价值不变。

（二）节约资源、能源和费用

搞好运输，能够节约自然资源、人力资源和能源，同时也能够节约费用。比如，集装箱化运输可以简化商品包装，节省大量包装用纸和木材；实现机械化装卸作业，自动化仓库保管，能够节省大量作业人员，大幅度降低人员开支。

（三）缩短距离

运输可以克服时间距离、地理距离和人的距离，这也是运输的实质。现代化运输在缩短距离方面的例子不胜枚举。人们无须出国就可以买到世界各国的新鲜水果，全国各地的水果也长年不断；邮政部门改善了运输，使信件大大缩短了时间距离，短短数天即可送达亚洲多个城市。这种运输速度，把人与人之间的地理距离和时间距离一下子拉得很近。百姓不知不觉地享受到货运进步的成果。例如，南方产的香蕉全国各大城市一年四季都能买到；新疆的哈密瓜、宁夏的白兰瓜、东北大米、天津小站米等都能不分季节地供应市场。随着运输现代化的不断推进，国际运输能力大大加强，也极大地促进了国际贸易，使人们逐渐感到这个地球变小了，各大洲的距离更近了。

（四）增强竞争力

在物资短缺的年代，企业可以靠扩大产量、降低制造成本去攫取第一利润。在物资丰富的年代，企业又可以通过扩大销售攫取第二利润。在新世纪和新经济社会，第一利润源和第二利润源已基本到了极限，物流是目前剩下的"未开垦的处女地"，被称为"第三利润源"，而运输是其中的重要部分。例如，降价是近几年家电行业企业的主要竞争手段，降价竞争的后盾是企业总成本的降低，即功能、质量、款式和售后服务以外的成本降价，也就是降低运输成本。

国外的制造企业很早就认识到了运输是企业增强竞争力的法宝，搞好运输可以实现零库存、零距离和零流动资金占用，运输是提高用户服务，构筑企业供应链，增强企业核心竞争力的重要途径。在经济全球化、信息全球化和资本全球化的21世纪，企业只有建立现代运输结构，才能在激烈的竞争中求得生存和发展。

（五）加快物流

运输可以加快物流。例如，设立以运输为基础的配送中心，为连锁企业提供了广阔的发展空间。利用互联网，将超市、配送中心和供货商、生产企业连接起来，能够以配送中心为枢纽形成一个商业、运输业和生产企业的有效组合。有了计算机迅速及时的信息传递和分析，通过配送中心的高效率作业和及时配送，将信息反馈给供货商和生产企业，可以形成一个高效率、高能量的商品流通网络，为企业管理决策提供重要依据。同时，还能够大大加快商品的流通速度，降低商品的零售价格，提高消费者的购买欲望，从而促进国民经济的发展。

（六）保护环境

运输的作用还体现在保护环境上。比如，在城市外围设置货物的运输中心、流通中心，大型货车就不需要进城，只需要利用两吨小货车配送，噪声就会减轻；政府重视运输，大力建设城市的道路、车站、码头，城市的交通阻塞状况能在一定程度上得到缓解，空气质量也会得到改善。

（七）创造效益

运输实现装卸搬运作业的机械化和自动化，不仅能提高劳动生产率，而且能解放生产力。让工人从繁重的体力劳动中解脱出来，不仅体现了对人的尊重，还创造了社会效益。

三、运输业的技术经济特征

运输业是指使物质与人在时间和空间中发生位置变化的物质生产和生活服务部门，其生产过程与工农业创造有形物质资料的生产过程具有不同的特征。

工农业的生产过程，是指以物质为劳动对象，一方面改变劳动对象的物理、化学、生物属性，从而创造出具有使用价值且不同于原劳动对象属性的新物质产品；另一方面改变劳动对象的空间位置和物体形态，从而创造出具有使用价值且与原劳动对象形态和空间位置不同的物质产品，如采掘工业、电力输送、机械加工等。上述各种产品都是不依赖于生产过程而独立存在的，产品质量标准反映在产品使用价值之中，产品一般通过商业贸易部门代行销售，生产设备、场所、人员相对固定，经营管理较为集中。

运输业与工农业相比，具有如下技术经济特征：

第一，运输业的劳动对象（运输对象）是货物或旅客，它不改变劳动对象的属性或形态，只改变其空间位置。劳动对象不是运输部门自己生产的物质产品，产品本身不具有价值（不像铁矿生产的矿石，虽然也是改变劳动对象的空间位置，然而矿石本身具有价值）。运输部门在运输生产过程中，仅仅收取运输对象从甲地到乙地的运费或货物的装卸费。

在运输过程中对运输质量的要求显得异常重要和突出，即运输部门应保证将货物或旅客安全、无损地运输至指定的空间位置。此外，由于运输过程基本是在自然条件中进行，受自然环境影响很大，其设备、场所有限，人员流动分散，点多面广，经营管理不同于其他工农业生产部门。

第二，运输生产过程和运输消费过程同时进行。这个特征决定了运输生产只能在生产过程中被消费，运输生产越多，就消费越多。如果运输需求不足，则运输供给就相应减少，否则会造成严重的浪费。科学的综合运输规划是指导运输生产的重要依据，为此必须加强运输的科学预测和运量调查。

第三，运输产品的非实体性和非储备性。运输业为社会提供的不是新的物质产品，不是商品，而是在商品使用价值上并不留下任何可见痕迹的效用。这种效用既可供个人消费，又可以将其追加价值转移到商品本身中去，促使物质使用价值的形成以及物质在新环境中使用价值的实现。

工农业部门生产的产品，其生产和消费一般表现为在时间上和空间上有两个分离的过程，而且有实物形态。然而，运输业的生产和消费是同一个过程，运输生产给社会提供的是一种不是实物形态的劳务（效用），运输产品不同于一般物质产品，其非实体性和非储备性决定了它不能被储存或调拨，运输效用完全是自产自销，因此只能满足当时当地的运输需求，多了少了都不行。由此派生出运输在空间与时间中的平衡性和在投资中的先行性，以及运输作业的分散性和连续性等特点。为此，必须根据国民经济发展和人民生活改善的需要，在投资上和建设上合理分布运输生产能力以及输送通过能力，科学合理地组织运输生产，并使运输生产能力留有一定的后备，以适应客货流地区分布在方向和时间上的波动，满足国民经济和人民生活改善对运输增长的需要。

第四，某种运输方式一旦建成，就会产生交通（运输）效应。交通（运输）效应是指交通运输行为作用于社会和国民经济各部门所产生的社会经济变化，包括集聚诱发效应、物质传输效应、时空效应、经济连锁循环效应和社会（国家）管理效应等。具体来说，运输方式的建立能够：引起国民经济各部门生产要素的集聚，从而形成社会生产力；推动潜在生产能力的发挥，扩大社会再生产；实现国民经济各部门的商品生产和交换，完成其再生产过程；缩小地域空间，相对延长工作和休息时间；增加社会就业，产生生产和消费的经济连锁循环递增现象；实现社会（国家）的行政管理和巩固国防；促进信息传递、文化交流和人员往来等，从而为整个社会经济的发展奠定了基础。

这一特征决定了交通运输建设同社会和国民经济的发展有着特殊的关系。交通运输建设是经济建设的前奏，是社会进步的标志，是创造社会财富的"酵母"。所以，在现代社会要想取得社会和经济的长足进步，必须把积累的资源投资于交通运输建设，加速交通（运输）效应的产生和社会财富的"发酵"。

第二节 运 输 系 统

运输系统是指在一定的时间和空间内，由运输过程所需的基础设施、运输工具和运输参与者等若干动态要素相互作用、相互依赖和相互制约所构成的具有特定运输功能的有机整体。

一、运输系统的构成要素

运输系统的构成要素包括：运输线路、运输节点、运输工具、运输参与者和运输对象。

（一）运输线路

运输线路是指供运输工具定向移动的通道，也是运输赖以运行的基础设

微课：五种基
本运输方式

施之一，是构成运输系统最重要的要素。在现代运输系统中，主要的运输线路有公路、铁路、航线和管道。其中，铁路和公路为陆上运输线路，航线有水运航线和空运航线，管道是一种相对特殊的运输线路，由于其严密的封闭性，所以既充当了运输工具，又起到了引导货物流动的作用。

（二）运输节点

运输节点是指以连接不同运输方式为主要职能，处于运输线路上承担货物集散、运输业务办理、运输工具保养和维修的基地与场所。公路运输线路上的停车场（库）、货运站，铁道运输线路上的中间站、编组站、区段站、货运站，水运线路上的港口、码头，空运线路上的空港，管道运输线路上的管道站等都属于运输节点。一般而言，由于运输节点处于运输线路上，又以转运为主，所以货物在运输节点上停滞的时间较短。

（三）运输工具

运输工具是指在运输线路上用于载重货物并使其发生位移的各种设备和装置，它们是运输能够进行的基础设备，也是运输得以完成的主要手段。运输工具根据从事运送活动的独立程度可以分为三类：① 仅提供动力，不具有装载货物容器的运输工具，如铁路机车、牵引车、拖船等；② 没有动力，但具有装载货物容器的从动运输工具，如车皮、挂车、驳船、集装箱等；③ 既提供动力，又具有装载货物容器的独立运输工具，如轮船、汽车、飞机等。管道运输是一种相对独特的运输方式，它的动力设备与载货容器的组合较为特殊，载货容器为干管，动力装置设备为泵（热）站，因此设备总是固定在特定的空间内，不像其他运输工具那样可以凭借自身的移动带动货物移动，故可以将泵（热）站视为运输工具，甚至可以连同干管都视为运输工具。

（四）运输参与者

运输参与者是运输活动的主体，运输活动作用的对象（运输活动的客体）是货物。货物的所有者是物主或货主。运输必须由物主和运输参与者共同参与才能进行。

1. 货物所有者

货物所有者包括托运人（或称委托人）和收货人，有时托运人与收货人是同一主体，有时不是同一主体。不管是托运人托运货物，还是收货人收到货物，他们均希望在规定的时间内，以更低的成本、更小的损耗和更方便的业务操作，将货物从起始地转移到指定地点。

2. 承运人

承运人是指运输活动的承担者，他们可能是铁路货运公司、航运公司、民航货运公司、储运公司、物流公司或个体运输业者等。承运人受托运人或收货人的委托，按委托人的意愿以较低的成本完成委托人委托的运输任务，同时获得运输收入。承运人根据委托人的要求或在不影响委托人要求的前提下合理地组织运输和配送，包括选择运输方式，确定运输线路，进行货物配载等。

3. 货运代理人

货运代理人是指根据用户指示，为获得代理费用而招揽货物、组织运输的人员，其本人不是承运人。他们负责把来自各用户的小批量货物合理组织起来，以大批量装载，然后交由承运人运输。待货物到达目的地后，货运代理人再把该大批量装载拆分成原先较小的装运量，送往收货人。货运代理人的主要优势在于大批量装载可以实现较低的费率，并从中获取利润。

4. 运输经纪人

运输经纪人是指替托运人、收货人和承运人协调运输安排的中间商，其协调的内容包括装运装载、费率谈判、结账和货物跟踪管理等。运输经纪人也属于非作业中间商。

（五）运输对象

货物是运输活动的对象，但是货物本身不能做出是否参与运输的决定，所以运输活动是否进行需要由运输参与者做出决定。

公路运输货物包括零担货物、整车货物、危险货物及道路大型物件。一般根据托运人的运输要求和承运人的运输条件，商定货物适用的运输组织方式。

1. 零担货物

零担货物是指托运不足装满整车，但体积、质量和包装符合拼装成整车运输要求，并按质量或体积计算运费的货物。根据《物流术语》（GB/T 18354-2021）零担运输（less-than-truck-load transport）是指一批货物的重量、体积、形状和性质不需要单独使用一辆货车装运，并据此办理承托手续、组织运送和计算的运输活动。托运一批次的货物数量较少时，装不足或者占用一节货车车皮（或一辆运输汽车）进行运输在经济上不合算，更经济的方式是由运输部门安排和其他托运货物拼装后运输，运输部门按托运货物的吨公里数和运价率计费。零担运输灵活机动、方便简捷，适合数量小、品种杂、批量多的货物运输，适应商品经济发展的需要。

2. 整车货物

整车货物是指除货物装卸外，托运人、收货人、发站、到站和装卸地点均相同，且一次托运能够装满车辆或者按车辆最大容量收取运费的货物。根据《物流术语》（GB/T 18354-2021），整车运输（full-truck-load transport）指一批属于同一发（收）货人的货物且其重量、体积、形状或性质需要以一辆（或多辆）货车单独装运，并据此办理承托手续、组织运送和计算的运输活动。

整车运输与零担运输在作业流程方面的主要区别是：① 与零担运输相比，整车运输不仅主要在货物计费数量上不同，然而作业过程也要简单得多。② 在接收货物形式方面，整车运输是整车货物接收；而零担运输是零星地接收。③ 在是否直达运输方面，整车运输多数是直达运输，货物从发货地直接到收货地仓库，没有入库储存保管环节；而零担运输是接收每个客户的货物后，入库保管，等待一定时间货物凑足整车或到达一定时间后，才装车运送。④ 在装车环节，整车运输是整车整装，而零担运输往往要有分拣、组配和拣选环节。⑤ 在是否需要押运方面，整车运输的部分货物（如活的动植物和贵重物品的运输等）需要押运；而零担运输一般不需要押运。⑥ 在收付款方式方面，整车运输多数是预交部分运杂费（30%~70%），交付货物前结算清楚；多数零担运输是先交清运杂费后实施货物运输。

3. 危险货物及道路大型物件

根据交通运输部《道路危险货物运输管理规定》，危险货物是指具有爆炸、易燃、毒害、感染、腐蚀等危险特性，在生产、经营、运输、储存、使用和处置中，容易造成人身伤亡、财产损毁或者环境污染而需要特别防护的物质和物品。

根据中华人民共和国国家标准《道路运输术语》（GB/T 8226–2023），道路大型物件是指通过道路运输的具有不可拆解特性，或者被拆解为两个或多个部分将导致被破坏风险或过高费用的大型物件。

二、公路货物的运输要求

（一）常见的普通货物及其运输要求

1. 粮食

粮食包括稻谷、麦、各种杂粮等，其货运特点是货流的数量大，具有季节性、单向性和时效性，运输的重点在于防潮、防污染。粮食运输常用袋装装运，装运时应注意：

（1）避免受潮，无论运输距离长短，天气好坏，都应随车备带油布等防雨工具。

（2）袋装粮食在装车时应严格检查缝口是否严密，包装是否完好。

（3）装运粮食的车厢应无裂缝，袋口应朝里或朝上，以防袋口松散漏失。

（4）禁止用装过化学危险品的车辆运送粮食。

2. 煤炭

煤炭的品种多、货流数量大，公路货物运输中不同品种不应混装，防止漏失。煤炭运输通常采用散装的运输方法，装运时应注意：

（1）运送煤炭的车辆应具有完整的、足够高的栏板，以保证装载品质并防止漏失。

（2）分清煤种，做到不混装、不混卸、不混堆。

（3）装运煤炭的车辆运输其他货物时，应清扫干净。

3. 钢铁

钢铁类货物包括生铁、钢锭、各类钢材等。运输中的装载要保持均匀平衡，防潮防湿，防止锈蚀。装运时应注意：

（1）钢铁本身沉重，装运时车辆应备有垫木，注意装运安全。

（2）不同品种的钢铁不要混装。

（3）应备装油布等防潮、防湿工具。

（4）装载时应避免钢片超出车外，货物分布要均衡。

（5）刚出炉的钢渣遇水会发生爆炸，应避免雨天运送。

4. 矿物和建筑材料

矿物和建筑材料包括砖、瓦、黄沙、石子、水泥及各种矿石等。其货运的特点是价值低、用量大，运输中的要求不高，但砖、瓦要防碎，水泥要防潮。这类货物常采用散装运输，其目的地一般为建筑工地。装运时应注意：

（1）运送矿物和建筑材料至建筑工地时，应做到迅速及时，并按指定地点堆垛整齐。

（2）不用有裂缝或栏板不全的车辆载运，防止散装货物漏失。

（3）运送砖瓦等建筑材料时应注意防碎。

（4）运送袋装水泥时应避免破损，要做好防潮工作。

5. 日用工业品

日用工业品包括纺织工业品、食品、日用百货、金属轻工业品和其他轻工业产品、手工业产品。因货种、货名繁多，常称之为杂货。运输中重点要做好防潮，减少混合污染以及货损、货差；少数物品还具有易燃性，要做好防火相关工作。

日用工业品多数货物怕潮、怕湿（如烟、糖、纱布、纸张、小五金等）、容易污染和破损（如纺织品、针织品、食品、玻璃及陶瓷制品等）。少数货物还具有危险性（如乒乓球、火柴等）。由于货种多，特性不一，生产单位多，在混装中特别要注意避免出现污染和货差、货损。同时，不论天气如何，装运日用工业品时，都应随车带雨布和绳索，以防潮湿。

在运输日用工业品时，拼装货物是常用的方法，装运时应注意：

（1）液体（瓶装居多）与固体货物不宜拼装，以防包装破损或液体渗出而污染其他货物。

（2）拼装货物应下重上轻，耐压的在下。

（3）禁止将食品与污染、毒害物品等货物拼装。

（二）危险货物和道路大型物件的运输要求

1. 危险货物

危险货物具有爆炸、易燃、毒害、感染、腐蚀或放射性等特性。危险货物运输应满足下列运输装备条件、运输人员条件和运输作业要求。

（1）危险货物运输应具备以下装备条件：

① 应使用载货汽车（半挂牵引车除外）或半挂牵引车与半挂车组成的汽车列车作为载运危险货物的运输单元。

② 危险货物运输单元应按《危险货物道路运输规则》要求粘贴或悬挂菱形标志牌、矩形标志牌和标记。

③ 运输单元运载危险货物时，应随车携带便携式灭火器。便携式灭火器应满足有关车用便携式灭火器的规定，在检验合格有效期内。灭火器应放置于运输单元中易于被车组人员拿取的地方。

④ 应根据所运载的危险货物标志式样（包括包件标志、车辆或集装箱标志牌）选择个人防护装备。

（2）危险货物运输人员应具备以下条件：

① 驾驶员上岗前应经过危险货物运输基本知识培训，掌握危险货物运输有关的法律法规；掌握主要危险特性道路通行限制要求及安全驾驶规范，并具备安全意识；掌握道路通行限制要求等知识和技能，并通过考核。

② 与危险货物道路运输相关的人员，包括参与危险货物道路运输操作及相关管理人员，应接受与之工作职责相适应的危险货物运输专业知识培训，培训内容应符合《危险货物道路运输规则》中规定的要求。

（3）危险货物运输作业有以下要求：

① 应随车携带道路运输证、危险货物运单、危险货物道路运输安全卡、危险货物道路运输车组成员从业资格证，以及法规标准规定的其他单据等单据和证件。危险货物道路运输安全卡应放置在车辆中易于取得的地方。

② 危险货物运输车辆禁止搭乘无关人员。非紧急情况下，车组人员不应打开含危险货物的包件。应会使用灭火器、便携式照明装置等。

装卸作业时，车辆附近和车内禁止吸烟和使用明火，包括电子香烟及其他类似产品。装卸过程中应关闭发动机，国家有关标准规范中允许装卸过程中启动发动机或其他设备的除外。

运载危险货物的运输单元停车时，应使用驻车制动装置。挂车应按照要求，使用至少两个轮挡限制其移动。

③ 车辆停放要求。危险货物车辆停车时应受到监护。应按以下优先顺序选择危险货物车辆停车场所：未经允许不能进入的公司或工厂的安全场所；有停车管理人员看管的停车场，驾驶员应告知停车管理人员其去向和联系方

式；其他公共或私人停车场，但车辆和危险货物不应对其他车辆和人员构成危害；一般不会有人经过或聚集的、与公路和民房隔离的开阔地带。

④ 道路通行要求。危险货物运输车辆应遵守国家和行业对道路通行限制的要求。隧道类别说明和隧道通行限制代码、类别代码，承运人应根据道路运输危险货物一览表的规定，判断该隧道是否允许所运输的危险货物通行。

⑤ 其他《危险货物道路运输规则》所要求的运输作业特殊规定。

2. 道路大型物件

（1）道路大型物件的运输要求。道路大型物件具有不可拆解特性，道路大件货物运输车辆必须符合下列条件之一：

① 车货总高度从地面算起超过4米；

② 车货总宽度超过2.55米；

③ 车货总长度超过18.1米；

④ 二轴货车，其车货总质量超过18 000千克；

⑤ 三轴货车，其车货总质量超过25 000千克；三轴汽车列车，其车货总质量超过27 000千克；

⑥ 四轴货车，其车货总质量超过31 000千克；四轴汽车列车，其车货总质量超过36 000千克；

⑦ 五轴汽车列车，其车货总质量超过43 000千克；

⑧ 六轴及六轴以上汽车列车，其车货总质量超过49 000千克，其中牵引车驱动轴为单轴的，其车货总质量超过46 000千克。

⑨ 其他《超限运输车辆行驶公路管理规定》中的规定。

（2）道路大型物件的运输要求。运输长大笨重货物应注意以下问题：

① 装载。道路大型物件装车后，必须用垫木、铅丝或钢丝缆绳固定牢固，以防滑动。货物（如钢材、钢板等）长度超过车身时，应在后栏板用坚固的方木垫高或呈前低后高状；对于圆柱体及易于滚动的货物，如卷钢、轧辊等，必须使用座架或凹木加固；货物超出车身的尾部必须白天插红旗，夜间悬挂红灯，以便车辆安全行驶。对于道路大型物件，为确保通行，事前应对沿途桥涵或渡口进行勘察，制定有效措施以防不测；运输时需要由托运人配备电工，携带应用材料、工具随车护送，必要时还需要请有关部门协同在前引道开路，以便排除障碍、顺利通行和提示过往车辆注意。

② 运送。由于道路大型物件的外形尺寸较大，给运输带来了较大难度，在运输过程中必须综合考虑货物、运输工具、装卸条件、道路、桥梁等情况，从而达到安全运送的目的。运送道路大型物件必须掌握下列情况：

一是全面了解货物情况。了解货物的尺寸，货物的实际质量及形状，货物的质心位置，装运中有何特殊要求，可否卧倒装运等。

二是察看装卸场地及设备。察看装卸场地附近是否有电缆、水管、电话线、煤气管道、沟管及其他地下建筑物，车辆能否进入装卸场地，现场是否适合机械装卸等。

三是综合考虑运输路线情况。对承运路线的道路和桥梁的宽度、弯道半径、承载能力，以及其他车辆的流通情况，必须进行充分的调查研究。

只有全面了解上述情况，并综合分析以后，才能开始承运。由于道路大型物件在运输中占据的空间较大，会影响其他车辆的运行，所以承运道路大型物件的车辆既要注意自身车辆的安全运行，也应注意不能给其他车辆的运行造成困难。

（3）在运输道路大型物件时必须注意以下事项：

① 运送道路大型物件之前，需要请公路及有关部门在沿途和现场作技术指导，必要时还要对桥梁加固，以确保安全运行。

② 运送道路大型物件时，需要经公安、公路管理等部门审查批准，发给准运证后，才能开始运送，并在运送过程中按规定的路线和时间行驶。

③ 运输中要悬挂明显的标志，以引起其他车辆和行人的注意。标志要悬挂在货物超限的末端，白天悬挂红旗，夜晚悬挂红灯。

④ 特殊超高的货物，要有专门车辆在前引路，以便排除障碍，顺利通行。

⑤ 驾驶人要集中精力，谨慎驾驶，密切注意运行情况，利用灯光、喇叭、广播等配合运输。

（三）公路集装箱运输

公路集装箱运输是一种"门—门"运输，要实现"门—门"运输就离不开集装箱卡车运输这种"末端运输"方式；集装箱卡车运输在集装箱的各种运输方式之间起衔接、辅助性的作用；表现出公路运输共有的特点。

1. 公路集装箱运输的要求

（1）对公路技术规格的要求。一般来说，运输大型集装箱，最大轴负重10吨，双轴负重16吨。为了最大限度地利用轴负重，可使用不受高度限制的低拖车。所以，对公路基本建设的最低要求是公路网的载运能力至少必须等于轴和双轴的负重和车辆上载运一个按定额满载集装箱的总重量。运输6.1米、10.67米、12.2米（20英尺、35英尺、40英尺）的集装箱，公路必须满足下列要求：车道宽度3米，路面最小宽度30米，最大坡度10%，停车视线最短距离25米，最低通行高度4米。上述数据是以每小时每公里行车速度为基础计算的。有些国家因公路有关法律法规的限制，允许的最大宽度、最大高度分别为3.6米、3.8米。

（2）对运输车辆的要求。公路集装箱运输的车辆是根据集装箱的箱型、种类、规格尺寸和使用条件来确定的。一般分为货运汽车和拖挂车两种，

微课：集装
箱运输

货运汽车一般适用于小型集装箱，作短距离运送；拖挂车适用于大型集装箱，适合长途运输，它的技术性能较好，在一些工业发达的国家采用拖挂车较多。

（3）对装卸机械的要求。虽然公路集装箱运输的装卸作业主要在场、站或货主自己的库场上进行，不像码头、铁路货场那样进行大量的集装箱装卸工作，但为了适应某些货主以及汽车集装箱货场作业的要求，也需要配备一定数量的装卸集装箱的机械设备。

（4）对营运管理的要求。公路集装箱的营运管理主要指两方面，一是货运组织工作；二是车辆运行管理。货运组织工作包括集装箱运输的货源组织、集装箱的业务管理和装卸作业、运费结算、集装箱的保管、交付，以及与其他部门的衔接配合工作等。车辆运行管理是指集装箱业务量的分配、车辆运行计划的制订、运输工作的日常管理、集装箱车辆在线路上的运行组织管理、集装箱的运输统计分析等。

2. 公路集装箱运输的货源组织

（1）货源组织的客观性。集装箱货源组织的客观性是指集装箱货源受国家政策的影响很大，涉及国家对外贸易的发展和集装箱化的比例，同时还受到货主、货运代理，以及船公司等各种因素变化的影响，因此从公路集装箱运输货源来说，其平衡性和稳定性只是相对的、暂时的。由于货源的不平衡性，对运输的需求也是经常处于不稳定状态，因此公路集装箱运输在时间和方向上都存在着一定的不均衡性。表现在货物的流量上，月度、季度或各旬间有很大差异，上行和下行也存在很大差异。所以说，公路集装箱运输的客观因素在一定程度上左右了公路集装箱运输的发展。

（2）公路集装箱货源组织形式。公路集装箱货源组织有以下三种形式：

公路集装箱货源组织最基本的形式是计划调拨运输，就是指由公路运输代理公司或配载中心统一受理由口岸进出口的集装箱货源，由代理公司或配载中心根据各集卡公司（车队）的车型、运力，以及基本的货源对口情况，统一调拨运输计划。调拨运输计划是保证集装箱公路运输正常发展的前提，也是保证企业效益的主要支柱。同时，调拨运输计划对公路集装箱运输的运力调整和结构调整起着指导作用。

合同运输是公路集装箱运输的第二种货源组织形式。在计划调拨运输以外或有特殊要求的情况下，可采用合同运输形式。由船公司、货运代理或货主直接与集卡公司（车队）签订合同，确定某一段时间的运输量。这尽管是计划外的，但是长期的合同运输事实上也列入了计划运输之列，这对稳定货源、保证计划的完成同样具有积极意义。

临时托运是第三种货源组织形式。临时托运可视为小批量的、无特殊要求的运输，一般不影响计划运输和合同运输的完成。主要是一些短期的、临时的客户托运的集装箱，但这也是集卡公司（车队）组货的一个不可缺少的货源组织形式。

3. 公路集装箱运输货源组织的手段

（1）委托公路运输代理公司或配载中心组货。这应该被看作是主要的货源渠道。因为集装箱公路运输代理公司或配载中心一旦成立并发挥职能，其货源组织的能量是不可低估的，不仅在于其作为专门的公路集装箱运输货运代理与集装箱运输有关单位有密切的联系，业务上熟悉，商务上也便于处理；更重要的是，这对客户要方便得多。这在事实上将提高其知名度，反过来其业务量亦将随之增大。

（2）建立营业受理点。委托集装箱公路运输代理公司或配载中心受理集装箱托运业务，并不排斥各集卡公司（车队）在主要货主、码头、货运站设立营业受理点，这有几个好处：

① 能及时解决一些客户的紧急或特殊需要。

② 作为集卡公司（车队）在现场营业，办理托运，能更快地了解、掌握集装箱运输市场的信息动态，从而为其运输经营提供依据。

③ 允许适度的竞争对搞活集装箱运输市场是必要的，但是各集卡公司（车队）设立营业点必须行为规范，严格执行运价规定，并负责所产生的一切后果。

（3）参加集装箱联办会议和访问货主。参加集装箱联办会议，及时了解港区、货代、货主的货源情况，也是一个组货的好渠道。要与他们保持密切的联系，随时掌握他们手中的货源，并争取运输。要经常走访主要货主单位，与他们建立正常的业务联系，这是直接了解客户的产销情况和对集装箱运输的需求变化十分有效的方式。要主动帮助客户解决运输疑难问题，与其确立稳定的业务关系。

4. 公路集装箱运输在多式联运中的货运形式及业务范围

由于公路集装箱运输在多式联运中所具有的特点和作用，有必要对公路集装箱运输的货运形式及其业务范围加以确定。在这里所讨论的仅限于多式联运（国内段）公路集装箱运输的货运形式和业务范围。

（1）货物运输的形式。货物运输的形式主要有以下几种：整箱港到门直达运输；整箱港到站或堆场运输；整箱门到港直达运输；整箱门到场或站运输；空箱场到门或站到门运输；空箱站到场或场到站运输；空箱站到站或场到场运输。

（2）业务范围。公路集装箱运输包括进口集装箱货运业务和出口集装箱货运业务。

① 进口集装箱货运业务。进口集装箱货运业务的内容如下：

第一，编制进口集装箱运量计划。根据港务局提供的船期动态表以及船公司或货代提供的进口船和载箱数，结合本公司运力编制运量计划。

第二，接受汽车托运。货主或其代理向集卡公司提出进口集装箱陆上运输申请，集卡公司在了解箱包货物和卸货地点的情况以后，符合条件的接受托运。

第三，申请整箱放行计划。集卡公司在接受托运之后，应向联合运输营业所申请整箱放行计划，拆箱货应由陆上运输管理处批准。

第四，安排运输作业计划。集卡公司应根据"先重点后一般"的原则，合理安排运输计划。如遇超重箱或超标准箱应向有关部门申请超限证，跨省运输则应开具路单等。

第五，向码头申请机械和理货、卫检等。无论整箱还是拆箱，应及时向港区提出作业申请，由港区根据需要配备机械和人力。集卡公司还应代收货人提出理货、卫检或一些特殊需要的申请。

第六，从堆场提取重箱。集卡公司在取得放行单和设备交接单后，应到指定地点提取整箱，并办理出场集装箱设备交接。

第七，交箱。集装箱送至收货人处拆箱时，需要由理货公司派员理货。货主接收货物后，在交接单上签收，集卡公司运输责任在交接后才结束。

第八，送还空箱。集装箱空箱应按指定时间、地点送回。在交接空箱时，应凭进场集装箱设备交接单办理集装箱交接。

② 出口集装箱货运业务。出口集装箱货运业务的内容如下：

第一，掌握货源。集卡公司应广泛开展货源组织工作，掌握船公司和货运代理近期内待装运的箱源，预先做好运力安排。

第二，接受托运。集卡公司在了解掌握待装货物和装箱地点的情况后，符合条件的予以承运并订立运输契约。

第三，安排作业计划。接受托运后，应及时编制作业计划。超重、超限、跨省运输应向有关部门办理申请。

第四，向码头申请机械。所承运的货物，根据船期计划应在前一天向码头申请机械。

第五，领取空箱。集卡公司凭货代签发的出场集装箱设备交接单和托运单到指定地点提取空箱。

第六，装箱和送交重箱。空箱在托运人处装箱，经过理货公司理货，由装箱人提供装箱单，集卡公司将重箱连同装箱单、设备交接单到指定港区交付，并办理集装箱设备交接。

同步测试 <<<<<<<<<<<<<<<<<<<<<<<<<<<<<<<<<<<<<<<<<<<<<<<<<<<<<<<<<<<<<<<<

（一）单选题

1. 运输业的劳动对象是（   ），它不改变劳动对象的属性或形态，而只是改变其空间位置。

  A. 货物或旅客   B. 载运工具

  C. 驾驶员   D. 运输产品

2. 运输产品不同于一般物质产品，其非实体性和非储备性决定了（   ）。

  A. 它不能被储存或调拨   B. 可以储存或调拨

  C. 不能增加有效供给   D. 运输生产能力不足

3. 科学的综合运输规划是指导运输生产的重要依据，为此必须（   ）。

  A. 加强运输的科学预测和运量调查   B. 运输的供求必须平衡

  C. 只能增加有效供给   D. 运输业点多、线长、面广

4. 运输效应决定了交通建设同社会和国民经济的发展有着特殊的关系，因此（   ）。

  A. 运输建设就是经济建设的前奏

  B. 实现国民经济各部门的商品生产和交换

  C. 相对延长工作时间和休息时间

  D. 促进信息传递、文化交流

5. 下列选项中，关于整车货物的描述，正确的是（   ）。

  A. 运输部门按托运货物的吨公里数和运价率计费

  B. 灵活机动，方便简捷

  C. 除货物装卸外，托运人、收货人、发站、到站和装卸地点均相同

  D. 适合数量小，品种杂、批量多的货物运输

（二）多选题

1. 常见的普通货物有（   ）。

  A. 粮食   B. 煤炭   C. 钢铁

  D. 矿物和建筑材料   E. 日用工业品

2. 运输系统的构成要素包括（   ）。

  A. 运输线路   B. 运输节点   C. 运输工具

  D. 运输参与者   E. 运输对象

3. 公路运输货物包括（   ）。

  A. 普通货物   B. 危险货物   C. 零担货物

D. 整车货物　　　　　　　　E. 道路大型物件

4. 运输参与者包括（　　　　　　）。

　　A. 货物所有者　　　　　　　B. 承运人　　　　　　　　C. 货运代理人

　　D. 运输经纪人　　　　　　　E. 驾驶员

5. 在运输道路大型物件时必须注意的事项有（　　　　　　）。

　　A. 需要经公安、公路管理等部门审查批准，发给准运证后，才能开始运送

　　B. 运输中要悬挂明显的标志，以引起其他车辆和行人的注意

　　C. 需要请公路及有关部门在沿途和现场作技术指导

　　D. 特殊超高的货物，要有专门车辆在前引路

　　E. 驾驶人要集中精力，谨慎驾驶，密切注意运行情况

（三）简答题

1. 简述运输业的技术经济特征。

2. 简述公路运输货物的分类。

素养目标

- 树立正确的职业价值观，遵守编制运输计划的准则
- 培养良好的沟通能力和团队合作精神，合理组织运输作业

知识目标

- 掌握车辆运用计划、车辆运行作业计划编制指标体系的计算方法
- 掌握设计运输车辆调运的方案
- 掌握优化运输车辆调运的方法

技能目标

- 能够熟练完成各项运输效率指标的计算
- 能够正确制定车辆调运方案
- 能够优化车辆调运方案

思维导图

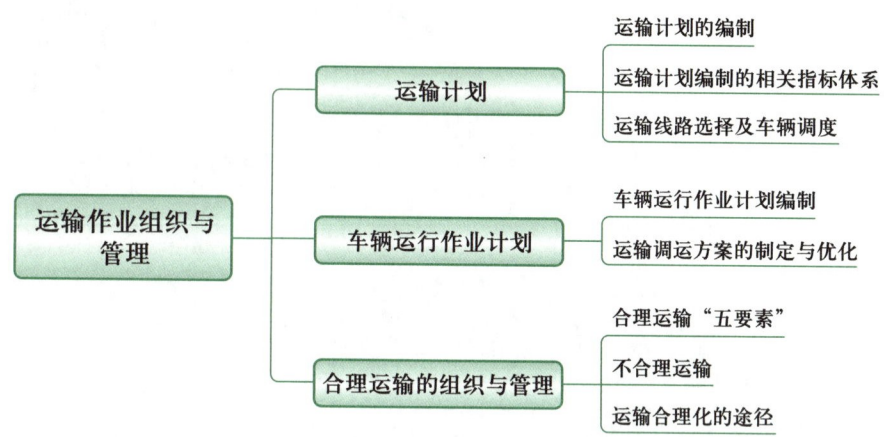

引 导案例

践行北京冬奥精神　物流运输高效运转

伟大的事业孕育伟大的精神，伟大的精神推进伟大的事业。胸怀大局、自信开放、迎难而上、追求卓越、共创未来的北京冬奥精神是中华民族精神的时代彰显，是激励全党全国各族人民在新时代更好坚持和发展中国特色社会主义，实现中华民族伟大复兴的强大精神动力。

兵马未动，粮草先行。行李运输服务是冬奥会物流工作中的一项重要内容。2022年北京冬奥会各国参赛运动员所携带的行李超过2万件，其中超规超重的行李达到4 000件。这些行李将会由北京冬奥组委物流服务商京东物流协助分别运送到北京、延庆与张家口三个赛区。如何确保行李运输安全是此次冬奥会物流工作的重点。京东物流科学组织、精心设计，提前对各个场馆和非竞赛场馆的流线进行确认，以保证运输的过程中不会出现错漏。

首先，京东物流专门为各国参赛运动员准备了行李标签，分为国别标签和赛区标签。国别标签用中英双语显示，赛区标签用三种颜色代表北京、延庆、张家口三个赛区。这些标签被提前寄送给各国运动员，由他们粘贴在自己的行李上，当这些行李抵达北京首都国际机场，根据国别和赛区进行详细的分类后，运输工作人员将根据这些标签来准确地把运动员的行李码放到专属位置，统一运送到对应的目的地。

其次是适配调度车辆。京东物流使用欧航欧马可超级卡车，以智能化、网联化赋能智慧物流车队管理，使得物流运输全过程、全方位透明化，引领车队管理全面升级，提高运输效率，完成物资大规模直送场馆、实现各类货运车辆有序进入场馆、避免拥堵。

最后是超规行李的运输。超规行李其实是物流部门着重考虑的点，除了雪板、冰球杆、冰帽、冰鞋、冰刀等运动器材以外，还有像按摩床这样的热身器材，运动员携带的超规行李非常多。京东物流为超规行李专门设计了运输车辆，由原有的基础车辆改造拼接而成，这些车辆在赛事结束之后会恢复其原有功能，继续为其他的物流运输保障提供服务。

北京冬奥会不仅是冰雪盛会的狂欢，也是中国组织运营、物资保障等各方面强大能力的综合展现，这背后更离不开物流运输行业的众多无名英雄的默默付出。

第一节 运 输 计 划

一、运输计划的编制

运输计划是企业经营计划的重要组成部分。运输计划由三部分组成：运输量计划、车辆计划和车辆运用计划。运输量计划和车辆计划是运输计划的基础部分，车辆运用计划是车辆计划的补充计划。

运输量计划表明计划期内企业在运输市场上可能承揽到的运输量或准备承揽的运输量；车辆计划与车辆运用计划则表明计划期内企业为社会可能提供的运输能力。其中，车辆计划表明企业计划期内保有的营运车辆；车辆运用计划是企业对车辆运用效率等主要指标所制订的计划值。运输量计划、车辆计划和车辆运用计划三者之间，应保持平衡关系，使需求与运力协调。

（一）运输量计划编制

运输量计划反映了物流运输企业计划期内预计完成的客货运量和周转量。年度运输量计划的主要内容如表2-1所示。货物运输量以货运量（吨）和货物周转量（吨公里）来表示。货运量是指报告期内运输车辆实际运送的货物重量。货物周转量是指报告期内运输车辆实际运送的每批货物重量与其相应运送距离的乘积之和。

计算公式：

货物周转量（吨公里）=$\sum$（每批货物重量×该批货物的运送距离）

表2-1 年度运输量计划

指标	单位	上年度预计完成	本年度计划					本年计划与上年实际情况比 /%
			全年	一季度	二季度	三季度	四季度	
货运量	吨							
货运周转量	吨公里							
货物分类运量	吨							

运输量计划值确定的主要依据包括：上级下达的指令性和指导性计划指标；企业长期计划中的有关指标和要求；国家近期的方针和政策；综合运输发展状况；运输市场调查与预测资料和托运计划（包括运输合同）资料；其他有关统计调查资料。

确定运输量计划值时，应对上述有关资料先做综合分析研究，通过对运量与运力的反复平衡预测，并与上级下达的计划任务以及生产效率与经济效果平衡后，在合理利用生产资源和满足社会需求的前提下，确定运输量计划值。

（二）车辆计划编制

车辆计划是企业计划期内的运输能力计划，主要用于合理确定货运车辆构成，保证有效利用车辆，并以最少的运力完成运输量计划。车辆计划是确定企业计划期内货物运输量的主要依据之一，也是企业运输生产计划的重要组成部分。

编制车辆计划时，必须详尽分析货运任务的特点及构成，掌握服务区的道路及装卸工作条件，并据此确定利用挂车所能完成的运输量及所需挂车数，尽可能采用甩挂运输，最大限度地提高汽车运输工作生产率，降低运输成本。

具体来说，首先对企业原有车辆的技术状况进行鉴定，确定报废减少车辆的数量；然后再根据预测的运输需求资料，研究分析原有车辆在类型上的使用程度，确定车辆增加的数量和类型；最后计算企业的计划能力。

（1）计算计划期平均营运车数。即一定时期内企业平均每天所拥有的在用营运车辆数。其计算公式为：

$$平均营运车数 = \frac{报告期总车数}{同期日历天数}$$

（2）计算计划期营运车辆平均总吨位数。平均总吨位数，是指货运企业在计划期内平均每日拥有的吨位总数。其计算公式为：

$$平均总吨位数 = \frac{计划营运车吨日总数}{计划期日历天数}$$

（3）计算计划期营运车辆平均吨位。其计算公式为：

$$车辆平均吨位 = \frac{计划营运车吨日总数}{计划期营运车日}$$

平均车数和平均总吨位数指的是运输企业在计划期内可以投入营运的运力规模大小。

（三）车辆运用计划编制

车辆运用计划是指在计划期内企业全部营运车辆运输生产能力利用程度计划，是企业用以平衡运量与运力的主要依据之一，也是运输生产计划的重要组成部分。车辆运用计划由一系列车辆利用单项指标所组成。通过这些指标的计算值，综合计算出车辆运输生产率的计划。

在车辆计划既定的条件下，能否完成运输量计划，主要取决于企业营运车辆的运输工作效率。车辆运用计划就是以企业运输量计划和车辆计划为基础，确定车辆利用各单项指标及车辆运输生产率的计划。

编制车辆运用计划是完成货运任务的重要保证，其主要环节是确定各项车辆运用指标的计划值。因此，必须按照先进、可靠的原则深入调查研究，挖掘生产潜力，在不断改进运输组织、技术革新、尽可能提高车辆利用程度的基础上确定各项指标。此外，在企业的生产经营工作中，应采取各种技术组织措施，不断改善运输组织工作，以保证这些指标的实现。

二、运输计划编制的相关指标体系

运输计划编制的相关指标体系包括车辆时间利用指标、车辆速度性能利用指标、行程统计及行程利用程度指标、载重能力利用指标、运输能力综合利用指标等等。运输计划编制的相关指标体系及部分指标间的相互关系如图2-1所示。

（一）车辆时间利用指标

车辆时间利用指标主要有：车日、工作率、车辆出车时间、出车时间利用系数。

1. 车日

车日能够从动态角度反映企业保有运输车辆的情况。1辆车在企业保有1日，即为1个车日。由于车辆可能处于企业运输生产过程中的各个不同环节，如运行环节、待货环节、修理和保养环节、等待保养和修理环节等，因而可以用不同的车日指标反映车辆的运用状态。反映车日的指标主要有：总

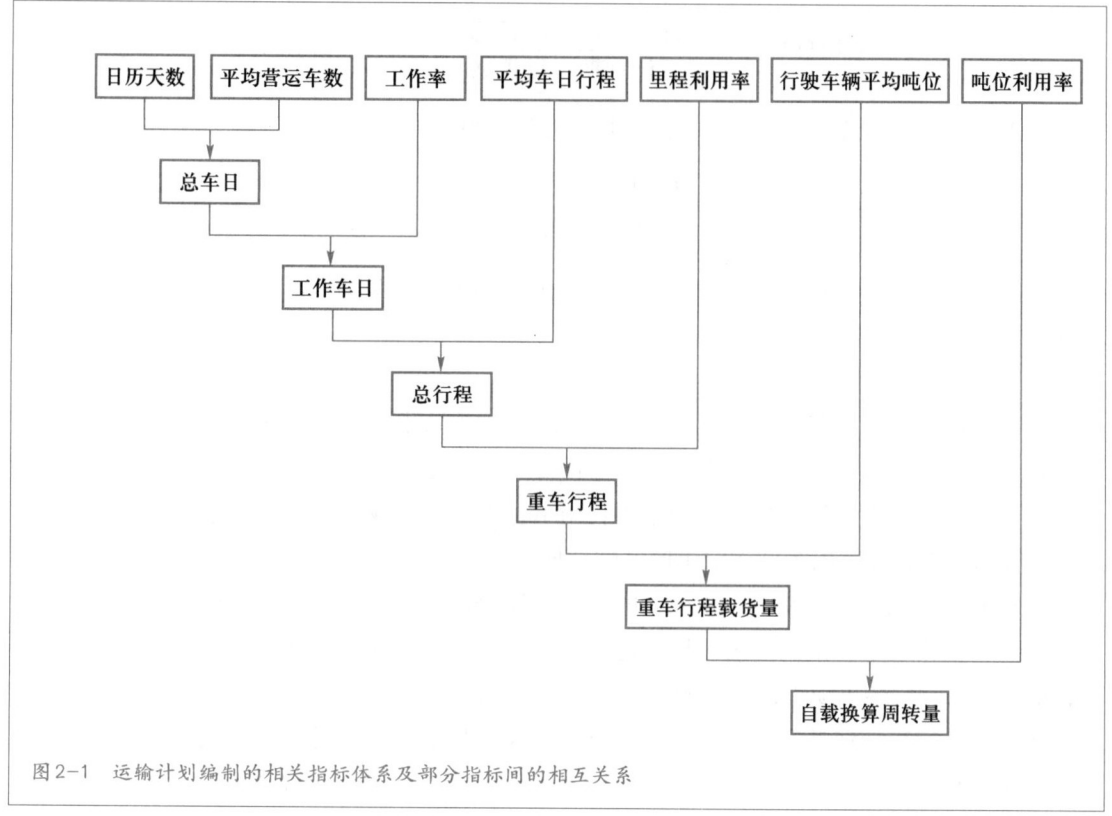

图2-1 运输计划编制的相关指标体系及部分指标间的相互关系

车日、完好车日、非完好车日、工作车日、停驶车日等。

（1）总车日。总车日是指报告期内每天在用营运车辆的累计数。计算单位：车日。

1辆营运车辆，不论其技术状况是否完好，在企业每保有1天即计为1个车日。在报告期内，营运车辆无增减变化时，总车日为营运车数乘以报告期日历天数。营运车辆发生增加变化，自新增车辆落籍并取得有关证件之日起开始计算。报废车辆自批准之日起不再计算。

计算公式：

$$总车日 = \sum （营运车数 \times 在企业保有天数）$$

例1：某企业4月1日有车200辆，其中150辆为A型车，50辆为B型车，4月11日购入B型车50辆，同时报废10辆A型车。直至月末发生车辆增减变化，则4月份的总车日：

$$总车日 = 200 \times 30 + 50 \times 20 - 10 \times 20 = 6\ 800 （车日）$$

车辆数量指标可以反映一个时期道路运输的规模或生产能力，它在报告期内经常有增减变化，而总车日指标则消除了车辆变动对车辆数量的影响。

（2）完好车日。完好车日是指报告期内总车日中，营运车辆技术状况完好，不需要进行修理或维护即可参加运输的车日，包括实际出车工作及由于各种非技术性原因而停驶的车日。计算单位：车日。计算公式：

$$完好车日 = 总车日 - 非完好车日$$

（3）非完好车日。非完好车日是指报告期内总车日中，因技术状况不好不能出车的车辆所占的车日，包括正在进行或等待进行维护、修理的车辆及待报废车辆所占的车日。计算单位：车日。

（4）工作车日。工作车日是指报告期内完好车日中，实际出车工作的车日。计算单位：车日。

一辆营运汽车，只要当天出过车（以签发路单为依据），不论其出车时间长短、出车班次多少、完成运输量多少，也不论其是否发生过保养、修理、停驶或中途抛锚等情况，均计为一个工作车日。

为装货、调车和其他营运性工作而出车，应计为工作车日。为进行试车且未发生营业性活动而出车的，不算工作车日。

（5）停驶车日。停驶车日是指报告期内完好车日中未出车工作的车日。计算单位：车日。

一般因为无货，燃料供应中断，缺驾驶员，缺轮胎，路线阻碍一级风、雨、雪等气候因素及其他原因而未能出车工作的车辆所占车日。

$$完好车日 = 工作车日 + 停驶车日$$

2. 工作率

工作率是指报告期内工作车日在总车日中所占的比重，用以反映车辆的利用程度。计算单位：%。计算公式：

$$工作率 = \frac{工作车日}{总车日} \times 100\% = \frac{总车日 - (非完好车日 + 停驶车日)}{总车日} \times 100\%$$

车辆工作车日与车辆停驶车日之和为车辆完好车日。可见，若要增加工作率，必须提高完好车日和减少停驶车日。工作率的提高受车辆保修情况、运输组织、生产调度等影响。工作率表明运输企业营运车辆的利用情况，反映企业的管理水平。

3. 车辆出车时间

车辆出车时间是指车辆由车场驶出，直到返回车场时为止的延续时间。平均每日出车时间是平均每个工作车日所占的出车时间。计算单位：小时。

计算公式：

$$平均每日出车时间 = \frac{总出车时间}{工作车日}$$

4. 出车时间利用系数

出车时间利用系数是指在出车时间中车辆运行时间所占的比重。

计算公式：

$$出车时间利用系数 = \frac{运行时间}{出车时间}$$

其中，运行时间和出车时间可以是一定时期内的运行时间和出车时间总数，也可以是平均每个工作车日的运行时间和出车时间。

在车辆的出车时间内，包括车辆运行时间和车辆停歇时间。车辆停歇时间是指车辆装卸货物及等待装卸货物的时间、技术业务作业时间，以及驾驶员进餐、休息等生理时间等其他停歇时间。若要提高出车时间利用系数，需要压缩各种停歇时间，特别是要消除不必要的停歇时间，如车辆运行中排除机械故障时间和驾驶员不遵守作业制度任意延长休息时间等。

（二）车辆速度性能利用指标

车辆速度性能利用指标主要有：平均车日行程、技术速度、营运速度等。

1. 平均车日行程

平均车日行程是指报告期内平均每个工作车日车辆所行驶的里程，是车辆速度性能利用与出车时间利用的综合性指标。计量单位：车公里。

计算公式：

$$平均车日行程 = \frac{总行程}{工作车日} = 营运速度 \times 平均每日出车时间$$
$$= 技术速度 \times 出车时间利用系数 \times 平均每日出车时间$$

2. 技术速度

技术速度是指车辆在运行时间内平均每小时行驶的里程。计算单位：公里/小时。计算公式：

$$技术速度 = \frac{总行程}{出车时间}$$

技术速度实际上是车辆的行驶速度。汽车动力性能、道路条件、所运货物的特征、行车密度、车辆载质量等客观因素，以及车辆保修质量、驾驶员的熟练程度等主观因素都对技术速度有影响。为了提高运输效率，必须在许可条件下提高技术速度。

3. 营运速度

营运速度是指车辆在出车时间内平均每小时的行驶里程。计算单位：公里/小时。计算公式：

$$营运速度 = \frac{总行程}{出车时间}$$

营运速度不仅受技术速度的影响，还受运输组织工作、运输距离和装卸停歇时间等因素的影响。在一定的技术速度下，营运速度与出车时间利用系数成正比。其相互之间的关系为：

$$营运速度=技术速度×出车时间利用系数$$

（三）行程统计及行程利用程度指标

道路运输企业运用汽车实现货物在空间上的位移，是车辆载有货物行驶一定距离（按公里计算的里程）的结果。汽车运行里程的长短是反映运输能力使用程度的一个重要方面。反映车辆行程统计的指标主要有：总行程、重车行程、空车行程等。反映车辆行程利用程度的指标主要有：里程利用率和空驶率。

1. 总行程

总行程也称总车公里，是指报告期内车辆在实际工作中所行驶的总里程数，不包括为进行保养、修理而进出保修厂及试车的里程。计算单位：车公里。

汽车的行驶里程应根据行车路单上的行驶记录或实际行程统计。在运输生产过程中，因故绕道或进行循环运输；出车后未到达装卸货地点，因故返回；其行程按实际行驶里程计算。计算公式为：

$$总行程=重车行程+空车行程$$

2. 重车行程

重车行程是指报告期内总行程中车辆载货（不论是否满载）的行驶里程。计算单位：车公里。

3. 空车行程

空车行程是指报告期内车辆总行程中空车行驶的里程。计算单位：车公里。

4. 里程利用率

里程利用率是指报告期内重车行程在总行程中所占的比重。计算单位：%。计算公式为：

$$里程利用率=\frac{重车行程}{总行程}×100\%$$

提高里程利用率是提高车辆运用效率、降低运输成本的重要途径之一。影响里程利用率的因素很多，如货源充足程度及其在空间和时间上的分布情况、运输组织工作质量、车库与货场的空间布局等。

5. 空驶率

空驶率是指报告期内空车行程在总行程中所占的比重。计算单位：%。计算公式为：

$$空驶率 = \frac{空车行程}{总行程} \times 100\%$$

（四）载重能力利用指标

载重能力利用指标主要有：吨位利用率、实载率、拖运率等。

1. 吨位利用率

吨位利用率是指报告期内载货汽车自载换算周转量与其重车行程载货量的比值，用以反映重车行程载货量的利用程度。计算单位：%。计算公式为：

$$吨位利用率 = \frac{自载换算周转量}{重车行程载货量} \times 100\%$$

例2：某运输企业报告期内有10辆货车，标记吨位为4吨，报告期共完成货物周转量9.6万吨公里，并因带客完成旅客周转量4万人公里。总行程4万公里，其中3万公里为重车行程。旅客周转量按10人公里折1吨公里计算，则吨位利用率为：

$$吨位利用率 = \frac{自载换算周转量}{重车行程载货量} \times 100\% = \frac{9.6 + \frac{4}{10}}{4 \times 3} \times 100\% = 83.3\%$$

吨位利用率是表明车辆的装载能力利用程度的指标。影响这一指标的主要因素有：货物的特征（如体积、包装情况、特殊要求等），起点站的货源和客源情况，以及沿线客货源补充程度，车辆的形式，货物装车的技术，运输组织工作水平，车辆的技术状况，道路条件等。

2. 实载率

实载率是指报告期内车辆自载换算周转量占其总行程载货量的比重，用以反映总行程载货量的利用程度。计算单位：%。计算公式为：

$$实载率 = \frac{自载换算周转量}{总行程载货量} \times 100\%$$

3. 拖运率

为了充分发挥车辆迁移能力，在组织汽车运输生产过程中，常用主车拖带挂车，以提高车辆的使用效率，降低运输消耗。

拖运率是指报告期内挂车完成的换算周转量占自载及拖载换算周转量的比重，用以反映拖载运输水平。计算单位：%。计算公式为：

$$拖运率 = \frac{拖载换算周转量}{自载及拖载换算周转量} \times 100\%$$

（五）运输能力综合利用指标

运输能力综合利用指标反映的是运输设备在单位工作时间内能生产出多

少什么样的"产品"。这种以单位日历时间或报告期单位设备来计算的"产量"能充分反映设备的综合利用程度。反映车辆运输能力综合利用的指标主要有：总行程载货量、重车行程载货量、自载换算周转量、自载及拖载换算周转量、单车产量和车吨位产量。

1. 总行程载货量

总行程载货量是指报告期内在用载货车辆的总行程载运能力。计算单位：吨公里。

计算公式为：

$$总行程载货量 = \sum（单车总行程 \times 标记吨位）$$

例3： 某运输企业报告期内有A型车40辆，标记吨位为4吨，完成总行驶240 000公里。另有B型车10辆，标记吨位为5吨，完成总行程70 000公里，求该企业的总行程载货量。

解：

$$总行程载货量 = \sum（单车总行程 \times 标记吨位）=240\,000 \times 4+70\,000 \times 5$$
$$=1\,310\,000（吨公里）$$

2. 重车行程载货量

重车行程载货量是指报告期内在用载货车辆的重车行驶载货能力。计算单位为：吨公里。

计算公式为：

$$重车行程载货量 = \sum（单车重车行程 \times 标记吨位）$$

例4： 某运输企业报告期内有A型车40辆，标记吨位为4吨，完成总行驶240 000公里，其中200 000公里为重车里程。另有B型车10辆，标记吨位为5吨，完成总行程70 000公里，其中60 000公里为重车公里，求该企业的总行程载货量及重车行程载货量。

解：

$$重车行程载货量 = \sum（单车重车行程 \times 标记吨位）=200\,000 \times 4+60\,000 \times 5$$
$$=1\,100\,000（吨公里）$$

在运输生产过程中，车辆空驶往往是运输生产过程不可避免的环节。重车行驶载货量表明车辆在运行中扣除空驶因素后的最大运输能力。这与运输车辆存在严重超载情况下，实际完成的运输量是不同的。

在一定的行驶条件下，总行程载货量和重车行程载货量与车辆的标记吨位的大小有关。因此，在车辆标记吨位相同的情况下，可用总车公里与标记吨位相乘求出。但由标记吨位不同的车辆组成的单位，其总行程载货量、重车行程载货量，应按不同标记吨位分别乘以总行程和重车行程，然后再相加求和。

3. 自载换算周转量

自载换算周转量是指报告期内运输车辆自载完成的货物周转量。计算单位：吨公里。

计算方法：将载货汽车或载客汽车自载完成的货物周转量和旅客周转量按"10人公里=1吨公里"的比例换算成同一计算单位后加总。

4. 自载及拖载换算周转量

自载及拖载换算周转量是指报告期内运输车辆自载和挂车拖载完成的货物周转量。计算单位：吨公里。

5. 单车产量

单车产量是指在报告期内，平均每辆车所完成的换算周转量。计算单位：吨公里。

在一定条件下，单车产量的高低与运输企业完成的周转量多少有关。周转量完成的多少与企业车辆在时间、速度、行程、载重量、货物运送的平均距离有关。因此，单车产量集中反映了车辆在时间、速度、行程、载重量等方面的综合利用效率。在计算单车产量时，不仅要对主车、挂车分别进行计算，还应对主车、挂车进行综合计算。

主（挂）车的计算公式为：

$$主（挂）车单车产量 = \frac{主（挂）车完成的换算周转量}{主（挂）车平均车数}$$

主（挂）车的综合计算公式为：

$$单车产量 = \frac{主车和挂车完成的换算周转量}{主车平均车数}$$

6. 车吨位产量

车吨位产量是指报告期平均每个吨位所完成的换算周转量。车吨位产量可按主车、挂车分别计算，也可按主车、挂车综合计算。

主（挂）车分别计算的公式为：

$$主（挂）车车吨位产量 = \frac{主（挂）车完成的换算周转量}{主（挂）车平均总吨位}$$

主（挂）车的综合计算公式为：

$$车吨位产量 = \frac{主车和挂车完成换算周转量}{主车平均总吨位}$$

三、运输线路选择及车辆调度

运输线路选择会影响运输设备和人员的利用，正确地确定合理的运输线路可以降低运输成本，因此运输线路的确定是运输决策的一个重要领域。

（一）货运车辆行驶线路类型

车辆在运输生产活动中，按预定计划在道路上的运行线路，即为车辆行驶线路。车辆行驶线路大致有三种形式：往复式、环形式和汇集式。

1. 往复式行驶线路

往复式行驶线路是指车辆在两个装卸作业点之间的线路上，做一次或多次重复运行的行驶线路。根据汽车往复运输时载运情况的不同，可分为单程有载往复式、回程部分有载往复式和双程有载往复式三种基本形式。

（1）单程有载往复式行驶线路。单程有载往复式行驶线路，如图2-2所示，在运输生产中属于常见方式，但车辆行程利用率较低。

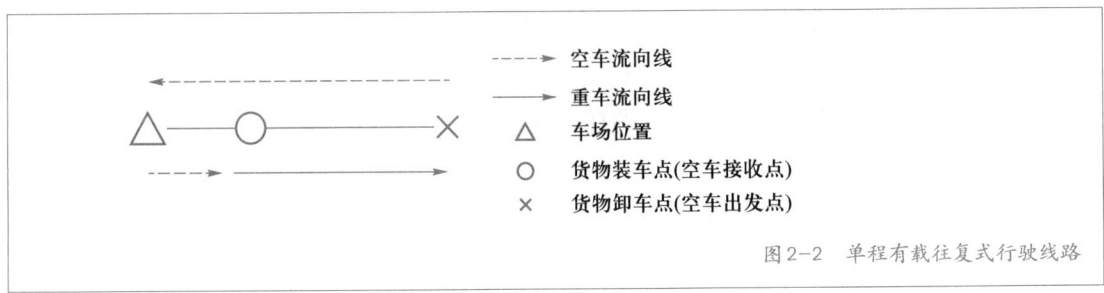

图2-2　单程有载往复式行驶线路

（2）回程部分有载往复式行驶线路。车辆在回程部分有载往复式行驶线路在运输生产中常见到，尤其是在已经具有网络化运输经营能力的大型运输企业的运输生产过程中更为常见。在回程途中，有一段路程有载或全程有载的运输方式，如图2-3所示。目前，许多企业通过回程"配载"的方式，尽量减少回程空驶路段或空载现象。

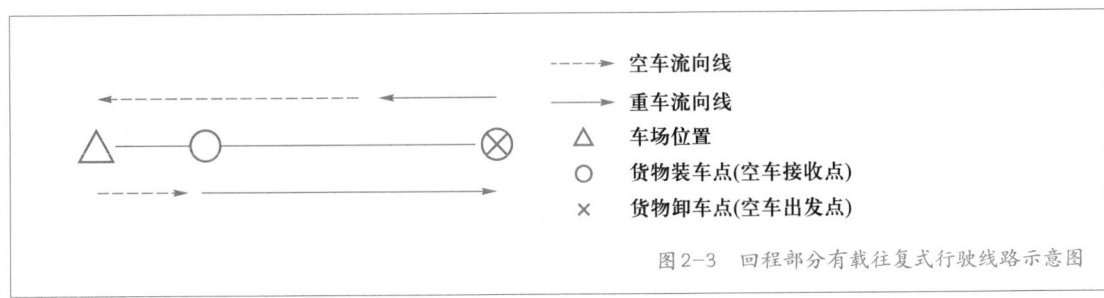

图2-3　回程部分有载往复式行驶线路示意图

（3）双程有载往复式行驶线路。车辆双程有载往复式行驶线路在三种往复式行驶线路中运输效率最高，而且回程时满载属于理想状态。如图2-4所示，回程载货的运行方式行程利用率最高，即使在回程载货不全的情况下也是如此；回程不载货的运行方式运输效率最低。

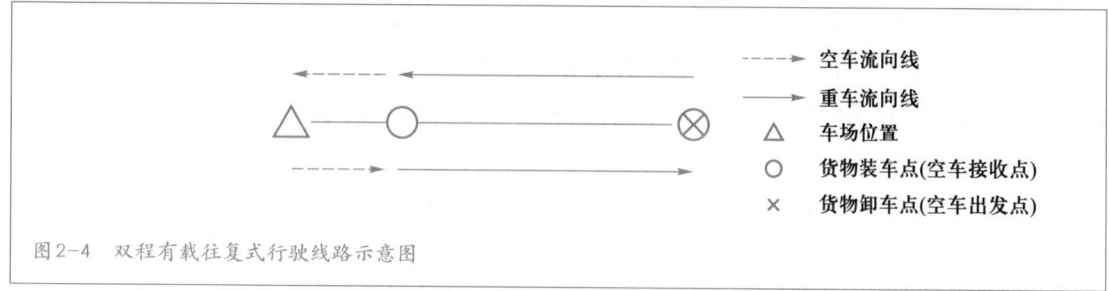

图2-4 双程有载往复式行驶线路示意图

2. 环形式行驶线路

环形式行驶线路也称循环运输，是指车辆在由若干个装卸作业点组成的封闭回路上，做连续单向运行的行驶线路。这种线路主要有：复合环行、交叉或三角环形和简单环形三种形式，如图2-5所示。环形线路的选择，以完成同样货运任务时里程利用率最高，即空车行程最短为原则。原则上不宜采用里程利用率低于50%的环式线路。

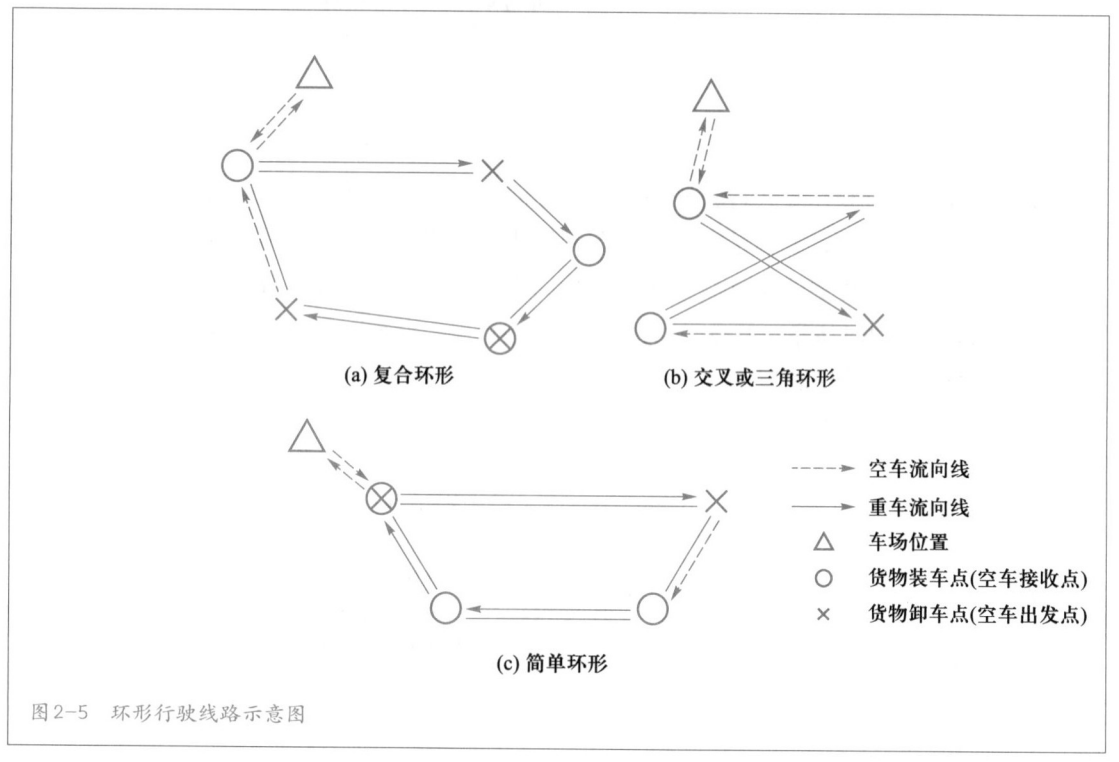

(a) 复合环形　　　　　　(b) 交叉或三角环形

(c) 简单环形

图2-5 环形行驶线路示意图

3. 汇集式行驶线路

如果车辆沿着运行线路上各货运点依次进行装（卸）货，并且每运次运量都小于一整车时，这样的路线称为汇集式行驶线路。汇集式行驶线路包括分送式、汇集式和分送—汇集式三种形式。

（1）分送式。分送式是指沿运行线路上各货运点依次进行卸货的车辆运行组织方式，如图2-6所示。

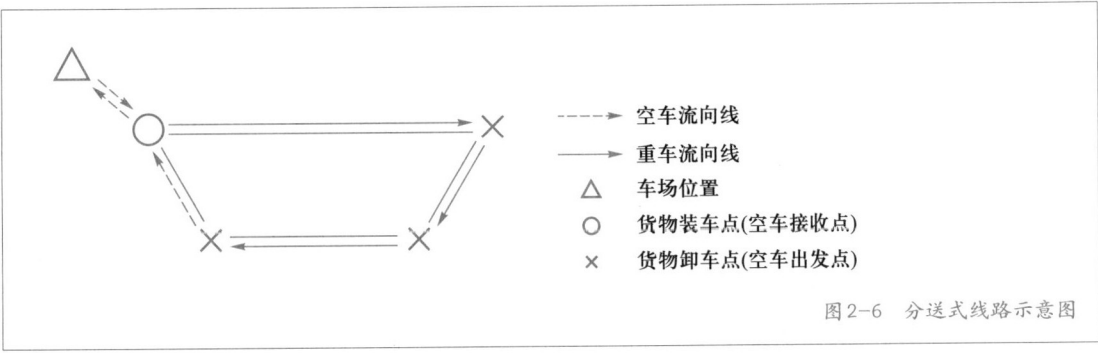

图2-6 分送式线路示意图

（2）汇集式。汇集式是指沿行驶线路上各货运点依次进行装货的车辆运行组织方式，如图2-7所示。

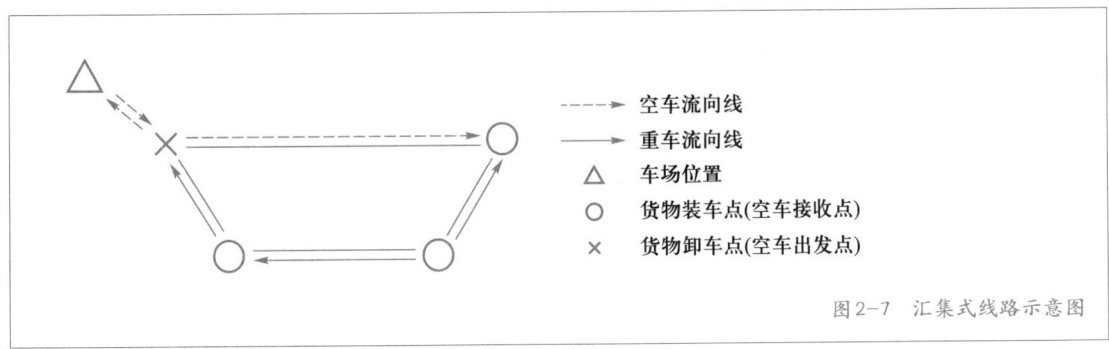

图2-7 汇集式线路示意图

（3）分送—汇集式。分送—汇集式是指沿运行线路上各货运点分别或同时进行分送及收集货物的运行组织方式，如图2-8所示。

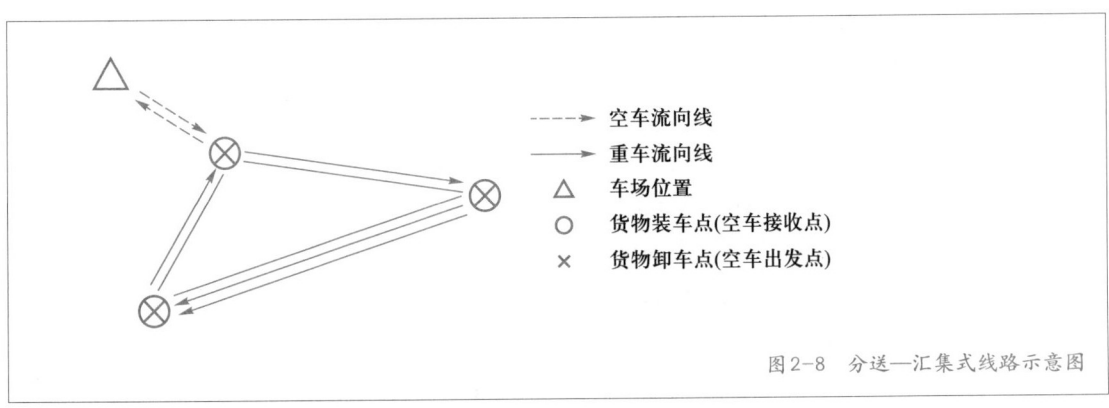

图2-8 分送—汇集式线路示意图

在以上三种运送方式中，按总行程最短组织车辆开展运输最经济，因此，选择汇集式线路时以总行程最短为最佳运输方案。

（二）最佳运输线路选择

选择最佳运输线路是运输所要考虑的主要因素，也是影响运输成本的主要因素。在运输过程中，往往会面临许多具体问题。例如，有时从单一的出发地到单一的目的地，却需要从多个起点出发到达多个终点；有时每一个地点既有货物要运送，又有货物要取；有时有多辆运输工具可以使用，但每个运输工具都有自己的容量和承载量限制；有时，因车辆容量的限制或者其他因素，要求先送货再取货；此外，还应考虑驾驶员的就餐和休息。所以，运输线路的选择问题不可能有一个普遍适用的解决方案。这里仅给出几种一定简单假设约束路线选择的方法，旨在提供考虑该问题的思路。

1. 图上作业法

（1）图上作业法的概念。图上作业法，是指使用图解形式进行车辆调度或货源分配。这种方法直观易懂、计算简单，可以帮助企业避免物资调运工作中的对流和迂回运输现象，提高运输过程中的里程利用率，是从实际工作中总结出来的一种行之有效的物资调运方法。

（2）图上作业法的基本步骤。

第一步，列出货物运输计划平衡表或各点发、到空车差额表。

第二步，绘制运输线路图。运输线路由若干个点和连接各个点的线段组成，为了使运输线路图简单、明确，各点用如下符号表示：

① "◯" 表示货物装车点，即空车接收点；

② "╳" 表示货物卸车点、即空车发出点；

③ "——▶" 表示重车流向线；

④ "┄┄▶" 表示空车流向线；

⑤ "△" 表示车场位置；

⑥ "⤻╳▶" 表示某段流向线的公里数。

第三步，绘制流向图。运输线路图中的各发、收点上注明货物发、收量或空车收、发量，用 "+" 表示收货量或空车发车量；用 "−" 表示发货量。

第四步，检查是否为最优方案。任何一张交通网络图、其线路分布形状都可以分为成圈和不成圈两种类型。

对于不成圈的交通网络图，根据线性规划原理，物资调拨或空车调运线路的确定可以依 "就近调空" 原则进行，此时只要方案中不出现对流运输，就是最优方案。

对于成圈的交通网络图，先假设某两点间路线 "不通"，将成圈问题化为不成圈问题来考虑，这样就可以得到一个初始的调运方案。这个方案还要进一步的优化处理，即先检查可行方案里、外圈的流向线之和（指里程之和），是否超过全圈周长的1/2，如均小于周长的1/2，则初始方案为最优方案；如外圈的流向线总长（指里程之和）超过全圈周长的1/2，则应缩短外圈流向；反之，就应缩短里圈流向。

优化处理的具体方法是：首先选择该圈流向线中流量（指运输量）最小的进行调整，在超过全圈总长1/2的里（或外）圈各段流向线上减去最小运量，然后再在相反方向的外（或里）圈流向线和原来没有流向线的各段加上同样数目的运量，这样就可以得到一个新的调拨方案。最后再用上述方法处理，直到里外圈空车流向线之和均小于周长的1/2，此时得到的调运方案就是最优方案。

第五步，调整到最优流向图后，根据最优流向图将最优方案填入货运计划平衡表或空车调运表中。

例5：某货运任务情况如图2-9所示，请用图上作业法求得最优方案。

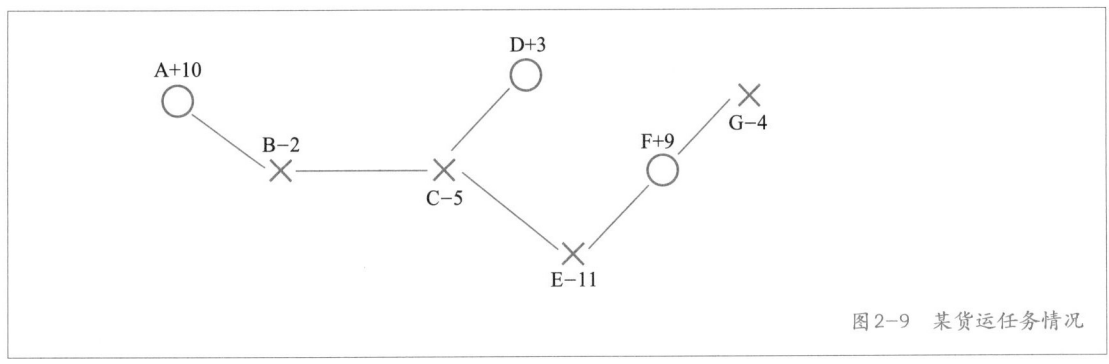

图2-9　某货运任务情况

解：

线路不成圈的图上作业法，按照"就近调空"思路，可形成如图2-10所示的物资调运方案。

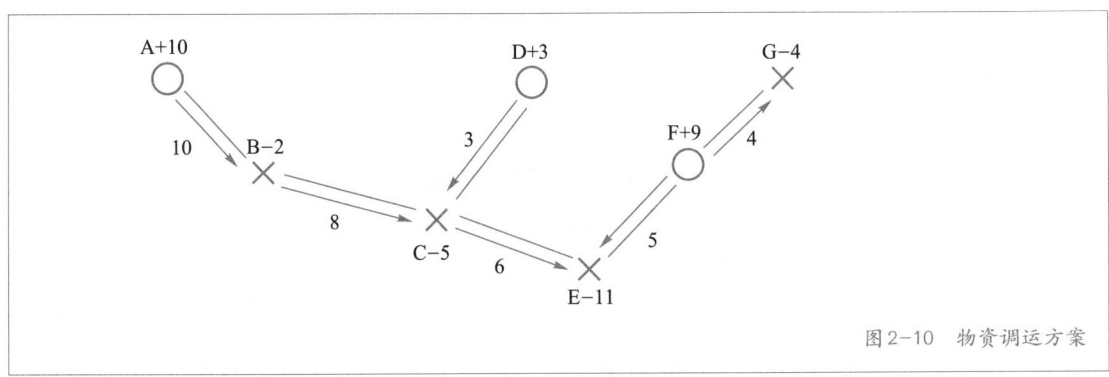

图2-10　物资调运方案

检查该方案，由于没有对流，故为最优方案。

例6： 某地区物资供销情况如图2-11所示，请用图上作业法求得物资调运的最优方案。

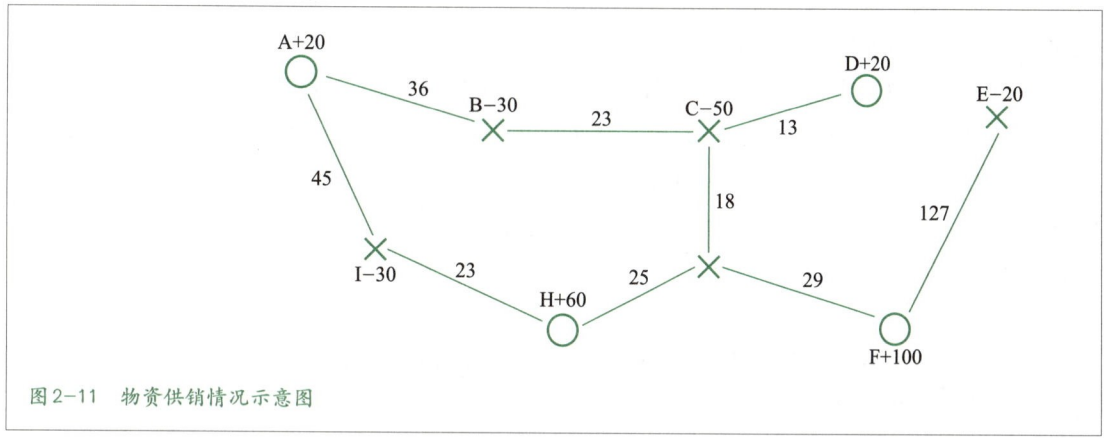

图2-11　物资供销情况示意图

解：

第一步，先做出初始方案。先考虑甩掉A—B段，然后根据"就近调空"的方法，得出初始调运方案，如图2-12所示。

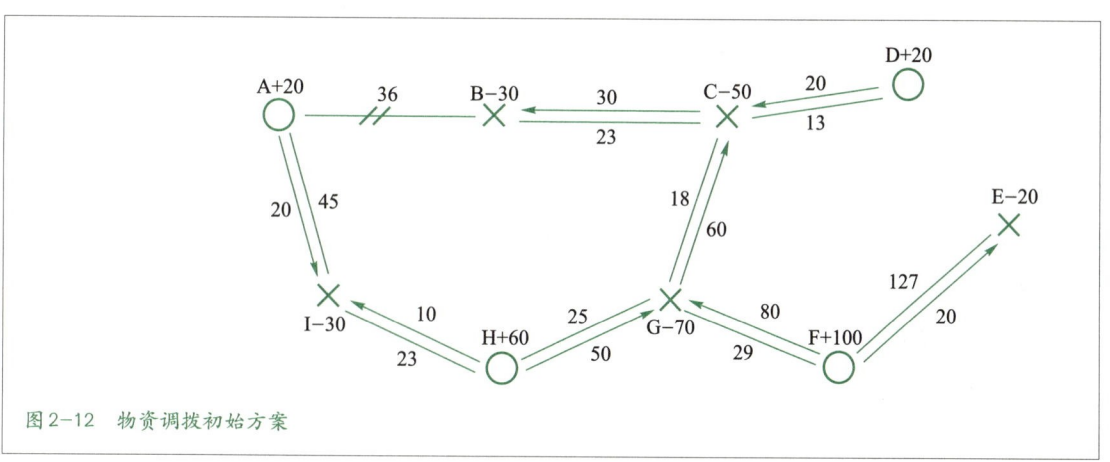

图2-12　物资调拨初始方案

第二步，检查。本例中物资对流情况实际上不存在，关键是要检查里、外圈流向线（里程）的总长，看其是否超过全圈（即封闭环线路）长度的1/2。本例中，全圈长为45+23+25+18+23+36=170（公里），则半圈长为170/2=85（公里），因为外圈流向线总长=45+25+18+23=111（公里），故里圈流向线总长=23（公里）。

所以，虽然里圈流向线总长不超过全圈流向线周长的1/2，但外圈流向线总长却超过全圈流向线周长的1/2（即111>85），可以断定初始方案存在迂回调拨运输问题，需要进行优化处理。

第三步，调整流向。本例中，外圈流向线总长超过全圈流向线周长的1/2，应着手缩短外圈；外圈流向线中最小流量（运量）为A–I的20吨，所以应在外圈的各段流向线上均减去20，同时在里圈的各段流向线及原来没有流向线的A–B段分别加上20，这样就得到了一个新的调运方案，如图2–13所示。

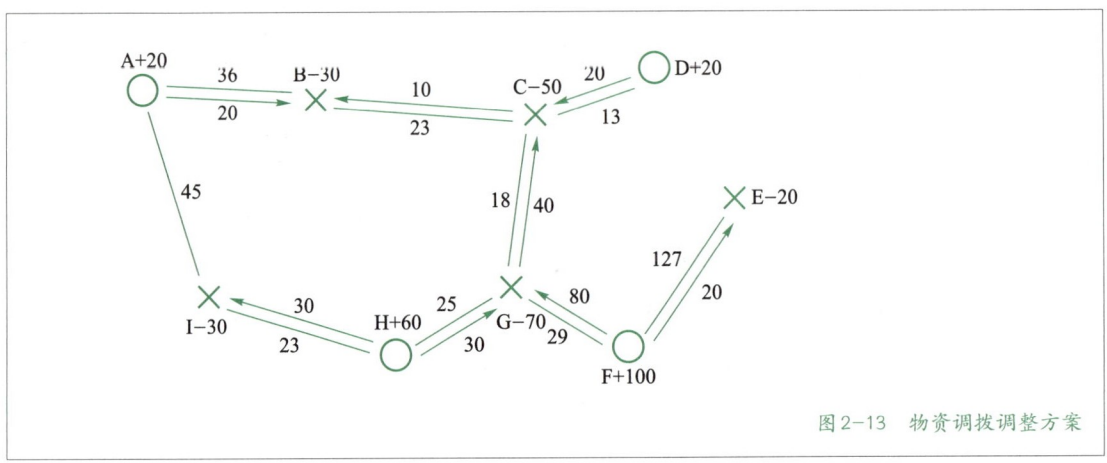

图2–13　物资调拨调整方案

调整后的方案比初始方案有所改进，但仍需要检查，直到满足所要求的检查结果，才能得到物资调拨方案。因为外圈流向线总长 =25+18+23=66（公里），里圈流向线总长 =23+36=59（公里），所以里、外圈流向线总长均没有超过全圈流向线周长的1/2，得到最优方案，见表2–2。

表2–2　调整后方案平衡表

位置	B	C	E	G	I	发量/t
A	20					20
D		20				20
F	10		20	70		100
H		30			30	60
收量/t	30	50	20	70	30	200

第四步，方案比较。前后两种方案的运力消耗情况如下：

初始方案：$45\times20+23\times30+60\times18+29\times80+127\times20+20\times13+50\times25+23\times10=9\,270$（吨公里）。调整后方案：$20\times36+20\times13+10\times23+20\times127+80\times29+30\times25+30\times23+40\times18=8\,230$（吨公里）。所以，调整后方案比初始方案节约9 270–

8 230=1 040（吨公里）。

需要说明的是，上述例子只说明了一个圈的情况，如有几个圈的情况时，应逐圈检查并调整，直到每一个圈子都能符合要求，才能得到物资调拨的最优方案。

2. 启发式算法

汇集式行驶线路最佳线路的选择就是选择车辆在各货运点间的绕行顺序，以每单程行程最短为最佳标准。实际上，可以归纳为统筹学中的"货郎担"问题，可以采用启发式算法确定汇集式行驶线路方案。下面以分送式线路为例，采用启发式算法进行计算，其计算方法如下：

（1）确定里程矩阵，求出货运点里程系数 $L_j\left(L_j=\sum_{i=0}^{6} L_{ij}\right)$；

（2）确定初选循环回路（仅选择3个点组成最小环形回路，起始装货点一定列于第一个循环回路，不论其与其他点之间的距离长还是短，其余2个点按 L_j 的值由大至小进行选取。）；

（3）确定插入点（选运距较大者）；

（4）计算因插入该点而带来的里程增量 $\triangle_{ij}$（设插入点为 x，$\triangle_{ij}=L_{ix}+L_{xj}-L_{ij}$）；

（5）直到将所有点都插入循环线路中，最后所得到的线路就是最优运输线路，即最短线路。

例7：某超市日用品仓库备有一辆中型配货车（载质量为4吨），将各种日用品分送给遍及该市的5个超市网点，仓库及超市分布及距离如图2-14所示。用 i，j 表示仓库和超市的货运点序号，货运点 i 到货运点 j 的距离为 L_{ij}，各货运点间距离如图2-14所示。请确定最佳行驶线路。

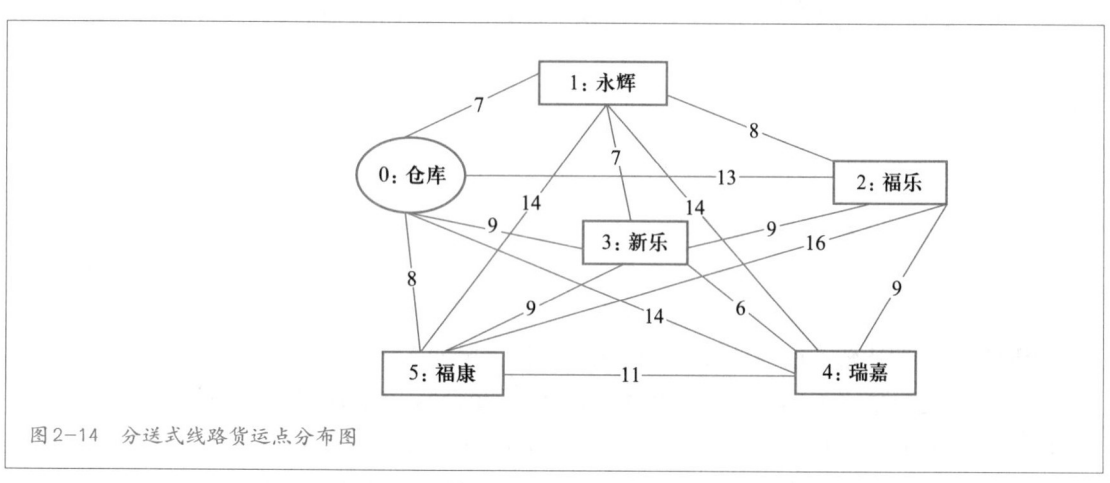

图2-14　分送式线路货运点分布图

解：

确定里程矩阵，求货运点里程系数。建立矩阵里程表见表2-3。

表2-3 里程矩阵

货运点	0	1	2	3	4	5
0	0	7	13	9	14	8
1	7	0	8	7	14	14
2	13	8	0	9	9	16
3	9	7	9	0	6	9
4	14	14	9	6	0	11
5	8	14	16	9	11	0
L_j	51	50	55	40	54	58

从表2-3中可得，各货运点的里程系数：$L_0=51$，$L_1=50$，$L_2=55$，$L_3=40$，$L_4=54$，$L_5=58$。

由于是末端配送，始发地一定是仓库，因此确定初选循环回路为：仓库0→超市5→超市2→仓库0。

因为$L_4=54$，且$L_4>L_1>L_3$，所以取超市4为第一个插入点。

插入超市4，并计算里程增量$\triangle_{ij}$：

$$\triangle_{05}=L_{04}+L_{45}-L_{05}=11+14-8=17（公里）$$

$$\triangle_{52}=L_{54}+L_{42}-L_{52}=11+9-16=4（公里）$$

$$\triangle_{20}=L_{24}+L_{40}-L_{20}=14+9-13=10（公里）$$

$\triangle_{52}$的里程增量最小，因此选择在超市5和超市2之间插入超市4，得到新回路为：仓库0→超市5→超市4→超市2→仓库0。

接下来对剩余货运点重复上述计算，直至所有货运点插入回路。

因为$L_1=50$，且$L_1>L_3$，所以取超市1为第二个插入点。

插入超市1，并计算里程增量$\triangle_{ij}$：

$$\triangle_{05}=L_{01}+L_{15}-L_{05}=7+14-8=13（公里）$$

$$\triangle_{54}=L_{51}+L_{14}-L_{54}=14+14-11=17（公里）$$

$$\triangle_{42}=L_{41}+L_{12}-L_{42}=14+8-9=13（公里）$$

$$\triangle_{20}=L_{21}+L_{10}-L_{20}=8+7-13=2（公里）$$

$\triangle_{20}$的里程增量最小，因此选择在超市2和仓库0之间插入超市1，得到新回路为：仓库0→超市5→超市4→超市2→超市1→仓库0。

同理，可计算插入超市3后的里程增量$\triangle_{ij}$：

$$\triangle_{05}=L_{03}+L_{35}-L_{05}=9+9-8=10（公里）$$

$$\triangle_{54}=L_{53}+L_{34}-L_{54}=9+6-11=4（公里）$$

$$\triangle_{42}=L_{43}+L_{32}-L_{42}=6+9-9=6（公里）$$

$$\triangle_{21}=L_{23}+L_{31}-L_{21}=9+7-8=8（公里）$$

$$\triangle_{10}=L_{13}+L_{30}-L_{10}=7+9-7=9（公里）$$

$\triangle_{54}$ 的里程增量最小，因此选择在超市5和超市4之间插入超市3，得到最终运输线路为：仓库0→超市5→超市3→超市4→超市2→超市1→仓库0。

最短运输线路的里程为：

$$L_{总}=L_{05}+L_{53}+L_{34}+L_{42}+L_{21}+L_{10}=8+9+6+9+8+7=47（公里）$$

3. 节约里程法

节约里程法用于多车辆路径问题，能同时确定车辆数及车辆行驶路径，其目标是使所有车辆的总里程最短，且使所需车辆总数最少。

节约里程法的基本流程是：将运输问题中的两个回路合并成一个回路，就可以缩短线路总里程（即节约距离）并减少一辆卡车。如图2-15所示，将两个回路合并成一个回路后，节约的距离为$\triangle_{AB}=C_{AO}+C_{OB}-C_{AB}$。

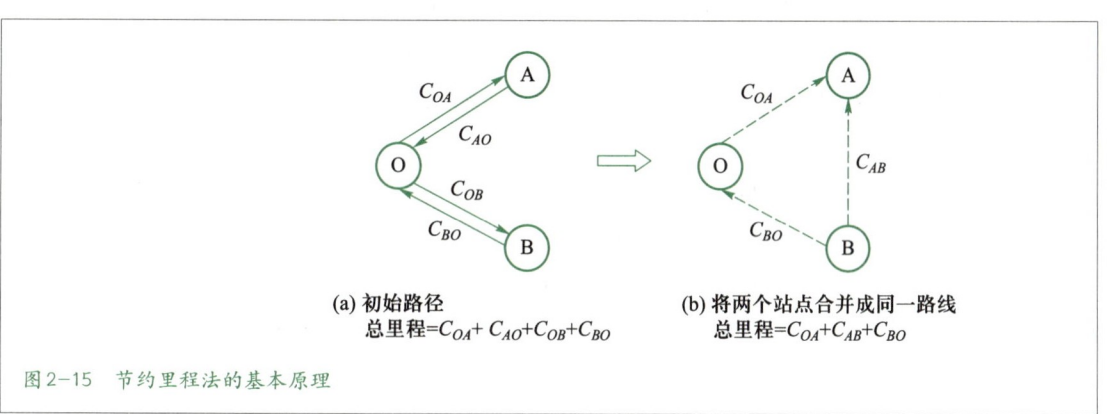

图2-15 节约里程法的基本原理

例8：某配送中心要为13个客户提供配送服务，配送中心的位置、客户的坐标即需求量如表2-4所示。配送中心共有4辆卡车，每辆卡车的载重量是200件。由于送货成本与行驶总里程密切相关，公司希望获得总行驶距离最短的方案。

解：

先假设每个站点分别由一辆虚拟卡车提供服务（各站点的货运需求量不超过车辆载重量），然后再返回仓库。这是一个初始方案（其总里程数最长，使用车辆数量最多）。然后，运用节约里程法逐渐合并该方案中的回路，不断减少车辆数和总里程数，直到得到最佳方案。下面介绍利用表格或方阵求

表2-4 客户坐标及订单规模

站点	X坐标	Y坐标	需求量/件
配送中心	0	0	
客户1	0	12	48
客户2	6	5	36
客户3	7	15	43
客户4	9	12	92
客户5	15	3	57
客户6	20	0	16
客户7	17	−2	56
客户8	7	−4	30
客户9	1	−6	57
客户10	15	−6	47
客户11	20	−7	91
客户12	7	−9	55
客户13	2	−15	38

解的具体步骤。

第一步，计算从配送中心至客户之间的最短距离，并作出最短距离表。

"距离"是指广义的距离，即任意两点间（用A、B代指）的空间距离或运输距离。这里，按下列公式利用坐标值来计算两点之间的距离 C_{AB}：

$$C_{AB}=\sqrt{(X_A-X_B)^2+(Y_A-Y_B)^2}$$

根据表2-4中的坐标值，可计算出客户之间及客户与配送中心的距离矩阵，结果如表2-5所示。

表2-5 计算所得的距离矩阵

站点	配送中心	客户1	客户2	客户3	客户4	客户5	客户6	客户7	客户8	客户9	客户10	客户11	客户12	客户13
客户1	12	0												
客户2	8	9	0											
客户3	17	8	10	0										
客户4	15	9	8	4	0									
客户5	15	17	9	14	11	0								
客户6	20	23	15	20	16	6	0							

续表

站点	配送中心	客户1	客户2	客户3	客户4	客户5	客户6	客户7	客户8	客户9	客户10	客户11	客户12	客户13
客户7	17	22	13	20	16	5	4	0						
客户8	8	17	9	19	16	11	14	10	0					
客户9	6	18	12	22	20	17	20	16	6	0				
客户10	16	23	14	22	19	9	8	4	8	14	0			
客户11	21	28	18	26	22	11	7	6	13	19	5	0		
客户12	11	22	14	24	21	14	16	12	5	7	9	13	0	
客户13	15	27	20	30	28	22	23	20	12	9	16	20	8	0

第二步，根据最短距离表，利用节约里程法计算出各客户之间的节约里程，无实际意义在表中写0。根据表2-5中的距离矩阵，如果将线路"配送中心—客户A—配送中心"与线路"配送中心—客户B—配送中心"合并成一条线路"配送中心—客户A—客户B—配送中心"，按公式$\triangle(A, B)=\triangle_{AB}=C_{AO}+C_{OB}-C_{AB}$

计算节约距离$\triangle(A, B)$如下。O代表配送中心。

例如，$\triangle(1, 2)=12+8-9=11$；$\triangle(2, 9)=8+6-12=2$。

这样可得到第一次计算的节约矩阵，如表2-6所示。下面利用该节约矩阵将客户规划到不同的运输路线中。

表2-6　第一次计算的节约矩阵

站点	客户1	客户2	客户3	客户4	客户5	客户6	客户7	客户8	客户9	客户10	客户11	客户12	客户13
客户1	0												
客户2	11	0											
客户3	21	15	0										
客户4	18	15	28	0									
客户5	10	14	18	19	0								
客户6	9	13	17	19	29	0							
客户7	7	12	14	16	27	33	0						
客户8	3	7	6	7	12	14	15	0					
客户9	0	2	1	1	4	6	7	8	0				

续表

站点	客户1	客户2	客户3	客户4	客户5	客户6	客户7	客户8	客户9	客户10	客户11	客户12	客户13
客户10	5	10	11	12	22	28	29	16	8	0			
客户11	5	11	12	14	25	34	32	16	8	32	0		
客户12	1	5	4	5	12	15	16	14	10	18	19	0	
客户13	0	3	2	2	8	12	12	11	12	15	16	18	0

第三步，将节约里程按由大到小的顺序排序，列出节约里程排序表（见表2-7），以便尽量使节约里程最多的点组合装车。

表2-7 节约里程排序表

顺序	连接线	节约里程	顺序	连接线	节约里程
1	11-6	34	40	11-3	12
2	7-6	33	41	12-5	12
3	11-7	32	42	13-6	12
4	11-10	32	43	13-7	12
5	6-5	29	44	13-9	12
6	10-7	29	45	2-1	11
7	4-3	28	46	10-3	11
8	10-6	28	47	11-2	11
9	7-5	27	48	13-8	11
10	11-5	25	49	5-1	10
11	10-5	22	50	10-2	10
12	3-1	21	51	12-9	10
13	5-4	19	52	6-1	9
14	6-4	19	53	9-8	8
15	12-11	19	54	10-9	8
16	4-1	18	55	11-9	8
17	5-3	18	56	13-5	8
18	12-10	18	57	7-1	7

续表

顺序	连接线	节约里程	顺序	连接线	节约里程
19	13–12	18	58	8–2	7
20	6–3	17	59	8–4	7
21	7–4	16	60	9–7	7
22	10–8	16	61	8–3	6
23	11–8	16	62	9–6	6
24	12–7	16	63	10–1	5
25	13–11	16	64	11–1	5
26	3–2	15	65	12–2	5
27	4–2	15	66	12–4	5
28	8–7	15	67	9–5	4
29	12–6	15	68	12–3	4
30	13–10	15	69	8–1	3
31	5–2	14	70	13–2	3
32	7–3	14	71	9–2	2
33	8–6	14	72	13–3	2
34	11–4	14	73	13–4	2
35	12–8	14	74	9–3	1
36	6–2	13	75	9–4	1
37	7–2	12	76	12–1	1
38	8–5	12	77	9–1	0
39	10–4	12	78	13–1	0

第四步，根据节约里程排序表和配送车辆载重及里程等约束条件，渐近绘出客户分布及送货线路规划图，如图2-16所示。

线路1：配送中心—客户1—客户3—客户4—配送中心；行驶距离为12+8+4+15=39，载重量=48+43+92=183（件）。

线路2：配送中心—客户2—客户9—配送中心；行驶距离为8+12+6=26，载重量=36+57=93（件）。

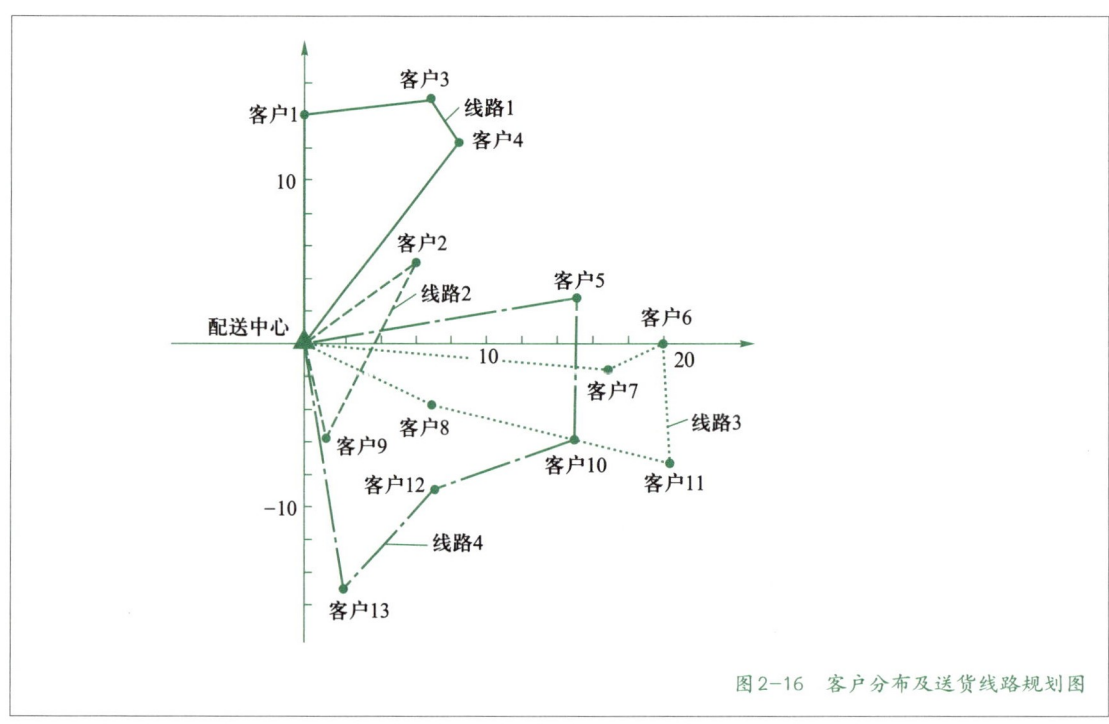

图2-16　客户分布及送货线路规划图

线路3：配送中心—客户8—客户11—客户6—客户7—配送中心；行驶距离=8+13+7+17=45，载重量=30+91+16+56=193（件）。

线路4：配送中心—客户5—客户10—客户12—客户13—配送中心；行驶距离=15+9+9+8+15=56，载重量=57+47+55+38=197（件）。

因此，总的行驶里程=39+26+45+56=166。

4. 破圈法

破圈法也称"见圈破圈"，即如果看到图中有一个圈，就从圈中去掉一条权值最大的边，但要保持图中各点仍为连通。如果有两条或两条以上的边都是权值最大的边，则任意去掉其中一条，在余下的图中重复上述步骤，直至图中再无一圈为止，此时得到的路线即为最优路线（最短路线或者费用最省路线）。这里的"圈"指的是回路。

例9：已知货运站S分别向A、B、C、D、E、T送货（见图2-17），两点间横线处数字代表两点间的距离，请用破圈法求最短路径。

解：

第一步，从图2-17中，运输距离最长为7，任取一个回路如$DETD$，去掉运输距离最长的边（最大边）ET，得图2-18。

第二步，从图2-18中任取一个回路，如$ABDA$，去掉最大边$AD=7$，得图2-19。

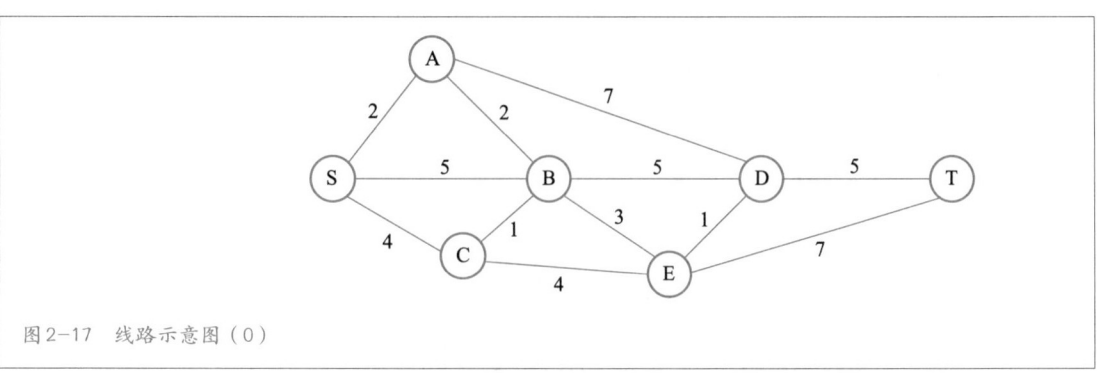

图 2-17　线路示意图（0）

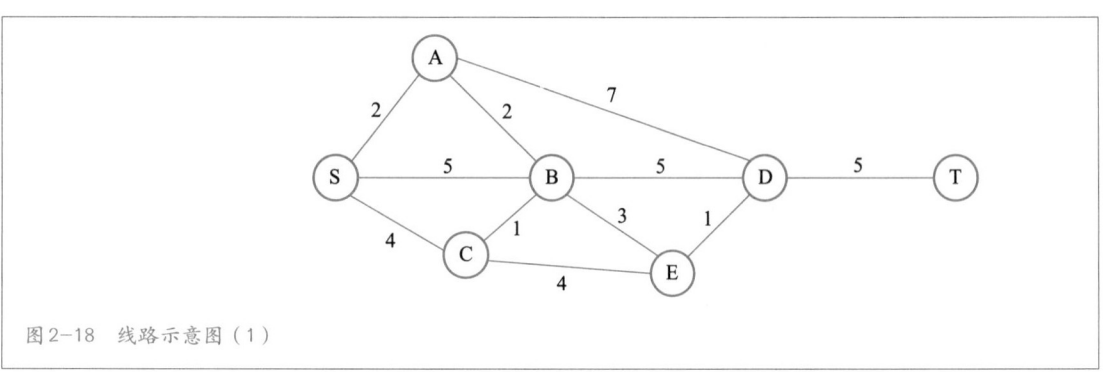

图 2-18　线路示意图（1）

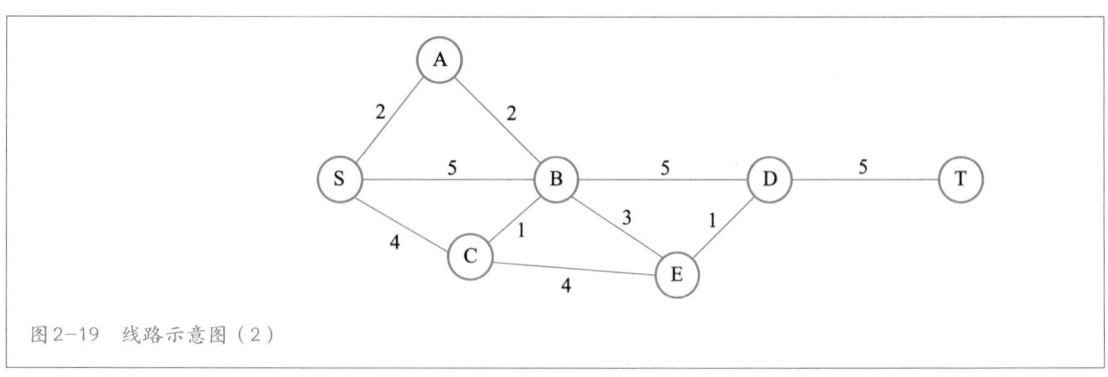

图 2-19　线路示意图（2）

　　第三步，从图 2-19 中任取一个回路，如为 *BEDB*，去掉最大边 *BD*=5，得图 2-20。

　　第四步，从图 2-20 中任取一个回路，如 *SBAS*，去掉最大边 *SB*=5，得图 2-21。

　　第五步，从图 2-21 中任取一个回路，如 *SCBAS*，去掉最大边 *SC*=4，得图 2-22。

　　第六步，从图 2-22 中任取一个回路，如 *CBEC*，去掉最大边 *CE*=4，得图 2-23。此时图中再无一圈，因此，图 2-23 为最优路线。

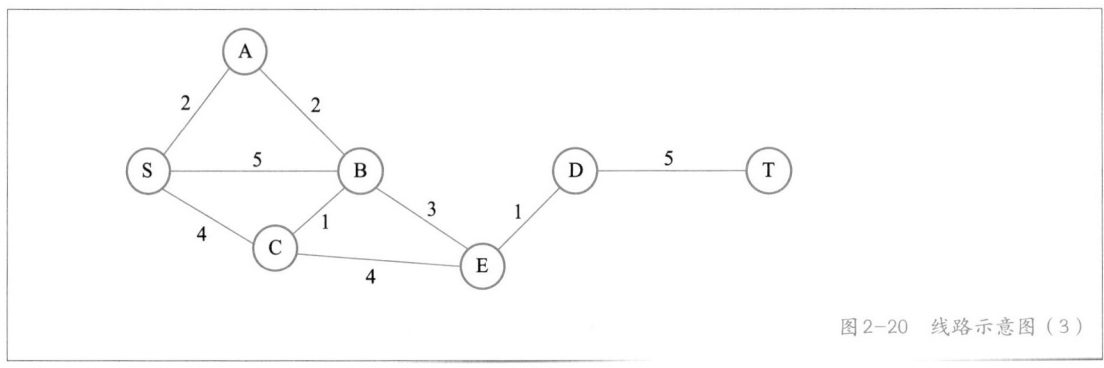

图2-20 线路示意图（3）

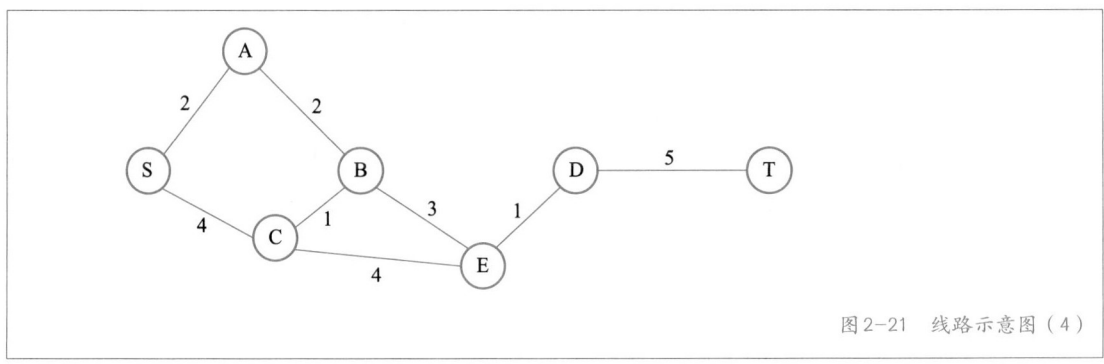

图2-21 线路示意图（4）

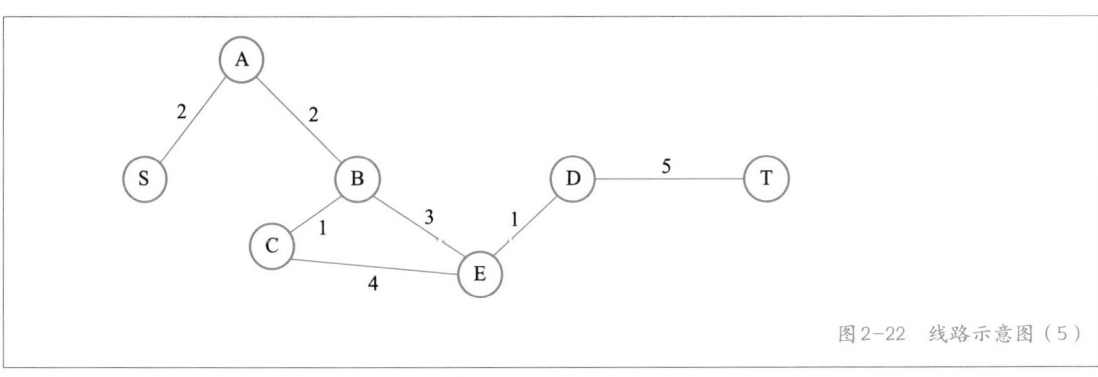

图2-22 线路示意图（5）

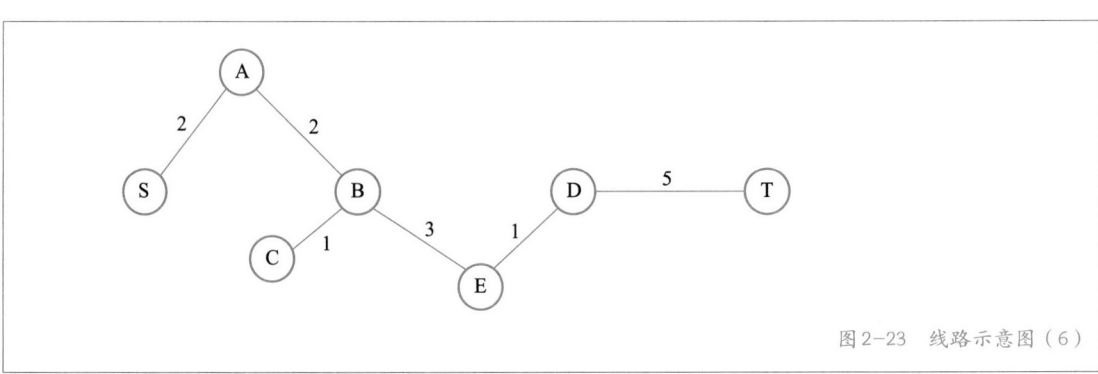

图2-23 线路示意图（6）

第二节　车辆运行作业计划

一、车辆运行作业计划编制

（一）车辆运行作业计划编制的意义

车辆运行作业计划是指为了完成企业运输生产计划，实现具体运输过程而编制的运输生产作业性质的计划，它具体规定了每一辆汽车（或列车）在一定时间内的运输任务、作业时间和应完成的各项指标。车辆运行作业计划是企业工作人员进行生产活动的依据，通过运行作业计划可以把企业内部各生产环节组织起来，协调一致地进行生产，确保运输生产任务的完成。

企业的运输生产计划，虽然按年、季或月安排了运输生产任务，但也只是提出纲领性的生产目标，不可能对运输生产活动的细节做出具体安排，也不可能将全部货运任务一一落实到每一辆汽车上。因此，为了实现具体运输过程，编制车辆运行作业计划是必不可少的重要手段。车辆运行作业计划的基本格式（如表2-8所示）。

表2-8　××年度车辆运行作业计划

指标/单位		上年度实际	本年度计划					本年度计划与上年度实际比较/%
			全年	一季度	二季度	三季度	四季度	
主车	营运总车日/车日							
	平均营运车辆/辆							
	平均总吨位/吨							
	平均吨位/吨							
	车辆完好率/%							
	车辆工作率/%							
	工作车日数/车日							
	平均车日行程/公里							
	总行程/公里							
	里程利用率/%							
	重车行程/公里							
	重车行程周转量/吨公里							
	吨位利用率/%							
	货物周转量/吨公里							

续表

	指标/单位	上年度实际	本年度计划					本年度计划与上年度实际比较/%
			全年	一季度	二季度	三季度	四季度	
挂车	拖运率/%							
	货物周转量/吨公里							
主、挂车综合	货物周转量/吨公里							
	平均运距/公里							
	货运量/吨							
	车吨位期产量/吨公里							
	单车期产量/吨公里							
	车公里产量/吨公里							

（二）车辆运行作业计划编制的方法

1. 顺编法

顺编法是指以"可能"为出发点，根据车辆生产率计算的顺序，从确定各项车辆运用效率的质量指标开始，逐项计算各项数据指标，最后计算出运输工作量；然后，将运输工作量与运输量计划相对照，若符合运输量计划的要求，则表明可以完成任务，就可根据报告期的统计资料和计划期的货源落实情况，编制车辆运行作业计划。如果计算结果与运输量计划有较大差异，特别是低于运输量计划时，则应调整各项车辆运用效率指标直到两者基本相等，才能据此编制车辆运行作业计划。

例10：某运输公司第一季度平均营运车数为100辆，其额定载重量为5吨。经分析测算，全年平均车辆完好率可达93%，工作率为90%，技术速度为50公里/小时，工作车时利用率为80%，平均每日出车时间为10小时，里程利用率为70%，吨位利用率为100%；运输量计划中列示的平均运输距离为80公里，货物周转量为10 200 000吨公里。根据这些资料，确定各项车辆运用效率指标的计划值，并据此编制车辆运行作业计划。

解：

根据本案例的情况，确定各项车辆运行作业效率指标计划值见表2-9。

根据各项车辆运用效率指标计划值的计算结果，该货运企业可完成的货物周转量为11 340 000吨公里，与已定运输量计划指标10 200 000吨公里相比较略有超额，故符合要求，可据此编制车辆运行作业计划。

表2-9　车辆运行作业效率指标计划值

序号	指标/单位	计算过程	计划值
1	营运车日数/车日	100×90	9 000
2	平均营运车数/辆	—	100
3	平均总吨位/吨	9 000×5÷90	500
4	平均吨位/吨	—	5
5	车辆完好率/%	分析测算	93
6	车辆工作率/%	分析测算	90
7	工作车日数/车日	9 000×90%	8 100
8	工作车时利用率/%	—	80
9	平均车日行程/公里	50×80%×10	400
10	总行程/公里	400×8 100	3 240 000
11	里程利用率/%	—	70
12	重车行程/公里	3 240 000×70%	2 268 000
13	重车行程周转量/吨公里	2 268 000×5	11 340 000
14	吨位利用率/%	—	100
15	货物周转量/吨公里	11 340 000×100%	11 340 000
16	平均运距/公里	—	80
17	货运量/吨	11 340 000÷80	141 750
18	车吨季产量/吨公里	11 340 000÷500	22 680
19	单车季产量/吨公里	11 340 000÷100	113 400
20	车公里产量/吨公里	11 340 000÷3 240 000	3.5

2. 逆编法

逆编法是指以"需要"为出发点，通过既定的运输工作率来确定各项车辆运用效率指标必须达到的水平。各指标值的确定必须经过反复测算，保证其有完成运输任务的可能；同时，也要注意不应完全受运输量计划的约束，若把各项车辆运用效率指标的计划值压得过低，会抑制运输生产能力的合理发挥。

例11：某货运企业某年第一季度的运输量计划中确定的计划货物周转量为7 290 000吨公里，货运量为91 125吨，车辆运行作业计划中确定的营运车辆数为100辆，额定载重量为5吨，完好率为95%，工作率为85%~95%，平均车日行程为178~200公里，里程利用率为65%~75%，吨位利用率为90%~100%，拖运率为30%，使用逆编法编制车辆运行作业计划。

解：

$$主车产量 = 7\,290\,000 \times (1-30\%) = 5\,103\,000（吨公里）$$

$$总车吨位日 = 100 \times 90 \times 5 = 45\,000（车吨位日）$$

$$车吨位日产量 = \frac{计划期主车完成周转量}{周期总车吨位日} = \frac{5\,103\,000}{45\,000} = 113.4（吨公里）$$

第一季度每个车吨位日必须完成113.4吨公里的周转量才能完成运输量计划。

下面确定车辆工作率（αd）、平均车日行程（$\overline{L}$）、里程利用率（β）和吨位利用率（γ）的值。

车吨位日产量还可由下面的公式计算：

$$车吨位日产量 = \alpha d \cdot \overline{L} \cdot \beta \cdot \gamma$$

现在需要确定车辆工作率、平均车日行程、里程利用率和吨位利用率这四项指标分别达到什么水平才能使车吨位日产量达到113.4吨公里。

拟定的四个组合方案见表2-10。

表2-10 四个组合方案

组合方案	αd	$\overline{L}$	β	γ	车吨位日产量/吨公里
1	90%	185	70%	97.4%	113.5
2	87%	190	75%	98%	121.5
3	85%	190	70%	107%	121.0
4	88%	185	68%	102.4%	113.4

这四个方案是综合考虑前期统计资料、本期预测资料及其他相关因素后确定的。经详细分析比较，组合方案1是一个可行性、可靠性最好的方案，按此方案确定这四项指标的值。则可完成的运输工作率为：

$$总周转量 = 90 \times 100 \times 5 \times 0.9 \times 185 \times 0.7 \times 0.974 \times \frac{1}{1-30\%} = 7\,297\,695（吨公里）$$

测算出的总周转量7 297 695吨公里大于运输量计划确定的周转量7 290 000吨公里，可以确保完成第一季度的运输任务。据此编制的该季度的车辆运行作业计划见表2-11。

表2-11　××货运公司一季度车辆运行作业计划

	指标/单位	计算过程	计划值
主车	营运总车日/车日	100×90	9 000
	平均营运车辆/辆	—	100
	平均总吨位/吨	100×5	500
	平均吨位/吨	—	5
	车辆完好率/%	—	95
	车辆工作率/%	—	90
	工作车日数/车日	9 000×0.9	8 100
	平均车日行程/公里	—	185
	总行程/公里	8 100×185	1 498 500
	里程利用率/%	—	70
	重车行程/公里	1 498 500×0.7	1 048 950
	重车行程周转量/吨公里	1 048 950×5	5 244 750
	吨位利用率/%	—	97.4
	货物周转量/吨公里	5 244 750×0.974	5 108 387
挂车	拖运率/%	—	30
	货物周转量/吨公里	5 108 387÷（1−0.3）×0.3	2 189 309
主（挂）车综合	货物周转量/吨公里	5 108 387+2 189 309	7 297 696
	平均运距/公里	7 290 000÷91 125	80
	货运量/吨	7 297 696÷80	91 221.2
	车吨位季产量/吨公里	7 297 696÷100÷5	14 595.4
	单车季产量/吨公里	7 297 696÷100	72 977
	车公里产量/吨公里	7 297 696÷1 498 500	4.87

二、运输调运方案的制定与优化

　　人们在生产活动中不可避免地要进行物资调运工作，如在某时期内将生产基地的煤、钢铁、粮食等各类物资分别运到需要这些物资的地区。根据各地的产量、销量及各地之间的运输费用，制定运输调运方案，使总运输费用最小。

运输调运方案的制定用到的方法是表上作业法。表上作业法的步骤是先用最小元素法寻找初始调运方案，再通过闭合回路法微调、优化调运方案，直至得到最佳调运方案。

（一）运输调运方案的制定

最小元素法的基本思想是就近供应，即从单位运价最小者开始满足供销关系，然后从次小的运价开始，一直到得出基本可行解为止。

例12：有 A_1、A_2、A_3 三个产地，可供应的粮食量分别为9万吨、5万吨、7万吨，现将粮食运往 B_1、B_2、B_3、B_4 四个地区，其销量分别为3万吨、8万吨、4万吨、6万吨。产地与销地之间的运价用 C_{ij}（$i=1$，2，3；$j=1$，2，3，4）表示。具体信息见表2-12，请设计完成运输调运方案，使总的运输费用最少。

表2-12 运 价 表

单位：元/吨

产地	销地				产量/万吨
	B_1	B_2	B_3	B_4	
A_1	2	9	10	7	9
A_2	1	3	4	2	5
A_3	8	4	2	5	7
销量/万吨	3	8	4	6	21

解：

用最小元素法分析表2-12，寻找初始调运方案。

步骤一，从表2-12中找出最小运价是 $C_{21}=1$，故先取 x_{21} 的值并使其尽可能大，令 $x_{21}=\min\{5,3\}=3$，将3填在 C_{21} 的下方，表示 A_2 供应3个单位给 B_1。在 x_{11} 和 x_{31} 的位置分别打上"×"，表示 B_1 已经满足需要，不再需要其他产地供应，如表2-13所示。

表2-13 步 骤 一

产地	销地				产量
	B_1	B_2	B_3	B_4	
A_1	2 ×	9	10	7	9
A_2	1 3	3	4	2	5
A_3	8 ×	4	2	5	7
销量	3	8	4	6	21

步骤二，从表2-13中未划去的元素中找出最小运价，此时$C_{24}=C_{23}=2$都是最小的，可以任取其中一个。例如，取C_{33}，令$x_{33}=\min\{7,4\}=4$，将4填在C_{33}的下方，表示A_3供应4个单位给B_3。在x_{13}和x_{33}的位置上分别打"×"，表示B_3已满足需要，如表2-14所示。

表2-14 步 骤 二

产地	销地				产量
	B_1	B_2	B_3	B_4	
A_1	2 ×	9	10 ×	7	9
A_2	1 3	3	4 ×	2	5
A_3	8 ×	4	2 4	5	7
销量	3	8	4	6	21

步骤三，从表2-14划去的元素中再找出最小运价，此时$C_{24}=2$最小，令$x_{24}=\min\{5-3,6\}=2$，将2填在C_{24}的下方，表示A_2供应2个单位给B_4。在x_{22}的位置上打"×"，表示A_2的产量全部运出，如表2-15所示。

表2-15 步 骤 三

产地	销地				产量
	B_1	B_2	B_3	B_4	
A_1	2 ×	9	10 ×	7	9
A_2	1 3	3 ×	4 ×	2 2	5
A_3	8 ×	4	2 4	5	7
销量	3	8	4	6	21

步骤四，用同样的方法继续进行下去，直至单位运价表中所有元素被划去为止。最终结果如表2-16所示。

表2-16 步 骤 四

产地	销地								产量
	B₁		B₂		B₃		B₄		
A₁		2		9		10		7	9
	×		5		×		4		
A₂		1		3		4		2	5
	3		×		×		2		
A₃		8		4		2		5	7
	×		3		4		×		
销量	3		8		4		6		21

（二）运输调运方案优化

闭合回路法可用于调运方案的优化。闭合回路是指从最小元素法求得的初始调运方案上的一个打上"×"的格子出发，有且仅有一条以该格子为起点、以其他填有数字的格子为顶点（拐弯处）的回路。具体方法是在初步调运方案的格子中逐一找到一条闭合回路，由起点开始，分别在顶点上交替标上代数符号（＋），（－），以这些符号分别乘以相应的运价，检验其代数和 λ_{ij}。若该代数和为负数，说明存在费用更省的调运方案，方案需要调整；若代数和为非负数，则不需要调整。运输调运方案的优化需要调整至方案中所有闭合回路的运费代数和都为非负数。

例如，在下面的闭合回路中：

该回路以 x_{31} 为起点，则从 x_{31} 开始，x_{31} 标上（＋），x_{33} 标上（－），x_{13} 标上（＋），x_{11} 标上（－），用这些符号乘以对应的单位运价再求和，即 $\lambda_{31}=C_{31}-C_{33}+C_{13}-C_{11}$。

例13： 用闭合回路法求例12中的检验数。

要计算检验数 λ_{13}，先找出 x_{13} 的闭合回路 ｜x_{13}，x_{33}，x_{32}，x_{12}｜，如表

2-17所示。对应的运价为$\{C_{13}，C_{33}，C_{32}，C_{12}\}$，再用正负号交替乘以运价$\{+C_{13}，-C_{33}，+C_{33}，-C_{12}\}$，直接求代数和得：

$$\lambda_{13}=C_{13}-C_{33}+C_{32}-C_{12}=10-2+4-9=3$$

表2-17 产销关系图

产地	销地							产量
	B_1		B_2		B_3		B_4	
A_1		2		9		10		7	9
	3		5		×		1	
A_2		1		3		4		2	5
	×		×		×		5	
A_3		8		4		2		5	7
	×		3		4		×	
销量	3		8		4		6	21

同理，可求出其他被划掉元素的检验数：

$$\lambda_{21}=C_{21}-C_{24}+C_{14}-C_{11}=1-2+7-2=4$$
$$\lambda_{22}=C_{22}-C_{24}+C_{14}-C_{12}=3-2+7-9=-1$$
$$\lambda_{23}=C_{23}-C_{24}+C_{14}-C_{12}+C_{32}-C_{33}=4-2+7-9+4-2=2$$
$$\lambda_{31}=C_{31}-C_{32}+C_{12}-C_{11}=8-4+9-2=11$$
$$\lambda_{34}=C_{34}-C_{14}+C_{12}-C_{32}=5-7+9-4=3$$

第三节 合理运输的组织与管理

微课：合理运输"五要素"

合理运输是指从物流系统的总体目标出发，按照货物流通规律，运用系统理论和系统工程原理和方法，选择合理的运输路线和运输工具，以更短的路径、更少的环节、更快的速度和更少的劳动消耗，组织好货物的运输与配送，以获取更大的经济效益。由于运输是物流中最重要的功能要素之一，物流合理化在很大程度上依赖于合理运输。

一、合理运输"五要素"

运输合理化的影响因素很多，起决定性作用的有以下五个，称作合理运输的"五要素"。

（一）运输距离

在运输时，运输时间、运输货损、运费、车辆或船舶周转等运输的若干技术经济指标，都与运输距离有一定比例关系，运输距离长短是运输是否合理的基本因素。缩短运输距离从宏观和微观方面都会带来好处。

（二）运输环节

每增加一个运输环节，不但会增加起运的运费和总运费，而且会增加运输的附属活动，如装卸、包装等，各项技术经济指标也会因此下降。所以，减少运输环节，尤其是同类运输工具的运输环节，对合理运输有促进作用。

（三）运输工具

各种运输工具都有其使用的优势领域，对运输工具进行优化选择，按运输工具特点进行装卸运输作业，最大化发挥所用运输工具的作用，是运输合理化的重要一环。

（四）运输时间

运输是物流过程中需要花费较多时间的环节，尤其是远程运输，在全部物流时间中，运输时间占绝大部分。所以，运输时间的缩短对整个流通时间的缩短有决定性的作用。此外，运输时间短有利于运输工具的加速周转，有利于充分发挥运力的作用，有利于货主资金的周转，有利于运输线路通过能力的提高，对合理运输做出贡献。

（五）运输费用

运输费用在全部物流费用中占很大比例，运输费用的高低在很大程度上决定整个物流系统的竞争能力。实际上，运输费用的降低，无论对货主企业来讲，还是对物流经营企业来讲，都是合理运输的一个重要目标。运输费用也是合理运输是否有效实施的最终判断依据之一。

二、不合理运输

不合理运输是指在现有条件下，可以达到而未达到的运输水平，从而造成了运力浪费、运输时间增加、运费超支等问题的运输形式。目前，我国存在的主要不合理运输形式如表2-18所示。

微课：不合理运输

表2-18 不合理运输形式

不合理运输形式	不合理运输的内容
返程或起程空驶	是指因调运不当、货源计划不周，不采用运输社会化而形成的空驶。这是不合理运输最严重的形式之一
对流运输	也称"相向运输""交错运输"，是指同一种货物，在同一线路上或平行线路上作相对方向的运输；如果运输的方向与合理流向图指定的方向相反，也属于对流运输。这是对运力的一种典型浪费

续表

不合理运输形式	不合理运输的内容
迂回运输	是指舍近求远的一种运输。迂回运输有一定的复杂性，只有因计划不周、地理不熟、组织不当而发生的迂回，才属于不合理运输；如果最短距离有交通阻塞、道路情况不好或有对噪声、排气等特殊限制而不能使用时发生的迂回，不属于不合理运输
重复运输	是指可以直接运到目的地的货物在未达目的地之处，或在目的地之外的其他场所被卸下后又重新运送达目的地，以及同品种货物在同一地点向内运进的同时又向外运出。重复运输最大的问题是增加了不必要的中间环节，延缓了流通速度，增加了费用，增大了货损
倒流运输	是指货物从销地或中转地向产地或起运地回流的一种运输现象。其不合理程度要甚于对流运输，其原因在于，往返两程的运输都是不必要的，造成了双程浪费。倒流运输也可以看成是隐蔽对流的一种特殊形式
过远运输	是指调运物资舍近求远，造成可采取近程运输而未采取，拉长了货物运距的浪费现象。过远运输占用运力时间长、运输工具周转慢、物资占用资金时间长，远距离自然条件相差大，易出现货损，增加费用支出。过远运输是一种明显的不合理运输形式

三、运输合理化的途径

运输合理化的途径包括：

（一）运输决策

在分销商品时，企业往往面临着一个重要的运输决策：自行运输还是委托运输。自行运输体现了组织的总体采购战略，便于控制，但是实施低成本、高效率的自行运输需要企业内部各部门之间的广泛的合作和沟通。企业之所以会自行运输，主要是考虑到承运人不一定能达到自己所需要的服务水平。通常而言，企业有自己车队的原因是：服务的可靠性；订货提前期较短；意外事件反应能力强；与客户的合作关系好。

委托运输减轻了企业的压力，可以使企业集中精力进行新产品开发和产品生产。但是，委托运输需要处理与企业外部承运商之间的关系，增加交易成本，也增加对运输控制的难度。此外，自行运输还是委托运输的决策不仅是运输决策，而且是财务决策。

（二）客户服务决策

客户服务是运输管理的重要目标，运输管理的每一个活动对客户服务水平都有影响，客户服务水平主要包括以下几个特性：服务成本；可靠性；运送时间；市场覆盖程度，即提供到户服务的能力；柔性，即处理多种产品及满足托运人的特殊需求；运输货物的损耗。

各种服务特性的重要程度不尽相同，其中，成本、速度和可靠性是最重要的因素。因此，服务成本、平均运送时间（速度）、运送时间的变化幅度（可靠性）是运输客户服务决策的基础，决策时必须在服务质量和服务成本之间进行权衡。

（三）运输方式及承运人选择决策

经济和资源的限制、竞争压力、客户需求都要求企业做出有效的运输方式和承运人选择决策。运输方式及承运人选择决策可以分为以下四步。

1. 问题识别

问题识别要考虑的因素有：客户要求、现有模式的不足之处，以及企业分销模式的改变。通常最重要的是与服务相关的一些因素。

2. 承运人分析

承运人分析中要考虑的信息有过去的经验、企业的运输记录、客户意见等。

3. 选择决策

选择决策过程中要做的工作是在可行的运输方式和承运人中做出选择。

4. 选择后评价

一旦企业做出选择之后，还必须制定评估机制来评价运输方式及承运人的表现。评估技术包括成本研究，审计、适时运输和服务性能的记录等。

（四）托运人–承运人合同订立

有效的运输网络要求托运人和承运人在战略和操作方面都保持良好的关系。托运人一般喜欢与可靠的、高质量的承运人之间订立长期合作合同。合同对托运人和承运人都有好处。对于托运人来说，运输活动变得更加便于管理，增强了可预测性并可以减少费率波动对托运人的影响。另外，合同还可以保证达到托运人所要求的运输服务水平，从而使运输成为托运人的竞争优势领域。对于承运人来说，合同这种合作方式有利于承运人自觉改善运输服务，使得承运人的服务适合托运人的物流需求，并使运费和服务之间的关系更直接，而且改善了托运人和承运人之间的关系。

此外，长期合同减少了承运人为了满足特殊托运人的服务要求而购买机器设备的投资风险，并保证托运人得到所需的特殊服务。一般情况下，既提供随叫随到服务，又提供合同服务的承运人会给合同托运人以最高的优先级，因为合同的普遍特征使服务不善的惩罚费用很高。因此，托运人对承运人有较强的影响力，并能得到较好的服务。

（五）运输协议的协商

承运人的价格策略越灵活，托运人越有比较大的余地通过与承运人的协商来降低成本。运输协议协商程序的目的是考虑协议各方的利益，开发出一种对于承运人和托运人双方都有利的协议，以促使双方密切合作。因为大多数协商都以服务成本为基础，所以承运人应该精确核算其成本，只有所有的成本都经过全面考虑，承运人和托运人才能达成协作，共同降低承运人的服务成本。

（六）车辆路线计划

运输设备需要巨大的资金投入，运作中的成本也很高。因此，在企业可接受的利润率和客户服务水平限制下开发合理的车辆路线计划非常重要。

一般而言，承运人从合理的车辆路线计划中得到的好处有：更高的车辆利用率、更高的服务水平、更低的运输成本、更少的设备资金投入、更好的决策管理。对托运人而言，路线计划可以降低他们的成本并提高其所接受的服务水平。

车辆路线计划多种多样，可以把它们分为几种不同的类型：单一出发地和单一目的地，且出发地和目的地不同；多出发地和多目的地；出发地和目的地是同一地点。

在实际运输中，一些具体的限制使得车辆路线计划变得更为复杂，比如：① 每个地点既有货物要送又有货物要取；② 有多辆运输工具可以使用，每个运输工具都有自己的容量和承载量限制；③ 部分或全部地点的开放时间都有限制；④ 因车辆容量的限制或其他因素，要求先送货再取货；⑤ 司机的就餐和休息时间也在考虑范围内。有了这些限制，车辆路线计划就很难找到最佳方案。在实际操作中，通常是求助于简单易行的方法以得到车辆路线计划的可行方案。

技 能训练

实训目标

能够正确进行运输指标计算及分析

情景描述

某物流企业运输车队 2023 年第一季度有主车 10 辆，汽油货车，标记吨位 16T，挂车 10 辆，标记吨位 12T，季度内车辆数及其吨位数无增减。车队三月份实际完成各项指标见表 2-19，计划数按各月营运车日比例分配。请结合相关资料表 2-20 计算相关运输指标，完成如表 2-21 所示的营运资料整理表。

表2-19　三月份实际完成各项指标统计表

车号	工作车日	停驶车日	主车			挂车	周转量			运量	
			重车公里	空车公里	总车公里	总车公里	主车		挂车/吨公里	人	吨
							人公里	吨公里			
001	28	2	3 604	2 123		5 727	18 080	15 226	10 820	80	437
002	27	2	3 545	2 125		5 470	18 080	13 320	10 030	80	284
003	27	2	3 520	2 120		5 640	18 080	14 080	10 560	80	411
004	20	2	3 024	846		3 870	18 080	12 160	9 060	80	439
005	26	2	3 510	2 116		5 626	18 080	14 016	10 500	80	424
006	29	1	3 846	2 204		6 050	32 000	16 044	11 526	160	526
007	29	1	3 860	2 210		6 070	—	16 060	11 532	—	531
008	28	1	3 614	2 126		5 740	32 000	15 214	10 824	160	498
009	27	2	3 604	2 026		5 630	32 000	15 110	10 820	160	424
010	24	—	3 330	1 864		5 194	32 000	13 360	11 404	160	412
合计											

表2-20　相关资料表

	指标	主车	挂车
一季度计划数	工作率	92.00%	70.00%
	平均车日行程	200	180
	里程利用率	70.00%	70.00%
	吨位利用率	95.00%	90.00%
	平均运距	50	50
一至二月份实际数	工作车日	2 846	—
	总车公里	468 856	295 660
	重车公里	369 201	—
	换算周转量	1 442 136	832 136
	主（挂）车合计货运量	37 880	—

表2-21 营运资料整理表

指标	计划数				实际数						主车季度实际与计划比较/%
	季度		其中：3月份		1-2月份		3月份		季度合计		
	主车	挂车	主车	挂车	主车	挂车	主车	挂车	主车	挂车	
总车日											
工作率	92.00%	70.00%									
工作车日					2 846	—					
平均车日行程	200	180									
总车公里					468 856	295 660					
里程利用率	70.00%	70.00%									
重车公里					369 201	—					
重车吨位公里											
吨位利用率	95.00%	90.00%									
总车吨位公里											
周转量（换算）					1 442 136	832 136					
主、挂综合周转量					37 880	—					
综合货运量											
综合平均货运距离	50	50									
拖运率											
车吨日产量											

 同 步测试 <<<<<<<<<<<<<<<<<<<<<<<<<<<<<<<<<<<<<<<<<<<<<

（一）单选题

1. 下列选项属于车辆时间利用指标的是（　　）。

    A. 营运速度　　　　　　　　　　B. 工作率

    C. 吨位利用率　　　　　　　　　D. 拖运率

2.（　　）也称"相向运输""交错运输"，是指同一种货物在同一线路上或平行线路上作相对方向的运输。

    A. 对流运输　　　　　　　　　　B. 迂回运输

    C. 重复运输　　　　　　　　　　D. 过远运输

3. 工作率是指报告期内（　　　）在总车日中所占的比重，用以反映车辆的利用程度。

  A. 停驶车日   B. 完好车日

  C. 行驶车日   D. 工作车日

4.（　　　）是企业计划期内的运输能力计划。

  A. 车辆计划   B. 运输量计划

  C. 车辆运行作业计划   D. 车辆运用计划

5.（　　　）是指舍近求远的一种运输。

  A. 对流运输   B. 迂回运输

  C. 重复运输   D. 倒流运输

（二）多选题

1. 运输计划主要包括（　　　　　）。

  A. 运输量计划   B. 车辆计划

  C. 车辆运用计划   D. 车辆运行作业计划

  E. 运输安全计划

2. 下列属于运输计划编制的相关指标体系的是（　　　　　）。

  A. 车辆速度性能利用指标

  B. 车辆时间利用指标

  C. 行程统计及行程利用指标

  D. 计划期平均营运车数指标

  E. 载重能力利用指标

3. 运输合理化的影响因素很多，起决定性作用的有（　　　　　）等方面的因素。

  A. 运输距离   B. 运输环节

  C. 运输工具   D. 运输时间

  E. 运输费用

4. 反映车辆运输能力综合利用的指标有（　　　　　）和车吨位产量。

  A. 总行程载货量   B. 重车行程载货量

  C. 自载换算周转量   D. 自载及拖载换算周转量

  E. 单车产量

5. 车辆行驶线路的形式包括（　　　　　）。

  A. 往复式   B. 环形式

  C. 汇集式   D. 迂回式

  E. 对流式

（三）简答题

1. 简述运输线路类型。

2. 简述迂回运输的含义。

3. 简述表上作业法的基本原理及步骤。

4. 简述运输合理化的途径。

素养目标

● 树立爱国情怀，培养为交通强国战略做贡献的服务意识

● 培养整车运输岗位从业人员的创新意识和优化意识

知识目标

● 熟悉整车运输组织工作的内容和方法

● 掌握托运单的内容及填写要求

● 掌握双班运输、甩挂运输的运行组织技术方法

技能目标

● 能够设计并正确填写货物托运单

● 熟悉整车运输业务的基本操作

● 能够优化设计整车运输作业组织方案

思维导图

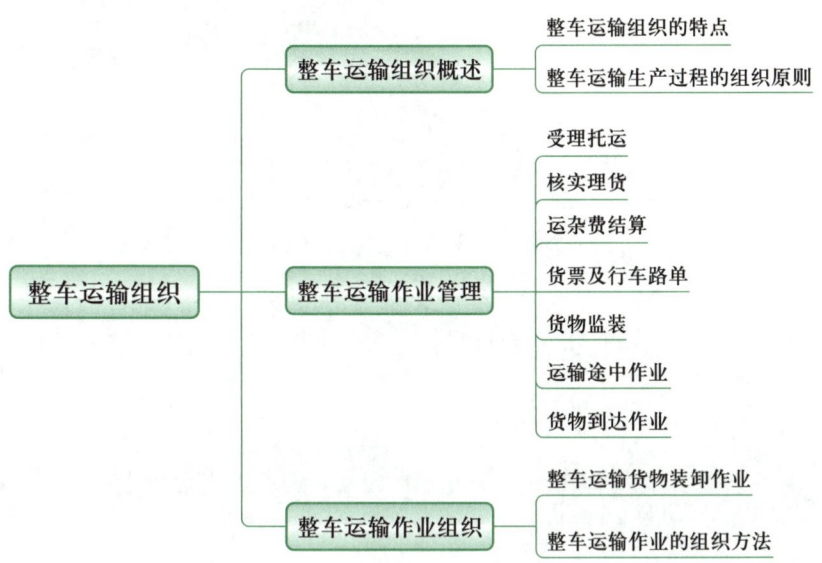

整车运输组织
- 整车运输组织概述
  - 整车运输组织的特点
  - 整车运输生产过程的组织原则
- 整车运输作业管理
  - 受理托运
  - 核实理货
  - 运杂费结算
  - 货票及行车路单
  - 货物监装
  - 运输途中作业
  - 货物到达作业
- 整车运输作业组织
  - 整车运输货物装卸作业
  - 整车运输作业的组织方法

引 导案例

交通运输为全面建设社会主义现代化国家
提供战略支撑

交通现代化是一个国家现代化水平的重要标志，是建设社会主义现代化强国的内在要求，是社会主义现代化强国建设的先行领域和战略支撑。

2021年12月，国务院印发《"十四五"现代综合交通运输体系发展规划》指出，"十三五"时期，我国综合交通运输体系建设取得了历史性成就，基本能够适应经济社会的发展要求，人民的获得感和满意度明显提升，为取得脱贫攻坚全面胜利、实现第一个百年奋斗目标提供了基础保障，在应对新冠肺炎疫情、加强交通运输保障、促进复工复产等方面发挥了重要作用。

五年里，我国交通运输基础设施网络日趋完善，综合交通网络总里程突破600万公里，"十纵十横"综合运输大通道基本贯通，高速铁路运营里程翻一番、对百万人口以上的城市覆盖率超过95%，高速公路对20万人口以上的城市覆盖率超过98%，民用运输机场覆盖92%左右的地级市，超大特大城市轨道交通加快成网，港珠澳大桥、北京大兴国际机场、上海洋山港自动化码头、京张高速铁路等超大型交通工程建成投运。战略支撑能力不断增强，中欧班列开行列数快速增长，京津冀一体化交通网、长江经济带综合立体交通走廊加快建设，交通扶贫百项骨干通道基本建成，新建、改建农村公路超过147万公里，新增通客车建制村超过3.3万个，具备条件的乡镇和建制村全部通硬化路、通客车，快递网点基本覆盖全部乡镇，建制村实现直接通邮。运输服务质量持续提升，旅客高品质出行比例不断提高，航班正常率大幅上升，集装箱铁水联运量年均增长超过20%，快递业务量翻两番、稳居世界第一。

新技术、新业态蓬勃发展，具有完全自主知识产权的全系列复兴号动车组上线运行，C919客机成功试飞，ARJ21支线客机规模化运营，跨海桥隧、深水航道、自动化码头等成套技术水平跻身世界前列，船舶建造水平持续提升，网约车、共享单车、网络货运平台等新业态快速发展，治理能力不断增强。"放管服"改革持续深化，铁路、空域、油气管网等领域重点改革任务扎实推进，高速公路省界收费站全面取消，交通物流降本增效成效显著。绿色交通、平安交通建设稳步推进，新能源汽车占全球总量一半以上，营运货车、营运船舶二氧化碳排放强度分别下降8.4%和7.1%左右，民航、铁路安全水平保持世界领先，道路运输重大事故数量和死亡人数分别下降75%和69%左右。

截至2022年底，我国公路里程增加7.41万公里，交通网络不断加密；高速公路里程占比提高至3.3%，提升高效率；农村公路里程增加6.54万公里，其中乡镇通三级及以上公路比例达到84%，提高交通运输均等化水平；积极发展公路专用运输车辆，专用货车、牵引车、挂车占比分别提高0.3个、0.8个和0.4个百分点。我国大力推广使用集装箱等货运装备；大型营运载货汽车平均吨位提高至21.8吨/辆，加快集约化发展，大型化趋势更加明显。

第一节　整车运输组织概述

不能与其他货物拼装运输，需要单独提供车辆办理运输，也可视为整车运输。以下的货物必须按整车运输：鲜活货物，如冻肉、冻鱼、鲜鱼，活的牛、羊、猪、兔、蜜蜂等；需要用专车运输的货物，如石油、烧碱等危险货物，粮食、粉剂等散装货等；不能与其他货物拼装运输的危险品；易于污染其他货物的不洁货物，如炭黑、皮毛、垃圾等；不易于计数的散装货物，如煤、焦炭、矿石、矿砂等。

一、整车运输组织的特点

整车运输组织具有以下特点:

(1)为明确运输责任,整车运输通常是一车一张货票、一个发货人。为此,道路货物运输企业应选派额定载重量(以车辆管理机关核发的行车执照上标记的载重量为准)与托运量相适应的车辆装运整车货物。一个托运人托运整车货物的重量(毛重)低于车辆额定载重量时,为合理使用车辆的载重能力,可以拼装另一托运人托运的货物,即一车二票或多票,但货物总重量不得超过车辆额定载重量。

(2)整车货物多点装卸,按全程合计最大载重量计重,最大载重量不足车辆额定载重量时,按车辆额定载重量计算。

(3)托运整车货物由托运人自理装车,未装足车辆标记载重量时,按车辆标记载重核收运费。

(4)整车运输一般不需要中间环节或中间环节很少,送达时间短、相应的货运集散成本较低。涉及城市间或过境贸易的长途运输与集散,如国际贸易中的进出口商通常更愿意以整车为基本单位签订贸易合同,以便充分利用整车货物运输的快速、方便、经济、可靠等优点。

二、整车运输生产过程的组织原则

尽管企业有各自的特点,针对整车运输生产过程组织而言,最基本的原则是尽可能做到运输生产过程的连续性、协调性、均衡性和经济性。

(一)连续性

连续性是指在整车运输过程中的各个生产环节、各项作业之间,在时间上能够紧密衔接和连续进行,不发生各种不合理的中断现象,使货物在接受运输服务过程中的各项作业能够很好地衔接起来,不发生或少发生不必要的停留和等待现象。整车运输生产过程的连续性是获得较高运输劳动生产率和运输服务质量的重要因素。因此,要尽可能减少无效停车时间,加速车辆周转,以提高车辆、站场等的利用效率,保证运输生产效率的提高。

为了提高货物运输过程的连续性,应当重视以下几方面:第一,运输车辆、运输设施及装卸设备、承载器具等的标准化、系列化和通用化。加强"三化"工作可以大大提高物流过程中包装、装卸、运输、储存、分送等各项作业环节中的连续性;可以提高货物公路运输过程的连续性;可以提高汽车与其他运输方式的衔接性,避免了功能性的换装等作业所引起的停滞。第二,尽可能采用先进的工艺方案,加强货物运输过程中的组织与控制手段,将优越的技术条件与先进的经营管理方法相结合,提高货物公路运输过程的连续性。第三，采用先进的科学技术，提高生产过程的机械化、自动化水平，如现代化通信、机械化装卸设备等，以保证生产过程的连续性。第四，要提高经营管理水平。

（二）协调性

协调性是指整车运输过程中的各个生产环节、工序之间以及业务发展与站场、仓储、服务设施等方面，都要在数量上保持适当的比例。运输过程的协调性是现代化大生产的客观要求，是劳动分工与协作的必然结果，是运输生产系统运行的必然要求。整车运输过程的各个环节、各项作业在安排生产能力上保持协调性，既可以大大提高货物的运送速度，又可以提高车辆、设备、场站等设施设备、工具的利用率和劳动生产率，进一步提高运输过程的连续性。同时，它对于合理利用运输资源、提高运输活动的经济效益也会起到重要作用。

在公路货物运输生产活动中，货物情况的变化、技术组织条件的改变、劳动者技术水平的提高等，都会使各个生产环节、各项作业之间的生产能力和作业安排发生较大改变。因此，为了适应协调性作业要求，必须及时根据不断变化的客观情况，积极采取有效的措施加以调整，以实现新的协调，从而保证运输生产的顺利进行。

（三）均衡性

均衡性是指运输企业及其内部各个生产环节在同一时期内完成大致相等的工作量，或稳步递增的工作量，不出现时紧时松、前松后紧的不正常现象。

保持整车运输生产的均衡性，能充分利用车辆、设备和站场的生产能力，保证车辆的正常运行和维修，维护正常的运输秩序，避免由于突击而造成的行车事故和业务差错，保证运输质量，避免车辆早期损坏造成经济损失，以及由此而造成保修生产的被动现象。

在企业中，影响均衡生产的因素很多，如计划的前松后紧、车况不良、生产组织上的突击会战、货运调度不当造成的车辆拥挤、间断，以及货物的流量、流向在时间和空间上分布不均等原因，都可能带来运输生产的不均衡性。对整个运输生产过程来说，应力求达到均衡，并随时准备应对客观上可能出现的不均衡状况，保证运输均衡生产，以满足社会需要。

（四）经济性

经济性是指要讲究经济效益，用尽可能小的消耗取得尽可能大的生产成果。以上所阐明的连续性、协调性和均衡性，属于运输过程时间上的组织原则。而时间的节约，最终将通过经济效益反映出来。除此之外，整车运输生产过程还有一个空间组织问题：由于在运输过程中，货物的流向和特性不同，常常不能充分利用车辆的回空行程，这就要求调度机构应周密地编制车辆运行计划，在较大空间范围内组织循环运输，尽可能减少车辆的空驶行程，提高车辆的行程利用和吨位利用;同时，合理安排货物运输任务，避免或减少迂回、对流、重复和过远等不合理运输现象，节约社会运输费用，最终达到提高经济效益和社会效益的目的。

综上所述，组织整车运输生产过程的连续性、协调性、均衡性和经济性要求，是以运输企业服务于社会和货主的现代市场经营思想为指导的，必须以系统的观念看待运输生产过程中的各项基本原则，不能片面地只强调其中的某一项。

第二节　整车运输作业管理

道路整车运输的过程是指从货物受理托运开始，核实从理货、收费、货物监装、车辆运行到交付收货人为止的生产活动。

一、受理托运

在道路货物运输中，货物托运人向道路运输部门提出运送货物的要求叫托运;道路运输部门接受货物运输的行为叫受理，也称承运。根据交通运输部《道路货物运输及站场管理规定》第二十九条规定"道路货物运输经营者不得运输法律、行政法规禁止运输的货物。道路货物运输经营者在受理法律、行政法规规定限运、凭证运输的货物时，应当查验并确认有关手续齐全有效后方可运输。货物托运人应当按照有关法律、行政法规的规定办理限运、凭证运输手续。"无论是货物交给道路运输企业运输，还是道路运输企业主动承揽货物，都必须由货主和承运企业双方办理托运手续。

（一）整车运输受理托运的方法

整车运输受理托运的方法归纳如下：

1. 登门受理

由运输部门派人员去客户单位办理承托手续。

2. 下产地受理

在农产品上市时节，运输部门下产地联系运输事宜。

3. 现场受理

在省、市、地区等召开物资分配、订货、展销、交流会议期间，运输部门在会议现场设立临时托运或服务点，现场办理托运。

4. 驻点受理

对生产量较大、调拨集中、对口供应的单位，以及货物集散的车站、码头、港口、矿山、油田、基建工地等单位，运输部门可设点或巡回办理托运。

5. 异地受理

企业单位在外地的整车货物，运输部门根据具体情况，可向本地运输部门办理托运、要车等手续。

6. 电话、传真、信函、网上托运

经运输部门认可，本地或外地的货主单位可用电话、传真、信函、网上托运，由运输部门的业务人员受理登记，代填托运单。

7. 签订运输合同

根据承托双方签订的运输合同或协议，办理货物运输。对于长期货运合同，每一次提货同样要办理提货手续。

8. 站台受理

货物托运单位派人直接到运输部门办理托运。

（二）缮制托运单

托运单是托运人与运输企业之间的契约，是发货人托运货物的原始依据，也是车站承运货物的原始凭证。它明确规定了承托双方在货物运输过程中的权利、义务和责任。整车货物托运单的填写应填明收货单位全称或收货人的姓名、地址、电话、行驶路线、运距、货物名称、标志、包装件数和质量等，见表3-1。

表3-1　整车货物托运单

托运人（单位）:　　　　经办人:　　　　电话:　　　　地址:　　　　运单编号:

发货人		地址		电话		装货地点					
收货人		地址		电话		卸货地点					
付款人		地址		电话		约定起运时间	月/日	约定到达时间	月/日	需要车种	
货物名称及规格	包装形式	件数	体积（长×宽×高）/m³	件重/kg	质量/t	保险、保价价格	货物等级	计费项目		计费质量	单价
								运费	装卸费		
合计						计费里程					
托运人记载事项		付款人银行账号		承运人记载事项				承运人银行账号			
注意事项	1. 货物名称应填写具体品名，如货物品名过多，不能在托运单内逐一填写，必须另附货物清单 2. 保险或保价货物，在相应价格栏内填写货物声明价格					托运人签单 　　年　月　日			承运人签章 　　年　月　日		

车站接到发货人提供的货物托运单后，应认真审查。货运员还应根据货物托运单的记载内容，认真验收货物；注意检查货物的品名、质量、件数、包装和货物标记等是否正确齐全，按规定应附的证明文件和单据是否齐全，发货人声明栏填记内容是否符合规定等；确定运输里程和运价费率，约定运杂费结算方法。

托运人填写的托运单，必须逐日顺号收齐，按月装订成册，妥善保管备查，一般留存1~2年。托运单的填写份数一般为一式四份，一份交托运人作为托运凭证，三份交承运单位：一份受托部门存查，一份交财务部门凭以收款和结算运费，一份交调度部门作为派车依据。

填写托运单，必须注意以下几点：

（1）填写本单必须详细、清楚和真实。由托运人填写的各栏，若因填写不实，造成错运或其他事故，概由托运人负责。

（2）托运单每单以运到同一目的地交同一收货人为限。托运两种或两种以上货物时，应在托运单内按货物种类分别填写。

（3）托运长大笨重货物、危险货物和鲜活易腐货物时，应将货物性质记入"货物性质"栏内。

（4）除《民法典》及《道路货物运输及站场管理规定》等规定外，托运人如有特约事应经双方商定填入"约定事项"栏内。

（5）托运人托运的货物应符合国家包装标准或专业标准。

二、核实理货

（一）托运单的审核

货运员在收到托运人的托运单后，要审核货物的名称、质量、体积、重量，以及货物是否具备受理条件，如发现禁运的危险货物、法律禁止流通的物品、未取得卫生检疫合格证明的动植物等不符合国家要求的货物，承运人不予以受理。货运员在审核时应审核货物运输的证明文件和随货物同行的动植物检疫合格证、超限运输许可证等有关票据单据；审核货物有无特殊要求，如运输期限、押运人数或（和）托运方议定的有关事项；确定货物运输里程和运杂费。

（二）验货

货运员与托运人应共同验货，验货时应注意：托运单所列的货物是否已处于待运状态；货物数量、发运日期有无变更；货物包装是否符合运输要求，危险货物的包装是否符合《危险货物运输规则》规定；确定货物体积、重量的换算标准及其交接方式；装卸场地的机械设备、通行能力是否完好等。

三、运杂费结算

运杂费结算是货运商务作业的一个重要环节，运杂费结算工作的质量直接关系到运输企业的收入和资金周转，也影响到托运方的利益和企业的信誉。运杂费包括运费和杂费。货主向运输部门支付托运货物的基本费用称为运费，公路货物运输部门向货主收取运费以外的其他费用称为杂费。

（一）运杂费项目

整车运输中的各项运杂费一般包括：

1. 过渡费

车辆过渡时，整车运输有货主单位派人随车押运的，由押运员自行交纳费用；无押运员的，由驾驶员代付，凭收据向货主单位结算。

2. 标签费

整车货物属于同一起讫站，无须使用标签，不收费；整车货物有两个装卸点的，必须贴标签，收取标签费。

3. 联运费

通过两种或两种以上运输工具联合运输及跨省市的联运，核收联运服务费。

4. 过桥费

通过大型桥梁时，凡有收费规定的，按规定费率收取费用。

5. 保管费

凡在车站由收货人自取的货物，超过免费保管时间后，按天数计收的费用。

6. 保价（保险）费等

对贵重物品实行保价运输，制定收费标准，按货物价值的百分比核收的费用。

（二）运杂费的计算

一般情况下，运杂费可按如下作业程序计算：

1. 根据托运单和运输线路，确定计费里程

（1）整车运输的计费里程以公里为计费单位。按装货地点至卸货地点的实际载货营运里程计算；营运里程以省、自治区、直辖市交通行政主管部门核定的营运里程为准，未经核定的里程，由承托双方商定。

（2）同一运输区间有两条（含两条）以上营运路线可供行驶时，应按最短的路线计算计费里程或按承托双方商定的路线计算计费里程。

（3）拼装分卸的货物，其计费里程为从第一装货地点起至最后一个卸货地点止的载重里程。

（4）出入境汽车货物运输的境内计费里程以交通主管部门核定的里程为准，境外里程以毗邻国（地区）交通主管部门或有权认定部门核定的里程为准。未核定里程的由承托双方协商或按车辆实际运行里程计算。

（5）因自然灾害造成道路中断，车辆需绕道而行的，按实际行驶里程计算。

（6）城市市区里程按当地交通主管部门确定的市区平均营运里程计算，当地交通主管部门未确定的，由承托双方协商确定。

2. 确定货物的货运种别及相应的运价

整车运输的运价以元/吨公里为单位。根据货物等级、货物运输距离、货物的普通或特殊性等情况，按相关规定计算。

3. 确定货物的计费质量

整车运输的计费质量以吨为单位，尾数不足100千克时，四舍五入。按相关规定，在确定货物重量时，一般货物，无论整车、零担货物，计费重量均按实际毛重计算。整车轻泡货物运输货物装载的高度、宽度和长度不得超过有关道路交通安全规定的限度，以车辆标记吨位计重。

4. 计算运杂费

整车货物运费计算公式：

整车货物运费＝吨次费×计费重量＋整批货物运价×计费重量×计费里程＋货物运输其他费用

整车货物运杂费的计算公式为：

$$运杂费＝运费＋杂费$$

运杂费结算要求每日将所起货票进行复核后，按托运单所签订的运费结算方式及时收取运费，做到日清日缴。

四、货票及行车路单

（一）货票

货票是一种财务性质的票据，根据货物托运单填写。在始发地，它是向发货人核收运费的收费依据；在目的地，它是与收货人办理货物交付的凭证之一。同时，它也是企业统计货运量，核算营运收入及计算有关货运工作指标的依据。货票的填写内容一般包括：货物装卸地点、收发货人姓名和地址、货物名称、包装形式、件数和实际重量、计费里程和计费运输量、运费与杂费等，见表3-2。

货票一式四联，第一联起票站存查；第二联运费收据交托运人作报销凭证；第三联随营收缴单送车属单位；第四联随货同行。货物到站后，随货同行的货票经收货单位签收后，由到达站验货合格后收回，最后统一寄回起票站结案。

表3-2 货　票

托运人：　　　　　　　　　　　　　　　　车属单位：

装货地点			发货人		地址		电话	
卸货地点			收货人		地址		电话	
运单或货签号码		计费里程		付款人		地址	电话	

运费金额	包装形式	件数	实际重量/吨	计费运输量		吨公里运价		运价率	运费金额
				吨	吨公里	货物等级	道路等级		
运杂费合计金额（大写）									
备　注									

开票单位（盖章）：　　　　　　开票人：　　　　　承运驾驶员：　　　　年　月　日

整车运输货票的使用规定及填制应当注意以下事项：

（1）凡属于整车运输，无论长途运输、短途运输或计时（日）运输包车，均属于本票使用范围。

（2）本票采用一车填一票的原则进行。一般情况下，运输一车次填一次票，但对于同一个托运单位和收货单位的短途运输或计时（日）运输包车，可以根据运输任务记录单，采用一车多趟次汇总后填制在同一张货票上的方法。

（3）不属于同一个单位的货物拼装在一辆车中运输时，应当分别填票，并且注明相关票号。

（4）代办不属于本企业的其他车辆，货票应当专本使用，货票上应当注明车属单位的全称、地址以及开户银行、账号，以便汇结运费。

（5）货票必须顺号使用，不得跳号、漏号和缺号。货票票面字迹清晰，各栏目要填写齐全，不可以任意简写或者略写。运杂费金额大小写都不得涂改，凡是涂改过的货票都视为无效票。其他与金额无关地方的涂改，必须在涂改处加盖填票人的业务专用印章，以明确责任。

（6）填票人一律使用专用业务印章，不得用签字代替，也不得转借他人使用。

（二）行车路单

行车路单是指调度部门代表企业签发的行车命令，是记录车辆运行的原始凭证。行车路单所记载的内容及随附的单证是统计运量、考核单车完成任务情况及各项效率指标的原始依据，是整车货物运输生产中的一项重要记录。行车路单由车队调度员签发，车辆完成任务回队后由车队调度员审核，经审核无误的行车路单交车队统计员计入统计台账，计算运输工作量和运行消耗等各项经济指标。

行车路单的式样和内容，各地大同小异。内容主要有：车号、驾驶员姓名、运输起讫站、货物装卸起讫地点、收发货单位、货物名称、件数、运距和运量统计等，见表3-3。

表3-3　行车路单

承运车辆：　　　　　　　　　　　　　　No：

起点	发车时间	终点	到达时间	货物名称	包装	件数	运量/吨	行车里程/公里		
								总行程	重车行程	空车行程
合计	重车行程/公里		运输量/吨		周转量/吨公里			备注		

签发单位（章）：　　　　　　　　　签发人：　　　　回收人：

行车路单反映了车辆运行的实际情况，具体规定了运输对象、运输车辆、运输工人、行驶路线和装卸作业运行时间等。驾驶员与工作人员都应按行车路单上的规定工作，未经调度部门同意，不得随意改变。

整车运输行车路单的使用规定及填制应当注意以下事项：

（1）行车路单必须内容齐全，各项记录必须按要求填写准确。签发行车路单必须内容齐全，字迹端正清楚，装载货物部分应与托运单相符。有关安全质量注意事项、装卸操作要求、随车需带的工具设备、随车押运人员及货主特殊要求事项等应在路单上注明。签发时，值班调度人员应做到：检查行车路单是否签填完整准确，运行任务是否明确，并交代执行中应注意的事项及沿途报到、回程配载地点。

（2）行车路单必须严格按顺序号使用，防止空白行车路单的丢失。

（3）车队调度员对交回的行车路单各项记录应仔细审核。车辆执行任务归队后应交回行车路单，值班调度人员在收取行车路单和回单时，应逐一核对的签证内容包括：行车路单签填是否遗漏；检查应附的单据是否齐全和卸收单位是否符合；检验货物签收情况。

（4）及时交回行车路单。车辆执行任务回队后必须及时交回行车路单，不允许积压、拒交。回收行车路单时发现问题应及时做好记录和汇报工作，验收合格的行车路单，连同各种应附凭证移交统计部门汇总核算。

五、货物监装

（一）货物监装作业的内容

在车辆到达厂家出货地点后，司乘人员和现场接货人员会同厂家出货负责人一起根据出货清单，对货物包装、数量和重量等进行清点和核实，核对无误后进行装车环节服务。

车辆到达装货地点后，监装人员应根据货票或运单填写的内容、数量和发货单位联系发货，并确定交货办法。一般情况下，散装货物根据体积换算标准确定装载量，件杂货以件计算。

货物装车前，监装人员应检查货物包装有无破损、渗漏、污染等情况。监装员如果发现不适合装车的情况，应及时和发货人商议修补或调换。如果发货人自愿承担由此引起的货损，则应在随车同行的单证上做批注和加盖印章，以明确其责任。

装车完毕后，监装人员应清查货位，检查有无错装、漏装，并与发货人核对实际装车件数，确认无误后，办理交接签收手续。

（二）实践中货物装卸的注意事项

货物运输中的质量事故，很多是在装卸作业过程中由于装卸作业质量不好而在运输过程中发生的。货物承运人应监装监卸，使装卸质量得到保证，并尽量压缩装卸作业时间。实践中货物装卸应注意以下事项：

（1）要严格遵守规定的到车时间。现实中，在许多情况下，由于承运人的车辆不按时到达装货现场，导致一系列问题的发生。当然，托运人也要及时装车，不要一拖再拖，否则也会造成很大的损失。

（2）有些货物装载时需要衬垫、加固，必须照章做到，所需费用由托运人承担。货物运到后，衬垫材料和加固材料交给收货人。

（3）防止货物装卸时的混杂、污染、散落、漏损、砸撞。特别要注意的是，有毒货物不得与食用类货物混装，性质相抵触的货物不能混装。

（4）货物装车时应数量准确，捆扎牢固，做好防丢措施；卸货时应点交清楚，码放、堆放整齐，标志向外，箭头向上。

（5）装车前、卸货后，对车厢进行检查和清扫。因货物性质要求，装车前后需对车辆进行特殊清洗、消毒的，必须达到规定要求。所需费用由托运人负担。

（6）装好货物后，要及时加盖篷布，防雨淋湿。

六、运输途中作业

（一）运输途中作业的内容

货物在运输途中发生的各项货运作业统称途中作业。途中作业主要包括途中货物交接、货物整理或换装等作业内容。为了方便货主，整车货物还允许途中拼装或分卸作业，考虑到车辆周转的及时性，对整车拼装或分卸应加以严密组织。

为了保证货物运输的安全与完好，便于划清企业内部的运输责任，货物在运输途中如发生装卸、换装、保管等作业，驾驶员之间、驾驶员与站务人员之间，应认真办理交接检查手续。一般情况下，交接双方可按货车现状及货物装载状态进行，必要时可按货物件数和重量交接，如接收方发现有异状，由交出方编制记录备案。

（二）实践中运输途中作业的注意事项

在运输途中，驾驶员或押运人员要时常检查车内货物，尤其是要防止货物由于路途不平，车辆颠簸造成的松动。如有异常情况，要及时解决。如果遇上交通堵塞、交通事故，可能会延误到达目的地的时间，要通过电话、手机通知公司或直接通知客户，以便采取措施。如果是拼装货物，途中有不同的卸货点，要特别注意不要误卸货物，否则会造成很大的损失。遇上大雨、大雪等恶劣天气，以保护货物为首要任务。如果是冷藏运输，途中还需要维持和记录冷藏机的温度。

七、货物到达作业

（一）货物到达作业的内容

货物在到达站发生的各项货运作业统称到达作业。到达作业主要包括货运票据的交接、货物卸车、保管和交付等内容。

货物接货员在接到卸货预报后，应立即了解卸货地点、货位、行车道路、卸车机械等情况。在车辆到达卸货地点后，应会同收货人员、驾驶员、卸车人员检查车辆装载有无异常，一旦发现异常，应做出卸车记录后再开始卸车。

卸货时应根据运单及货票所列的项目与收货人点件或监秤记码交接。如发现货损货差，则应按有关规定编制记录并申报处理。收货人员可在记录或货票上签署意见但无权拒收货物。交接完毕后，应由收货人在货票收货回单联上签字盖章，公路承运人的责任即告终止。

（二）实践中货物到达作业的注意事项

车辆装运货物抵达卸车地点后，收货人或车站货运员应组织卸车。卸车时，对卸下货物的品名、件数、包装和货物状态等应做必要的检查。

货物交接是到达作业最重要的内容，对包装货物要"件交件收"，点件清楚；对散装货物要尽可能做到"磅交磅收"，计重准确；对施封货物（如集装箱）要凭铅封点交。

货物运到交货地点，承运人应立即请收货人查验签收。查验签收之后，运输履行完毕。如发现货损、货差情况，双方交接人员应做详情记录，并签章确认、交货。收货人不得为此拒收。货物交接时承托（或收货人）双方中的任何一方，如对货物重量或内容有异议，均可提出查验与复磅要求。如有不符，应确定责任方，按有关规定处理。为此而发生的费用由责任方负担。

承运人对运达到站的货物无人接收时，一方面要妥善保管货物，另一方面要积极查找货主。

第三节　整车运输作业组织

一、整车运输货物装卸作业

在整车运输作业流程中，货物装卸是必不可少的一个环节，也是容易出现货损货差的环节，货物装卸作业的质量和组织水平直接影响着运输企业的货运质量、运输效率及仓储、流通加工和配送过程的工作质量和效率。因此，研究装卸作业的特点、基本要求和基本方法，有利于提高运输效率。

（一）装卸作业的特点

装卸作业是生产活动、流通活动不可缺少的环节，与物流过程的其他环节和功能相比，具有以下基本特点：

1. 装卸作业是附属性和伴生性的活动

装卸作业的附属性和伴生性表现为：无论是在生产领域的加工、装配和检验时，还是在流通领域和消费领域中的运输、仓储、包装及废物处理时，装卸作业都是物流每一项活动开始及结束时必然发生的活动。各种运输方式，其运输全过程都包括了装货、运送和卸货几个主要环节。装货是运输生产的开始，卸货是运输生产的终结，没有装卸运输生产无法进行和完成。

2. 装卸作业能够提供保障和服务

在生产与流通领域中，装卸作业对其他物流活动具有决定性，会影响其他物流活动的质量和速度。没有装卸的保障与服务，就无法使运输高质量、高效率地运行，装卸的质量、效率对运输过程有着重要的制约作用。例如，装车不当，会引起运输过程中的损失；卸放不当，会引起货物在转换成下一步时运行困难。运输生产活动只有在有效装卸作业工作的支持下，才能实现运输生产的高水平。

3. 装卸作业具有衔接性

不同的物流活动相互过渡时，常以装卸来衔接，因此装卸作业往往成为物流各功能之间能否紧密衔接的关键。各种运输方式都需要一个"集、装、运、卸、散"的过程和相互换装的环节。在这五个环节中，"运"是主体，"集、装"是"运"的开始，"卸、散"是"运"的继续和终结，从而组成了运输生产的全过程。在运输的全过程中，"装"与"卸"起着运输的衔接作用，才可能使运输生产活动得以正常运转，才可能实现各种运输方式的中转换装，保证了综合运输能力的形成。

4. 装卸作业在空间和时间上分布不均衡

由于货流的波动性和不均衡性，货物装卸作业表现出在时间和空间上分布得不均衡，使得货物装卸作业的设备、设施分布较分散，装卸作业量起伏波动较大，常会出现集中到货和停滞等待的不均衡现象，使组织管理较为困难。

5. 装卸作业的内容较为复杂

货物的装卸作业与运输、仓储和配送等作业紧密衔接。例如，在装卸过程中，同时需要进行货物的堆码、加固、计量和分拣等作业，使作业内容较为复杂。

（二）装卸作业的基本要求

1. 掌握时间构成，提高装卸作业效率

在现代物流活动中，装卸和运输关系密切，装卸工作的质量和效率对提高车辆生产率，加速车辆周转，确保运输效率起着十分重要的作用。因为在运输过程中，货物装卸作业所占用的时间是车辆停歇时间的主要组成部分，它主要由以下几部分组成：车辆到达作业地点后，等待货物装卸作业的时间；车辆在装卸货物前后，完成调车、摘挂的时间；直接装卸货物的作业时间；办理与运输有关的商务作业的时间等。分析、掌握时间构成，并采取相应措施，是提高运输效率的关键。

（1）车辆等待货物装卸作业的时间。这个时间的长短取决于作业点的装卸能力与需要进行装卸作业的车辆数量之间相互适应和协调的程度，也与组织管理水平有关。如果装卸能力大于或等于需装卸作业车辆的工作量时，则车辆等待装卸的时间一般不会发生。但当车辆到达极不均衡、在某段时间内车辆到达过于集中，使该段时间内的装卸能力小于需要进行装卸的工作量时，就会出现车辆等待装卸现象。如果达到一定程度，不仅会产生严重的车辆等待装卸现象，甚至会使装卸作业现场产生混乱和阻塞，使装卸作业无法进行。

影响作业点装卸能力大小的因素，主要包括：作业场地的大小、进出口通道的完善程度、作业线的长度与位置、人员与装卸机械的配备，以及作业点规定的作息制度等。这就需要对完成运输任务的运力和装卸能力进行合理计算。

（2）车辆完成调车、摘挂作业的时间。这个时间的长短取决于装卸场地面积的大小和场地布局的合理性、设施设备设计的可行性、装卸作业线的排列及长度、车辆运行组织方式和进出口通道的完善程度等，可以用系统工程方法进行有关规划与布局。

（3）直接装卸货物作业的时间。这个时间取决于货物的特性、形态、工人技术的熟练程度、装卸作业的机械化程度和装卸组织水平等。高效率的装卸机械化和装卸组织工作，能保证货物装运质量和效率，减少装卸成本，缩短装卸作业时间，从而缩短车辆装卸货物的停歇时间。

（4）办理与运输有关的商务作业的时间

办理商务作业的时间长短，取决于承托双方业务上的协作、联系及作业的繁简程度。必须办理的业务手续，应尽可能采用平行作业法，在进行装卸的同时办理相关手续，尽可能缩短商务作业时间。

2. 减少不必要的装卸环节

在运输过程中，货损、货差主要发生在装卸环节，而装卸作业又是反复进行的，发生的频数超过其他任何活动，较多的装卸次数必然导致损失的增加。另外，装卸环节的增加不仅不增加货物的价值和使用价值，反而有可能增加相应的运输成本。每增加一次装卸，费用就会有较大比例的增加。此外，装卸还会对整个运输的速度产生影响，它是降低物流速度的重要因素。因此，系统地分析研究运输过程中各个装卸环节的工作，取消、合并装卸作业的次数，避免进行重复的，或者可进行也可不进行的装卸作业，是减少不必要装卸环节的重要措施。

3. 提高装卸作业的连续性

在运输过程中，应尽可能提高装卸作业的连续性，按流水方式作业，将各个工序密切衔接起来，必须进行的换装作业，也应尽可能采用直接换装的方式。

4. 提高货物集装化、散装化作业水平

成件货物的集装化与粮食、盐、糖、水泥、化肥和化工原料等粉粒状货物的散装化是提高作业效率的重要方向。实际上，集装化和散装化也是一种集中作业形式，通过集装化和散装化，将小件集中为大件，可以提高装卸作业效率。所以，成件货物尽可能集装成托盘系列、集装箱、货捆和网袋等货物单元再进行装卸作业；各种粉粒状货物应尽可能采用散装货作业，直接装入专用车、船和库。不宜大量化的粉粒状货物也可装入专用托盘箱、集装箱内，提高货物活化指数，使用机械设备进行装卸作业。

5. 实现装卸地点相对集中

装卸地点相对集中可以提高装卸工作量以便于采用机械化作业方式，在货物堆场上，应尽可能将同类货物的作业集中在一起进行，以实现装卸机械化和自动化。

6. 力求装卸设施、设备和工艺标准化

为了促进物流各环节的协调，要求装卸的工艺装备、设施应与组织管理工作相协调，实现装卸作业的标准化、系列化和通用化。

7. 做好装卸现场的组织工作

装卸现场的作业场地、进出口通道、作业线长度和人机配置等布局的设计合理与否，关系到现场装卸能力的发挥。应避免由于组织管理工作不当造成装卸现场拥挤、阻塞和紊乱的现象发生，确保装卸工作顺利进行。

（三）装卸作业的基本方法

装卸作业的基本方法是多种多样的，进行装卸组织工作时要依据不同的情况选择相应的装卸作业方法，这对提高装卸效率，节约装卸作业时间，降低装卸作业费用是至关重要的。常用的装卸作业方法有：

1. 按作业手段和组织水平分类所形成的装卸方法

（1）人工作业装卸法。人工作业装卸法是指完全依靠人力和人工使用无动力器械来完成装卸的作业方法。该方法在装卸作业中，货物的举升、搬移和安置等全部工序都借助人力来完成。在操作时，虽然也用一些简单工具，但仅起到改善劳动条件的作用。人工装卸需要大量劳动力，其装卸时间比较长，装卸成本也比较高。因此，采用人工装卸，要根据装卸对象是否适合人工操作，再按货物的重量、外形和装卸现场条件等情况，做出选择。

（2）机械化作业装卸法。机械化作业装卸法是指以各种装卸机械完成货物装卸的作业方法。采用该种方法，工人只需要操纵机器，就可以完成货物的举升、搬移和安置。不但改善了工人的劳动条件，加速了装卸作业过程，缩短了装卸作业时间，提高了装卸效率，降低了装卸成本，而且对加速车辆周转，保证货物的完整性，提高运输质量也有较大作用，是目前装卸作业的主流。

（3）综合机械化装卸法。综合机械化装卸法是代表装卸作业发展方向的作业方法，是指要求作业机械设备和作业设施、作业环境相互配合，对装卸系统进行全面的组织、管理和协调，并采用自动化控制手段取得高效率、高水平的装卸作业方法。

2. 按装卸作业对象分类的装卸方法

（1）单件作业法。单件作业法是指对单件、逐件货物进行逐一装卸的方法。现实中，使用单件作业法一般是由于某些货物自身的特有属性，使得采用单件作业法更利于安全；同时，某些装卸场地没有或难以设置装卸机械也必须使用单件作业法；此外，某些货物的体积过大、形状特殊，不便于集装化作业也需要采用单件作业法。

单件作业法可采取人工作业、半机械化作业及机械化作业。由于逐一装卸，不仅速度较慢，而且在作业中容易出现货损。此外，由于反复作业次数较多，也容易出现货差。

单件作业法常用于装卸单件货物、零散货物、单件大型笨重货物和不宜集装的危险货物等。

（2）集装作业法。集装作业法是指将货物先进行集装，再进行装卸的方法。它包括托盘作业法、集装箱作业法、滑板作业法、框架作业法、货捆作业法和网袋作业法等。

集装作业法一次装卸的作业量较大，作业速度快，仅对集装体进行作业，因而货损、货差小。一般货物都可以进行集装，因而集装作业法的应用范围较广，例如，粉、粒和液气状货物，经过一定包装后，可集合成集装件装卸；长大、笨重货物，经适当分解处置后，也可以采用集装方式进行作业。

① 托盘作业法。托盘作业法是指用托盘系列集装工具将货物形成成组货物单元，然后采用叉车等设备实现装卸作业机械化的作业方法。对于不宜采用平托盘的散件货物可以采用笼式托盘形成成组货物单元，对于批量不大的散装货物，如粮食、啤酒等可以采用专用箱式托盘形成成组货物单元，再辅之以相应的装载机械、泵压设备等配套设施，以实现托盘作业。

② 集装箱作业法。集装箱作业法通常分为垂直装卸作业法和水平装卸作业法两种。

垂直装卸作业法又叫吊装作业法，一般使用龙门起重机、轮胎起重机和集装箱起重机等进行垂直装卸作业。另外，集装箱跨运车也被广泛使用。在集装箱港口，一般配备岸边集装箱起重机械，将船上集装箱吊下后，再使用各种机械堆码或送出；在车站，以轨道龙门起重机方式为主，配以叉车使用，轮胎龙门起重机和跨运车方式也常常被采用。

水平装卸作业法是指一种滚上滚下的作业。在港口，以集装箱牵引车、挂车和集装箱叉式装卸车为主要装卸设备；在车站，主要采取叉车或平移装卸机械的方式，在车辆与挂车或车辆与平移装卸机之间进行换装。

③ 滑板作业法。滑板是指用纸板、纤维板、塑料板或金属板等制成，与托盘尺寸一致的、带有翼板的平板，可用以承放货物组成的搬运单元。与其匹配使用的装卸搬运机械是带推拉器的叉车。叉货时，用推拉器的钳口夹住滑板的翼板，将货物拉上货叉，卸货时先对好位置，然后叉车后退、推拉器前推，货物放置就位。滑板作业法具有托盘作业法的优点，如占用作业场地较少，节约空间，利于操作。但缺点是带推拉器的叉车较重、机动性较差，对货物包装与规格化的要求很高，一般包装不规则的货物不适用此作业法。

④ 框架作业法。框架作业法是指采用框架进行集装化装卸作业的一种方法。对于各种管件以及各种易碎建材，可以根据货物的外形特征选择或特制各种形式的框架，进行框架集装化装卸作业，使易碎货物通过不同的集装框架来实现装卸的机械化，以确保货物的装卸质量，降低装卸过程中对货物的损耗，提高装卸效率。框架通常采用木制或金属材料制作，要求有一定的刚度、韧性，质量较轻，以保护商品、方便装卸和有利运输作业。框架是集装化的一种手段，它的使用可以使一些管件以及各种易碎建材装卸快捷化。

⑤ 货捆作业法。货捆作业法是指用捆装工具将散件货物组成一个货物单元，使其在运输过程中保持形状不变，从而在装卸过程中能较好地与其他机械设备配合作业，实现装卸作业机械化。木材、建材和金属类货物适合采用货捆作业法。带有与各种货捆配套专用吊具的门式起重机和悬臂式起重机等重型装卸机械，是货捆作业法的主要装卸机械。叉车、侧叉车和跨运车等是货捆作业法配套的搬运机械。

⑥ 网袋作业法。网袋作业法是指一种先集装再进行装卸的方法，即先将粉粒状货物装入多种合成纤维和人造纤维编织成的集装袋，再将各种袋装货物装入多种合成纤维或人造纤维编织成的网络，再将各种块状货物装入用钢丝绳编成的网，然后再进行装卸的方法。网袋作业法适用于粉粒状货物、各种袋装货物、块状货物和粗杂物品的装卸作业。网袋集装工具的体积小、自重轻，回送方便，可一次或多次使用。

（3）散装作业法。为了提高货物装卸效率，散装作业法越来越被广泛使用。该方法是指对大批量粉状、粒状货物进行无包装的散装散卸的装卸方法。煤炭、建材和矿石等货物通常都采用散装散卸的方式。随着谷物、食糖、原盐、化肥和水泥等货物作业量的增加，为提高装卸效率，也开始散装散卸。散装作业法可分为重力作业法、倾翻作业法、机械作业法和气力输送作业法。

① 重力作业法。重力作业法是指利用货物的位能来完成装卸作业的方法。例如，利用重力作业法卸车主要是指底开门车或漏斗车在高架线或卸车

坑道上自动开启车门，让煤或矿石依靠重力自行流出来进行卸车。

② 倾翻作业法。倾翻作业法是指将运载工具的载货部分倾翻，将货物卸出的方法。例如，当铁路敞车被送入翻车机，夹紧固定后，敞车和翻车机一起翻动，货物倒入翻车机下面的受料槽。带有旋转车钩的敞车和一次翻两节车的大型翻车机配合作业，可以实现列车不解体卸车。汽车一般依靠液压机械装置顶起货厢实现倾翻作业法卸车。

③ 机械作业法。机械作业法是指采用各种机械，使其工作机构直接作用于货物，通过舀、抓和铲等方式达到装卸目的。常用的机械有带式输送机、单斗装载机、抓斗机、链斗装车机和挖掘机等。

④ 气力输送作业法。气力输送作业法是指利用风力压缩机在气力输送机的管内形成单向气流，依靠气体的流动或气压差来输送货物的方法。其主要设备是管道及气力输送设备。

在以上几种装卸作业法中，集装作业法和散装作业法都是随着物流量的增大而发展起来的，并与现代运输组织方式、存储方式等相互联系、相互配合并互为条件，加速了物流现代化的进程。

（四）装卸组织工作

装卸组织工作，是指按照货物属性与数量配备合理的装卸设备和劳动力，充分发挥物化劳动和活劳动的作用，提高装卸效率，把装卸停歇时间压缩到最低限度的过程。装卸组织的手段通常有：采取必要的措施，设计科学合理的装卸方案；有计划地逐步采用现代化的装卸设备，加强对人力、物力和财力的组织；因地制宜，采用科学的组织方法，提高装卸工作效率。运输效率能否充分发挥，与装卸组织工作安排是否恰当、装卸效率高低及装卸停歇时间长短有着直接关系。科学合理的装卸组织工作应做到：

1. 制定科学合理的装卸工艺方案

装卸是货物、劳动力、设施设备、作业方法和信息、工作等因素组成的整体。货物装卸作业采用不同的工艺方案，对于车辆装卸作业、停歇时间会有很大影响，在进行装卸工艺方案设计时应尽量减少二次搬运和临时停放的现象，使搬运次数尽可能减少，实现装卸合理化。方案要体现装卸机械化，使车辆、装卸机械、仓库等设施设备的设计合理，从而提高装卸质量和效率。

2. 科学组织好装卸调度的指挥工作

在装卸现场，科学组织好装卸调度的指挥工作，对合理使用装卸机具、劳动力，提高装卸质量和效率有极大的关系。装卸调度员应根据货物的信息、装卸设备的性质、数量、车辆到达时间、装卸点的装卸能力、技术专长和装卸工人数量、体力情况等进行科学的调配组织，有效地进行装卸调度指挥。在装卸量大、装卸劳动力充沛、货物条件许可的情况下，可采取集中出车，一次接送装卸工人的方法，对于装卸点分散的地区，可以划分装卸作业区，通过加强装卸调度工作，以减少装卸工人的运输调遣。

3. 提高现代移动通信系统的应用水平

提高现代移动通信系统或固定通信系统的应用水平，及时掌握车辆到达的时间、数量等有关信息，合理调度安排装卸，是减少车辆等待装卸作业时间的有效措施。应当根据现有移动通信系统或固定通信系统技术条件的应用情况，建立车辆到达信息的预报系统，并根据车辆车号、到达时间、货物名称和收发单位等情况的报告，事先安排好相关装卸机械和劳力，做好装卸前的准备工作，保证车辆到达时的及时装卸，提高装卸效率。

二、整车运输作业的组织方法

（一）多（双）班运输组织与管理

多（双）班运输是指在昼夜时间内的车辆工作超时一个班以上的货运形式，即在一天24小时内，如果一辆车出车工作两个班次（以8小时为一个班次）为双班运输，三个班次为多班运输。基本方法是"人停车少停"，充分发挥设备（主要是车辆）的利用率，每辆汽车配备两名左右的驾驶员，分日、夜两班轮流行驶。它是提高车辆生产率的有效措施之一。

1. 多（双）班运输注意事项

组织多（双）班运输，在运输组织方面，主要应注意解决好驾驶员的劳动组织、车辆的行车调度和对外协调联络等问题。

（1）驾驶员的劳动组织。首要任务是要注意安排好驾驶员的劳动、休息和学习时间，合理选择交接班的地点。同时也应考虑到定车、定人和车辆的保修安排。

（2）车辆的行车调度。在组织多班运输时，由于夜班比日班条件差，道路照明、事故处理、工作联系等方面都不如日班方便，因此除了工作时间长短有所不同外，在安排日夜班的运行作业计划时，一般应当将难运的任务安排在日班，好运的任务安排在夜班。例如，零星的货运任务及循环运输等由于装卸地点较多，情况较复杂，所以安排日班运输；大宗货物运输以及组成往复式的货运任务，由于任务比较稳定，变动少，涉及的装卸点较少，因而适合安排给夜班完成。

（3）对外协调联络。在对外工作联系方面，为适应多（双）班运输的特点，应特别注意和收、发货单位搞好协作关系，创造良好的装卸货现场条件，修整现场道路，安装照明设备，协调货物发送、交付和装卸等交接环节，保证多班运输的顺利开展。

目前，在长途运输组织方面，多数企业实行昼夜行车运输组织制度。自货自运以及小型企业和个体运输往往一辆车配备两名驾驶员，采取轮流驾驶的方式（驾驶室内备有卧铺供司机休息）。大中型营业性运输企业一般采用在中途更换驾驶员的方式，一种方法是车辆开到中途后，会有新的驾驶员将原来的驾驶员换下来，将车开到下一站或终点站；另一种方法是两辆车对开到中点后，互换驾驶员，驾驶员将互换的车辆送至终点站。通过这样的运输组织方式，既保证了驾驶员得到合理的休息，又大大提高了车辆的利用效率，满足了货物快速直达的需要。

当然，开展多（双）班运输，单车产量有所提高，但企业所开支的各项费用与工作人员数量也随之相应增加。所以，只有全员劳动生产率均有所提高，单位成本同时有所下降，才是多（双）班运输的最优化方案。

2. 双班运输组织形式

双班运输组织要有固定的、大宗的货源，有夜间作业条件；有适合运输的线路及现场条件；各部门能够良好配合，具有足够的装卸能力适应多班运输快速车辆保修能力。

（1）短距离的双班运输组织形式。

① 一车两人、日夜双班。这是短距离双班运输组织的基本形式，其特点是每车固定配备两名驾驶员，按日夜双班每隔一定时期（如每周或每旬）互换。一车两人、日夜双班运输组织形式如图3-1所示。其优点是能做到定人、定车，运输组织简单；行车时间规律，能保证车辆的保修时间；驾驶员工作、休息时间能保障；易于得到物资部门的协作与配合。其缺点是车辆在时间上的利用不够充分，驾驶员难以当面交接。

动画：双班运输组织原理

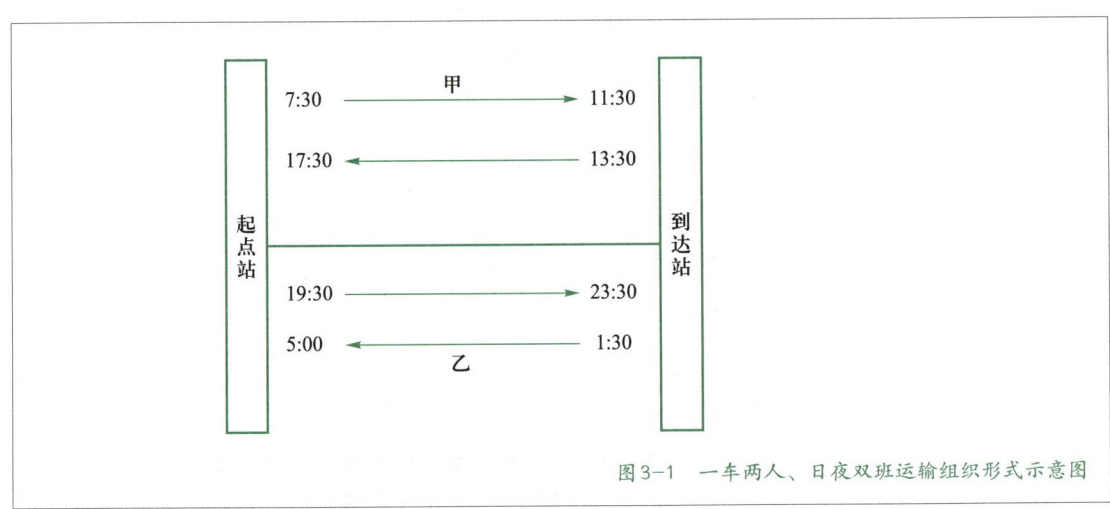

图3-1　一车两人、日夜双班运输组织形式示意图

② 一车三人、两工一休。每车配备三名驾驶员，每个驾驶员工作两天、休息一天（如表3-4所示），轮流担任日、夜班，并按照规定地点定时进行交接班。这种运输组织形式人员较多，易影响劳动生产率，适用于一个车班内能完成一个或几个运次的短途运输线路。其优点是能做到定车、定人，车辆出车时间较长，运输效率较高。其缺点是每车班驾驶员一次工作时间较长，驾驶员劳动强度大；车辆的保修时间比较紧张；需要配备较多驾驶员。

表3-4 "一车三人、两工一休"排班表

驾驶员	工作日						
	一	二	三	四	五	六	七
001	日	日	休	夜	夜	休	日
002	夜	休	日	日	休	夜	夜
003	休	夜	夜	休	日	日	休

（2）中距离的双班运输组织形式。

① 一车两人、日夜双班、分段交班。每车配备两名驾驶员，分段驾驶，定点（中间站）交接。每隔一定时期驾驶员对换行驶路段，确保劳逸均匀。这种组织形式一般适用于运距比较长，车辆在一昼夜内可以到达或往返的运输线路上，如图3-2所示。其优点基本与第一种形式相同，可以确保驾驶员当面交接。其缺点是驾驶员一次性工作时间较长，劳动强度较大。

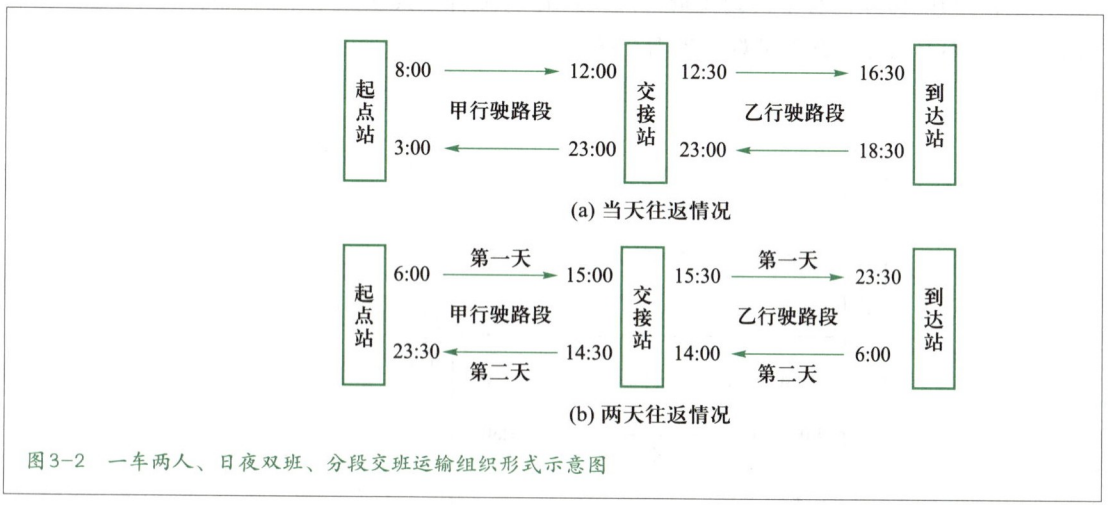

图3-2 一车两人、日夜双班、分段交班运输组织形式示意图

② 一车三人、日夜双班、分段交接。每车配备三名驾驶员，分日夜两班行驶，驾驶员在中途定点、定量交接，中途交接站可设在离终点站较近，即为全程的1/3左右，并在一个车班时间内能往返一次（起点站到中途交接站

距离足够一个工作日车辆行程）的地点，在起点站配备的两名驾驶员采用日班制，每隔一定时期可使三名驾驶员轮流调换行驶线路或时间（如图3-3所示）。

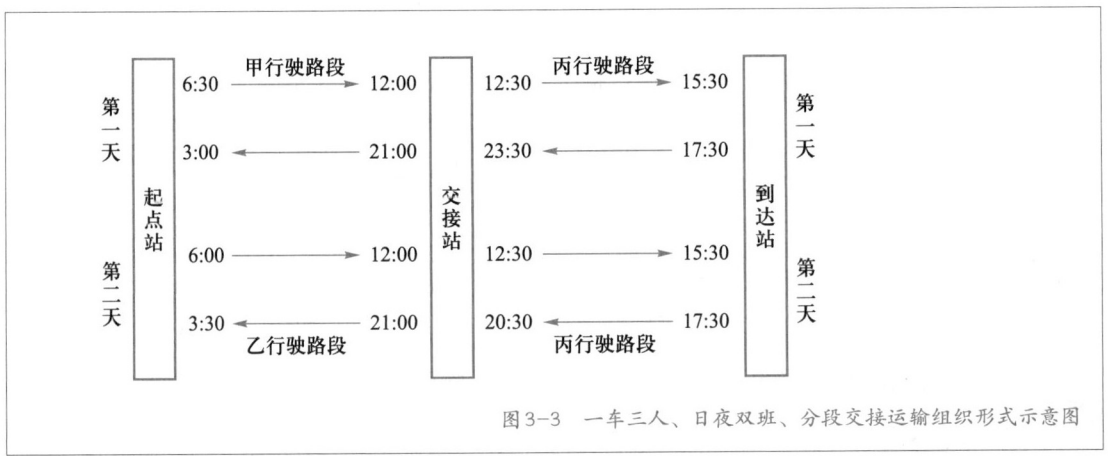

图3-3　一车三人、日夜双班、分段交接运输组织形式示意图

这种运输组织形式适合企业保修能力较强、驾驶员充足或者是面临短期突击性任务。其优点是：车辆在时间上利用充分，运输效率高，能做到定车、定人运行；驾驶员工作时间比较均衡。其缺点是车辆几乎全日行驶，无保养时间，特殊情况下需要派顶替车辆。

③ 两车三人、日夜双班、分段交换。每两辆车配备三名驾驶员，分段驾驶。其中，两人各负责一车，固定在起点站与交接站之间行驶，另一个每天交换两辆车，驾驶员在固定站定时交接。交接站同样设在离起点站或到达站较远的地方，这种组织形式适用于两天可以往返一次的行驶线路上（如图3-4所示）。

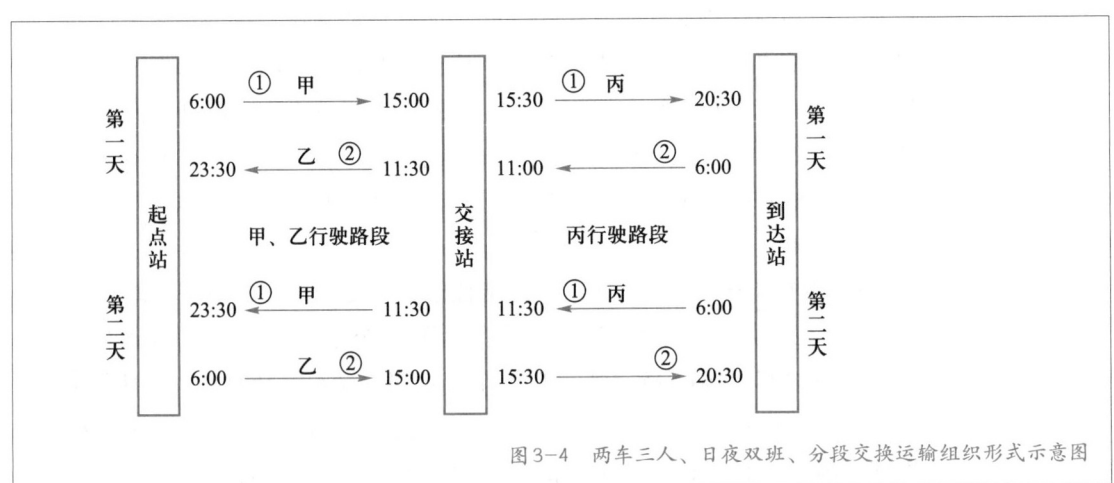

图3-4　两车三人、日夜双班、分段交换运输组织形式示意图

这种组织形式的优点是：能做到定人、定车运行，可减少驾驶员配备；车辆在时间上利用较好；车辆保养时间充分。缺点是：驾驶员工作时间较长，不利于正常休息；运行组织工作要求严格，行车时间要求正点，车辆几乎全日行驶，无维护时间，特殊情况需要配备顶替车辆。这种组织形式仅适用于运输能力比较紧张的情况。

（3）长距离的双班运输组织形式。长距离的双班运输组织形式一般采用一车两人，轮流驾驶，日夜双班。一辆车上同时配备两名驾驶员，在车辆全部周转时间内，由两人轮流驾驶，交替休息（如表3-5所示）。

表3-5　一车两人，轮流驾驶，日夜双班运输组织形式示意表

<table>
<tr><td colspan="2">时间</td><td>13：30－
17：00</td><td>17：00－
21：00</td><td>21：00－
1：00</td><td>1：00－
5：00</td><td>5：00－
12：00</td><td>12：00－
19：00</td><td>19：00－
21：30</td></tr>
<tr><td colspan="2">作业项目</td><td>准备与装车</td><td>运行</td><td>运行</td><td>睡眠</td><td>运行</td><td>运行</td><td>卸车与加油</td></tr>
<tr><td rowspan="2">执行者</td><td>驾驶员A</td><td>√</td><td>√</td><td></td><td>√</td><td>√</td><td></td><td>√</td></tr>
<tr><td>驾驶员B</td><td>√</td><td></td><td>√</td><td>√</td><td></td><td>√</td><td>√</td></tr>
</table>

这种组织形式适用于运距长、货流不固定的运输线路或长途干线货运线路上。其优点是：能定人、定车，最大限度地提高车辆利用时间；其缺点是：驾驶员在车上得不到正常休息。随着道路条件的不断改善，车辆性能的不断提高，这种组织形式已越来越多地被采用。

（二）甩挂运输

1. 甩挂运输的含义

动画：甩挂运输作业原理

甩挂运输是指牵引车按照预定的运行计划，在货物装卸作业点甩下所拖的挂车，换上其他挂车继续运行的运输组织方式。甩挂运输对于降低物流成本，推动现代物流和综合运输发展，促进节能减排，提升经济运行整体质量，具有重要意义。其基本原理是：从出车利用时间的角度出发，运用平行作业原理，使汽车运行和甩下挂车、装卸作业平行进行，即利用汽车列车返回的运行时间完成甩下挂车的装卸作业或换装作业。其结果使原来整个汽车列车的停歇时间缩短为主车的装卸时间和甩挂时间，加速了车辆周转，从而提高了运输效率。

在同样的条件下，甩挂运输比定挂运输有更高的运输效率。以在往复式行驶路线上运送散装货物为例，单程运距20公里，技术速度40公里/小时，装车作业时间定额6分钟/吨，卸车作业时间定额4.5分钟/吨，摘挂作业6分钟/次，载货主车、全挂车、半挂车的装载量分别为4吨、4吨、8吨，则组织甩挂运输和定挂运输时的工作情况分别如图3-5、图3-6、图3-7所示。通过

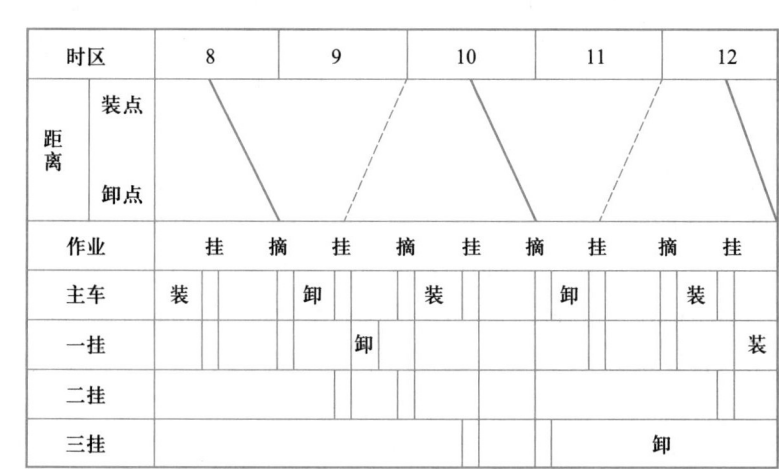

图3-5　一（主）车三（全）挂甩挂运行图

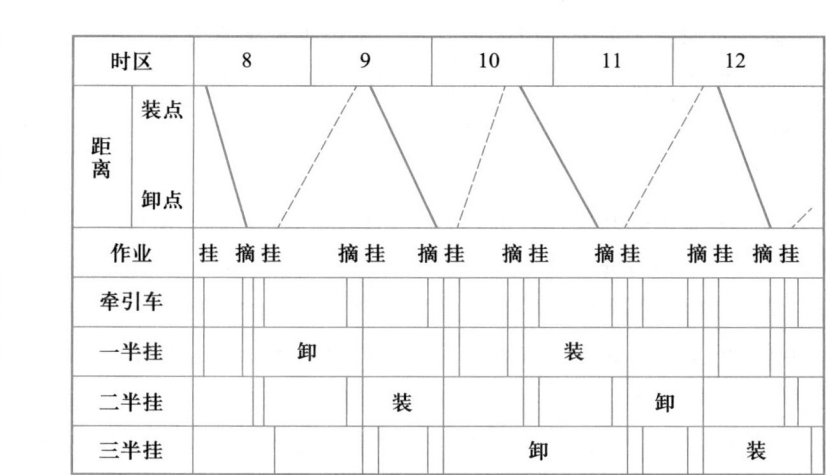

图3-6　一（牵引）车三（半）挂甩挂运行图

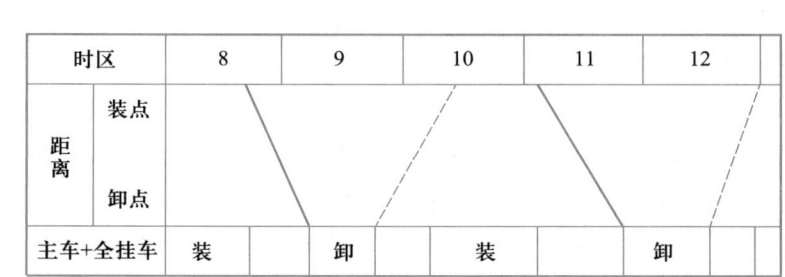

图3-7　一（主）车一（全）挂定挂运行图

对各图例的分析，基本上可以得出如下结论：甩挂运输比定挂运输能获得更高的生产率；在承担相同载重量的情况下，由牵引车和半挂车组成的汽车列车所完成的工作量比由载货汽车和全挂车组成的列车要高。

2. 甩挂运输的开展条件

甩挂运输适用于运距较短、装卸能力不足且装卸停歇时间占汽车列车运行时间比较大的情况。若运距太长时采用甩挂运输，装卸停歇时间占汽车列车运行时间的比例很小，非但甩挂的效果不明显，而且还增加了组织的复杂性。当运距达到一定程度时，由于汽车列车的技术速度低于同等载重量的汽车，反而会导致出现汽车列车的生产率不一定高于同等载货汽车生产率的情况。

（1）货源条件。组织甩挂运输，必须保证货源充足、货运量大；客户稳定，货物起运点和接收点比较固定；货物物别比较相近。

（2）道路条件。《中华人民共和国道路交通安全法》第六十七条规定，行人、非机动车、拖拉机、轮式专用机械车、铰接式客车、全挂拖斗车以及其他设计最高时速低于七十公里的机动车，不得进入高速公路。开展甩挂运输的车辆应当选择其他较高等级的道路行驶，在保证行驶安全的前提下，应保证汽车拖挂以后其平均技术速度不会有很大幅度的降低，从而保证车辆的运输生产优势效率。

保证甩挂运输车辆安全行驶应具备车辆行驶良好条件的线路。由于牵引车拖带挂车后，其动力性能、通过性能、行驶的稳定性能、转向的可操纵性能、机动灵活性能等都无法与单体汽车相提并论，因此，需要选择与甩挂运输列车相适宜的道路。必须选择路面平坦、坡度不大、弯道平缓、交通量较小、交通状况良好的线路。

（3）运输距离与装卸作业组织条件。对于"两点一线"的甩挂运输组织形式，装货点与卸货点两点之间的运输距离及装卸作业条件是决定甩挂运输经济效果的重要因素。

① 只有当主车的装卸作业时间加甩挂作业时间小于汽车列车装卸停歇时间时，即主车装卸作业时间与甩挂作业时间之和低于汽车列车装卸停歇时间时，采用甩挂运输才是合理的。

② 对于同一装卸地点，两个相邻汽车列车（或挂车）到达或者出发的间隔时间要大于甩下挂车的装卸作业时间，即汽车列车运行间隔大于甩下挂车的装卸作业时间时，采取甩挂运输才是合理的。

③ 挂车在完成装卸作业后的待挂时间不宜过长。过长的待挂时间，预示着运输距离过长。

3. 甩挂运输的组织形式

（1）一线两点甩挂运输。这种组织形式适宜在往复式运输线路上采用，即在线路两端的装卸作业点均配备一定数量的挂车，汽车列车往返于两个装卸作业点之间进行甩挂作业（如图3-8所示）。根据线路两端不同的货流情况或装卸能力，可组织"一线两点，一端甩挂（装甩卸不甩或卸甩装不甩）"和"一端两点，两端甩挂"两种形式。这种甩挂运输组织形式适用于装卸作业固定、运量较大的线路。

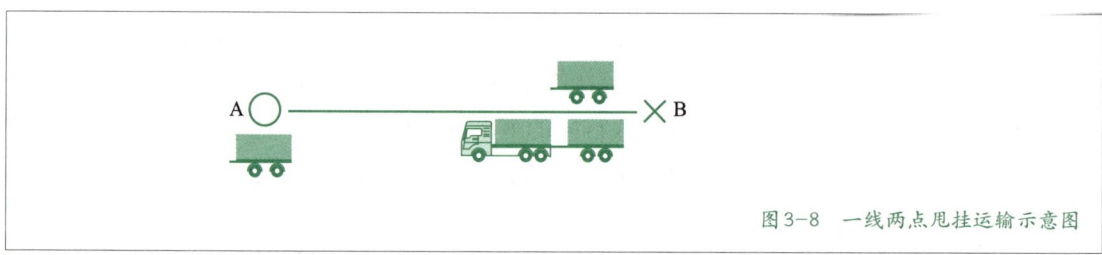

图3-8　一线两点甩挂运输示意图

（2）循环甩挂。这种组织形式是在车辆沿环形式路线行驶的基础上，进一步组织甩挂的组织方式。它要求在闭合循环的回路上各个装卸点配备一定数量的挂车，汽车列车每到达一个装卸点后甩下所带的挂车，装卸工人集中力量完成主车的装卸作业，然后挂上预先准备好的挂车继续行驶（如图3-9所示）。这种组织形式的实质是用循环调度的方法来组织封闭回路上的甩挂作业，提高车辆的载运能力，压缩装卸作业的停歇时间，提高里程利用率，是甩挂运输中较为经济、运输效率较高的组织形式之一。

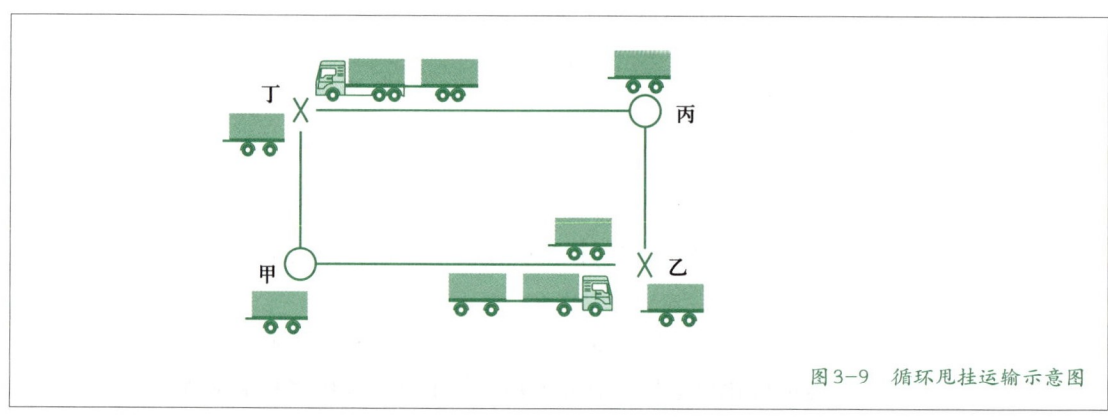

图3-9　循环甩挂运输示意图

循环甩挂涉及面广，组织工作较为复杂，所以，在组织循环甩挂时，一要满足循环调度的基本要求，二要选择运量较大且稳定的货流进行组织，同时还要有适合组织甩挂运输的货场条件。

（3）一线多点，沿途甩挂。这种组织形式要求汽车列车在起点站按照卸货作业地点的先后顺序，本着"远装前挂，近装后挂"的原则编挂汽车列车。采用这一组织形式时，在沿途有货物装卸作业的站点，甩下汽车列车的挂车或挂一个预先准备好的挂车继续运行，直到终点站。汽车列车在终点站整列卸载后，沿原路返回，经由先前的甩挂作业点时，挂上预先准备好的挂车或甩下汽车列车上的挂车，继续运行直到返回始点站。

这种组织形式适用于装货地点比较集中而卸货地点比较分散，或卸货地点集中而装货地点分散，且货源比较稳定的同一运输线路。

（4）多点一线，轮流甩挂。这种形式是指在装（卸）点集中的地点，配备一定数量的周转挂车，在汽车列车未到达的时间内，预先装（卸）好周转挂车的货物，当某线行驶的列车到达后，先甩下挂车，集中力量装卸主车，然后挂上预先装（卸）好的挂车返回原卸（装）点，进行整列卸（装）的甩挂运输组织形式。

这种组织形式实际上是"一线两点，一端甩挂"的复合，不同的是在这里挂车多线共用，提高了挂车的运用效率。它适用于发货点集中而卸货点分散，或卸货点集中而装货点分散的线路。

（5）驮背运输。驮背运输又称载驳运输，是指在多式联运中，各运输工具的连接点由牵引车将载有集装箱的底盘车或挂车直接开上铁路平板车或船舶上，停妥摘挂后离去，集装箱底盘车或挂车由铁路车辆或船舶载运至前方换装点，再由到达地点的牵引车开上车船、挂上集装箱底盘车或挂车，直接运往目的地。这种组织方式主要用于集装箱或挂车换载作业中，节省了装卸和换载作业时间。

<<<<<<<<<<<<<< 技 能训练 <<<<<<<<<<<<<<<<<<<<<<<<<<<<<<<<<<<<<

实训目标

1. 能够根据客户发货计划请求熟练完成货物交接、运送、单据流转等操作。

2. 能够通过业务操作训练，熟练掌握整车运输的业务流程及操作标准。

3. 能够优化整车货运业务流程及标准并能够编写相关文件。

情景描述

运输在整个物流中占有很重要的地位，运输对企业物流总成本的节约具有举足轻重的作用。要避免运输成本的流失，要先提高运输决策的科学性，合理选择运输服务提供商，制定合理的运输方案及作业流程，选择合理的路线及运输调度，配备合理的运输能力，充分利用运输工具，从而减少资源浪费，最大限度地提高车辆的利用率。

2023年10月14日，沈阳合众物流公司业务员李华通过业务电话（139×××3640）接到客户沈阳北华汽车有限公司汽车零部件运输任务的需求，2023年10月16日9时，到沈阳市于洪区星湖街25号提货点提货，送往沈阳北华汽车有限公司（武汉市分公司），地址为湖北省武汉市汉江区周家山联盟路19号，联系人周伟，联系电话159×××9928。货物信息如下：瓦楞纸箱包装钢轮备胎螺栓，长宽高分别为：4.6米×2.6米×1.8米，重量7.5千克·箱$^{-1}$，共计2 400箱，单价180元·箱$^{-1}$；塑料箱手动内后视镜总成包装长宽高分别为：10米×8米×8米，共计2 000箱，总重量为185千克，单价245元·箱$^{-1}$；普通货物沈阳—武汉基础运价440元·吨$^{-1}$，重货（每立方米重量大于等于333千克）按实际重量计费，轻货（每立方米重量不足333千克）按折算重量计费；装卸费30元·吨$^{-1}$，保价费为货物声明价值的0.3%，托运人可自愿选择是否保价；货物险200·车$^{-1}$。公司现有16.5米厢式货车，尺寸为宽2.7米×高2.8米×长16.3米；最大载重量32吨，车辆在高速公路上空驶平均油耗36升/百公里，重驶平均油耗增加45升/百吨公里。车辆在其他道路上空驶平均油耗40升/百公里，重驶平均油耗增加48升/百吨公里。司机平均日工资350元（不考虑工作时长），高速公路过路过桥费平均2.5元/公里。此外，公司还有13.5米厢式货车，尺寸为宽2.4米×高2.8米×长12.8米；最大载重量22吨，车辆在高速公路上空驶，平均油耗31升/百公里，重驶平均油耗增加40升/百吨公里。车辆在其他道路上空驶平均油耗35升/百公里，重驶平均油耗增加43升/百吨公里。沈阳到武汉高速公路全程1 800公里，预计行驶36小时（不含休息时间），收取过路桥费。国道2 200公里，预计行驶48小时，无过路桥费。16.5米厢式货车行驶时间成本100元·小时$^{-1}$，13.5米厢式货车的行驶时间成本150元·小时$^{-1}$。0号柴油价格7.2元·升$^{-1}$。

请合理设计运输方案及作业流程，在充分考虑经济合理区域范围内，科学计算运输费用，选择合适的车辆及运输线路，缮制托运单。

环境要求

1. 约80平方米的房间一间，配有多媒体一套。

2. 多套学习用桌椅，其中每张学习桌配六把椅子。

3. 多台计算机及一部打印机。

4. 载重20吨平板挂车或敞车（长12米）一部（模型车）。

5. 箱式包装货物50箱，长宽高约100 cm×300 cm×400 cm。

6. 模拟的客户（生产厂家）仓库及办公室一间，约10 m²。

7. 模拟的物流公司综合办公室一间，约10 m²。

8. 车、货配货信息系统一套。

9. 模拟的终点接收货物的仓库一间，约 5 m²。

10. 业务单据一套（托运单、物品清单、派车单、送货单等）。

 同步测试 <<<<<<<<<<<<< <<<<<<<<<<<<<<<<<<<<<<<<<<<<<<<<<<<<

（一）单选题

1. （　　　）是一种财务性质的票据，根据货物托运单填写。

　　A. 运输合同　　　B. 运单　　　　　C. 货票　　　　　D. 行程路单

2. （　　　）是托运人与运输企业之间的契约，是发货人托运货物的原始依据，也是车站承运货物的原始凭证。

　　A. 托运单　　　　B. 运输合同　　　C. 行程路单　　　D. 货票

3. 在（　　　）的条件下适宜采用甩挂运输。

　　A. 运距较长、装卸停歇时间短、货量大

　　B. 运距较短、装卸停歇时间长、货量大

　　C. 运距较长、装卸停歇时间长、货量小

　　D. 运距较短、装卸停歇时间短、货量小

4. 只有当主车的装卸作业时间加甩挂作业时间（　　　）汽车列车装卸停歇时间时，采用甩挂运输才是合理的。

　　A. 小于　　　　　B. 大于　　　　　C. 等于　　　　　D. 无关

5. 在道路货物运输中，货物托运人向道路运输部门提出运送货物的要求叫（　　　）。

　　A. 受理　　　　　B. 承运　　　　　C. 揽货　　　　　D. 托运

（二）多选题

1. 整车货运各项运杂费一般包括（　　　　　　　）以及标签费等。

　　A. 过渡费　　　　　　　　B. 联运费　　　　　　　　C. 过桥费

　　D. 保管费　　　　　　　　E. 保价（保险）费

2. 下列选项中属于短距离的双班运输组织形式的是（　　　　　　　）。

　　A. 一车一人、日夜双班

　　B. 一车两人、日夜双班

　　C. 一车两人、日夜双班、分段交班

　　D. 一车三人、日夜双班、分段交接

　　E. 一车三人、两工一休

3. 下列选项中属于甩挂运输的组织形式的是（　　　　　　）。

    A. 一线一点甩挂运输　　　　　　　B. 一线两点甩挂运输

    C. 循环甩挂　　　　　　　　　　　D. 驮背运输

    E. 多线多点甩挂运输

4. 以下（　　　　　　）货物必须按整车运输。

    A. 鲜活货物，如冻肉、冻鱼、鲜鱼，活的牛、羊、猪、兔、蜜蜂等

    B. 需要用专车运输的货物，如石油、烧碱等危险货物，粮食、粉剂
的散装货等

    C. 不能与其他货物拼装运输的危险品

    D. 易于污染其他货物的不洁货物，如炭黑、皮毛、垃圾等

    E. 不易于计数的散装货物，如煤、焦炭、矿石、矿砂等

5. 整车运输生产过程的组织原则包括（　　　　　　）。

    A. 连续性　　　　　　B. 协调性　　　　　　C. 均衡性

    D. 经济性　　　　　　E. 统计性

（三）简答题

1. 简述运单的作用及填写要求。

2. 简述受理整车货物托运的工作程序。

3. 简述整车运输的基本作业流程。

4. 简述双班运输的含义及经济意义。

5. 简述甩挂运输的组织形式。

第四章 零担运输组织

素养目标

- 树立零担运输从业人员爱岗敬业的服务观念

- 培养遵守运输组织相关职业标准的观念

- 培养立足运输岗位需求的团队协作精神

知识目标

- 熟悉开办公路零担运输业务的条件，零担货物运输网络的形式及零担货源的组织方法

- 掌握零担货运班车、不定期零担货运车、零担货物中转作业的组织方法

- 掌握完成零担货物运输营运组织方案规划的方法

技能目标

- 能够制定有效的零担货源组织方案

- 能够设计零担运输作业流程并绘制操作流程图

- 能够模拟演练零担运输作业操作，优化零担运输业务流程

思维导图

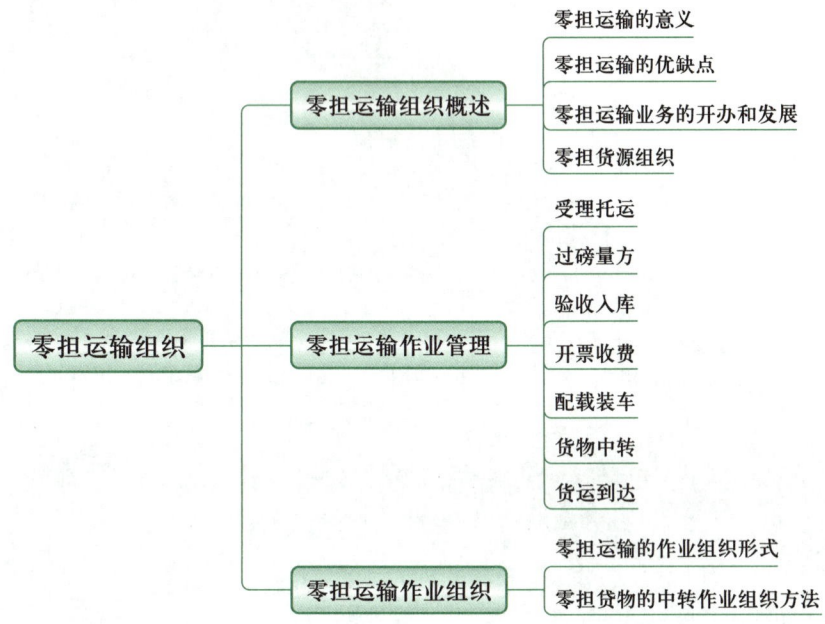

同心加速　从蓝图走向现实的粤港澳大湾区

2017年7月,《深化粤港澳合作　推进大湾区建设框架协议》签署,粤港澳大湾区建设正式启动。七年来,粤港澳三地加速融合发展,"软联通"在加快落地,基础设施"硬联通"也在加速推进。

随着粤港澳大湾区建设的不断深入,高速公路互联互通取得多项进展。例如,大湾区内南沙大桥建成通车;建成莞高速惠州段等9项300多公里高速公路。截至2021年底,粤港澳大湾区高速公路通车里程达4 972公里,路网密度达到9.1公里/百平方公里,是全国高速公路网密度最高的地区之一,核心区的路网密度已经超过纽约、东京、伦敦三大湾区。2021年,集"桥、岛、隧、水下互通"于一体的超级跨海集群工程——伶仃洋大桥建成通车,深圳到中山的通勤时间由2小时缩减为30分钟。从广深港高铁、港珠澳大桥等大型跨境基础设施相继开通,到横琴口岸、港珠澳大桥珠澳口岸创新实施"一站式通关",大湾区城市间联系更加紧密,"1小时交通圈"基本形成。

大湾区辐射范围在不断增强,新增河惠莞高速龙川至紫金段1条出省通道,从河源紫金周边通过河惠莞高速前往江西定南地区,车程从原来3小时左右缩短到1.5小时内，比以往省时一半。此外，粤港澳大湾区铁路运营里程近2 500公里，"轨道上的大湾区"正在加快形成；三地口岸通关效率大幅提升，创新实施"一站式通关""合作查验、一次放行"等便利通关模式，2/3出入境旅客通过自助方式通关，基本实现了排队不超过30分钟。大湾区世界级机场群和港口群正在加快形成，机场旅客吞吐能力达2.2亿人次，港口集装箱年通过能力约8 500万标箱。

从基础设施互联互通，粤港澳大湾区现代化交通运输体系基本形成，货运量显著增长，粤港澳紧抓机遇，深化合作，进一步提升市场一体化水平。数据显示，2021年粤港澳大湾区经济总量约12.6万亿元，比2017年增长约2.4万亿元；大湾区进入世界500强企业25家，比2017年增加了8家；广东省现有高新技术企业超过6万家，绝大部分都在粤港澳大湾区，比2017年净增加2万多家。

随着粤港澳大湾区现代化交通运输体系基本形成，粤港澳三地实现了人流、物流、资金流的高效互融互通，打通了要素流动阻点，实现了粤港澳大湾区内产业的融合发展，形成合力，通信加速发展。将蓝图变成现实，推进了粤港澳大湾区向国际一流湾区和世界级城市群目标发展的步伐。

第一节　零担运输组织概述

一、零担运输的意义

随着国民经济的发展和人民物质文化生活范围的扩大，特别是现代物流理念和技术的飞速发展，货物的流动无论从时间上还是从空间上都发生了根本变化。当前，零星用户、零星货物、零星整车的"三零"货物急剧增加，使得零担运输正呈现日益繁荣的景象，普通零担运输作为货物运输的重要形式之一，越发显现出重要性。零担运输的意义如下：

（一）对整车运输的补充

零担运输能够适应商品流通中商品品种繁杂、量小批多、价高贵重、时间紧迫、到达站点分散等特殊要求，补充了整车运输的不足。同时，零担运输还可以有力配合客运工作，承担行李、包裹的运输，及时解决积压待运的行包，便利了旅客的出行。

（二）机动灵活，节约时间

零担运输机动灵活，面向社会各个角落。零担运输的批量不限，可以多至几吨，少至几千克。此外，零担运输还可以就地托运，手续简便，运送快速。因此，零担运输可以缩短货物的送达时间，有利于加速资金周转。这对于要求竞争性、时令性和时效性的零星货物运输尤为重要。

（三）满足市场经济运输需要

随着我国社会主义市场经济的发展，国民经济呈现持续、健康的发展格局，市场日益繁荣兴旺，生产资料中的成品、半成品和消费资料中的中、高档商品越来越多地进入流通领域，使零星货物的运量出现猛增的局面。在新形势下，发展零担运输，对于促进市场经济发展，满足日益增长的运输需要，具有极为重要的意义。

二、零担运输的优缺点

零担运输是道路货物运输中相对独立的一个部分，相对于其他道路运输形式，零担运输有其独有的优点和缺点：

（一）零担运输的优点

1. 安全

零担运输商务作业有比较严格、细致的货物交接规程，减少了货损货差，如行李、包裹的运输。零担运输一般都使用厢式货车，运行时厢门封闭严紧，能够有效防止货物失落、损失，减少货损事故的发生。

2. 方便

零担货物托运，随交随收，手续简便。对需要经由几个运输单位中转的货物，可以一次托运、一次交费、一票到底、全程负责，并能做到上门取货、送货到家；有些道路运输企业还为货主办理提货、报关、加固包装等事项，货主只要将提货单交付承运人就可以在家等待收货，省去不少麻烦，得到许多方便。

3. 迅速及时

在许多情况下，道路零担运输运送速度较铁路、水路等运输方式更快捷。

4. 经济

就花费在运输工具上的费用而言，道路零担运输是最高的。但是，如果计算其他各种运杂费用，这种差异就显著缩小了。例如，就装卸费而言，道路零担货物运输基本上是一装一卸，而铁路、水路则需三装三卸。另外，道路零担运输货损、货差少，有明显的节约效果，货主还可以减少损失。

5. 车辆运用效率高

零担运输车辆，一般都有较高的行程利用率（往返有载），吨位利用率也较高。这有利于提高车辆生产率和运输经济效益。

（二）零担运输的缺点

1. 货源的不确定性和来源的广泛性

零担运输的货物流量、货物流向具有一定的不确定性，并且多为随机性发生，难以通过签订运输合同的方式将其纳入计划管理范围。货物的来源涉及社会的方方面面，计划性较差。

为发展零担运输业务，运输部门应加强对零担货物流量、流向的经常性调查，注意信息的反馈和分析，参考以往的统计资料，积极妥善地开展零担运输服务。

2. 货运组织工作比较复杂

零担运输的货物来源和种类繁杂，且绝大多数是由零担运输作业的主要执行者——货运站完成零担货物的质量确认、负责保管和组织装卸的，劳动组织工作比整车运输复杂。这样就使得零担运输的货运环节更多，作业工序更细致，设备条件更繁杂，对货物配载和装载要求更高。这一切对零担运输业务组织工作提出了更高的要求。

3. 单位运输成本比较高

为了适应零担运输的需求，货运站要配备一定的仓库、货棚、站台，以及相应的装卸、搬运、堆置的机具和专用厢式车辆。此外，相对于整车货物运输而言，零担运输货物周转环节多，更易于出现货损、货差，赔偿费用较高，导致零担运输成本较高。

三、零担运输业务的开办和发展

（一）零担运输业务开办和发展的条件

运输企业要开办和发展零担货运业务，必须具备一定的前提条件，这些前提条件一方面包括宏观经济社会发展的大环境，另一方面包括零担运输的微观物质条件。从运输企业开办和发展零担运输的实际工作看，运输企业开办和发展零担运输就必须达到以下条件：

1. 建立零担货物仓库

零担货物仓库是开办零担运输的首要条件。由于零担货物具有品种繁多、小批量、多批次、时间紧迫、到站分散的特点，这就决定了多数零担货物不可能在业务受理后即行装车，也不可能在货物运达卸车后即行交付，它有一个"集零为整""化整为零"的过程。同时有些货物还需要中转，必须在货运站作短期堆存保管。所以，必须根据吞吐量的大小，建设一定面积的零担货物仓库。

2. 开办零担货运站

零担货运站是开办零担运输业务的中介。零担货运站是货源货流的直接组织者，它一方面起着为社会集结和疏散货物的作用，另一方面起着为运载工具包揽运输业务，建立运载工具和货物之间纽带的作用。零担货运站一般开在人口量比较大，或有专业市场（比如服装批发市场）的附近，可以采用加盟中介，也可以开设直营网点。

3. 开辟班车和零担货运网络

班车和零担货运网络是开办和发展零担运输的基础。零担货运网络是指由若干站点和运行线路组成的具有循回功能的运输系统。班车是零担货运网络的基本组成部分。班车的开辟应以适应货流需要，尽量减少中转环节为原则，并在货源货流调查基础上确定和制定车辆运行方案。

4. 配备零担货车

零担货车是开办和发展零担运输的保证。零担货车是公路运输零担货物的工具，没有它，即使其他条件都已成熟也不能实现零担货物运输。

5. 组织零担货物联运

零担货物联运是增强零担货运活力的关键。零担货物联运是指通过两种以上不同运输方式或虽属同种运输方式但必须经中转换装的接力运输。由于零担货物运距长短不一，货车不可能每点都到，各线都跑，因此，必须与铁路、水路、航空搞好联运，才能满足托运人多方面的需要。

（二）组建零担货运网络

商品经济的发展，为零担运输业的发展提供了充足的货源，零担运输业要持续、良好地发展，必须依据零担运输运量小、批量多、流向分散、品种繁多的特点，建立零担货物运输网络，充分发挥零担货物运输网络化规模经营的优势，取得最大的经济效益与社会效益。

根据我国情况，发展零担货运网络应根据地区经济发展状况、产业构成、公路网状况等确定零担货运站数量、分布状况、货运班线等，依托行政区域，建立相应的各层次零担货运网，进而形成全国范围内的零担货运网络。

下面介绍零担货物运输网络的几种发展形式：

1. 县内网络

县内网络是指以县城为中心，以乡（镇）村零担货运站为网点的网络，对区域内企业产品、日用消费品进行集结和疏散。

2. 城市（地区）网络

城市（地区）网络是指以中心城市为中心，以县内网络为基础，以市县、县城间交通干线为脉络形成的城市（地区）内的网络系统。它对发挥中心城市的作用，加快流通速度具有一定作用。

3. 省（自治区）网络

省（自治区）网络是指以省（自治区）、直辖市或经济中心城市为中心，依托公路干道，形成省（自治区）内的完整循环系统。

4. 片区（经济）网络

片区（经济）网络是指跨越数省（市、自治区）以片区内的经济中心城市为连接点，以沟通城市之间干线为脉络组成的网络。片区（经济）网络的建立为发展远距离的零担运输创造了必要条件。

5. 全国网络

全国网络是指以大城市为中心、以干线为骨干形成的全国范围内零担货物运输网络。只有建立全国零担货物运输网络，才能最大限度地方便货主，使零担货物在全国范围内流通，实现零担运输现代化。

四、零担货源组织

（一）零担货源组织的意义

在满足零担运输的开办和发展的条件以后，零担运输便进入货源组织阶段。零担货源的组织工作，开始于货源调查，终止于货物受理托运。其主要目的是寻找、落实货源。

获得货源货流信息并进行有效处理，开展零担货源货流的实际市场调查，是零担运输经营管理的基础性工作。由于零担运输是货物运输的组成部分，其市场调查的内容、方式、方法基本相同。零担货源的调查其实质就是通过有效的市场调查方法，获取货源货流的基本信息，并对获取的信息做进一步分析，指导零担运输的过程。

（二）零担货源调查

零担运输企业要经常开展零担货源调查工作，以发现新的商机，及时为社会潜在客户提供服务，增强企业的经营能力。

1. 货源货流

货源即货物的来源。货流是指一定时间、一定区段内货物流动的情况。它包括货物的流量、流向、流时、流程四个要素。货物在一定时间（流时）、一定区段（流程）内流动的数量称为货物流量；货物流动的方向称为货物流向。货物流向分为顺向货流和反向货流。路段上货流量大的方向的货流称为顺向货流。路段上货流量小的方向的货流称为反向货流。零担运输的货源货流信息是指与零担货物的发生地、流量、流向、流时、流程及其变化有关的各种信息的总称。

获取零担运输的货源货流信息不仅是零担运输经营决策的重要依据，而且是提高零担运输应变能力的重要手段。

2. 零担运输中货源货流信息的收集方法

（1）开展零担运输的市场调查。零担运输的市场调查按调查方式可分为全面调查、典型调查和专题调查。

①全面调查：是指在一定时期内，对零担运输企业吸引所在地区内的自然资源（土地、矿山、森林、土特产等）、人口、企事业单位、学校、机关等的基本概况，对工农业、农副产品产量、规格、供给流通，对工业生产所需原材料、燃料、辅助材料的品种、消耗量、自产量、流入量，对商品流通的数量、范围、时间、交通运输网络布局、竞争对手的发展变化等，做全面综合的调查分析。

②典型调查：是指根据需要选择一些具有代表性的地区、单位或运输线路，进行解剖，用"由此及彼"的推理方法，以了解同类事物的共同规律。

③专题调查：是指为研究零担运输的某些特殊问题，如新辟零担运输线路，专门进行的市场调查。

（2）整理分析资料。整理零担运输企业近期的承托运资料、地区发出运量统计资料等，从中分析货源货流信息。

（3）实时信息的收集。是指在定点的货运站点在代办业务、取货送货等承运业务活动中，通过询问、交谈获取货源货流信息。

（三）零担货源的组织方法

零担运输货源组织工作始于货源调查，直至货物受托为止，即为寻求、落实货源而进行的全部组织工作。

常用的零担货源组织方法，除配备专职货运人员组货外，还有以下方法：

1. 实行合同运输

实行合同运输是多年来道路运输部门行之有效的货源组织方式之一。

实践中实行合同运输的好处如下：

（1）有利于加强市场管理，稳定一定数量的货源。

（2）有利于计划运输，合理运输。

（3）有利于加强运输企业的责任感，提高运输服务质量。

（4）有利于简化运输手续，节约人力和时间。

（5）有利于改进产、运、销的关系，促进国民经济发展。

2. 设立零担运输代办站点

由于零担货物具有零星、分散、品种多、批量少和流向广等特点，需要通过代办站点和仓库来集散组织零担货源。但这些站点和仓库不能仅依靠运输企业自身的力量去设置。因此，借鉴客运站点设置的经验，利用代办单位或个人的闲置资源开办零担货物代办站点，是组织零担货源较好的方法，这种站点特别适合农村地区。

设立零担运输代办站点，既可以弥补运输企业在发展业务中资金、仓储、人力的不足，又可以调动代办站点工作人员的积极性，从而在客观上为运输企业扩大了组货能力。零担运输代办站一般只负责零担货物的受理、中转和到达业务，不负责营运。

3. 寻找合作

委托货物联运公司、日杂商店、百货公司、打包公司、邮局等单位，代理零担运输受理业务。这些单位社会联系面广，有较稳定的货源，委托货位办理零担运输受理业务，是一种较为有效的零担货源组织方法。他们一般向托运人收取一定的业务手续费，有的同时向零担站点收取一定的劳务费。打包公司一般都与大百货公司、日杂商店有合作，代外地人办理零星商品打包和托收业务，既扩大了这些商品的营业额，又深受购物者欢迎。山西省利用邮局点多面广的优势，委托邮局代办零担货物受理业务，取得了较好的效果。

4. 建立货源信息制度

在物资单位发展货运联络员，建立货源信息制度。此时，货运联络员实质上充当了运输企业的业余组货人员。在有较稳定零担货源的物资单位发展货运联络员，可随时得到准确的货源消息。采取这种办法还可以零带整，组织整车货源。零担站点可以按组货的数量，给予货运联络员一定的报酬。

5. 设立电话受理业务和网上接单业务

利用现代信息技术，创建数字化的零担货运受理平台，形成虚拟的零担货运业务网络，进行网上业务受理和接单工作。

（四）零担货源组织的实施

对零担运输企业来说，研究零担货源组织问题是企业整体市场营销的重要组成部分。它包括合理设置组货网点，有效配置货运代理商，选择合理组货策略，使企业货运服务项目能适时、适地、方便、经济、高效地提供给货主，以满足货主的需要，提高零担运输企业市场营销的经济效益。

零担货源组织的实施可按以下步骤进行：

（1）确定市场调查方法，准备市场调查。

（2）进行货源货流信息搜集，即零担货物的发生地、流量、流向、流时、流程及其变化有关的各种情报。

（3）了解同行竞争者的组货策略和具体做法。

（4）本企业的组货策略和具体做法。

（5）提出有效的揽货方式，即货源组织方案。

第二节　零担运输作业管理

零担运输作业包括受理托运、过磅量方、验收入库、开票收费、配载装车、货物中转、货运到达等环节。零担运输业务是根据零担货运工作的特点，按照流水作业构成的一种作业程序。其基本的作业流程如图4-1所示。

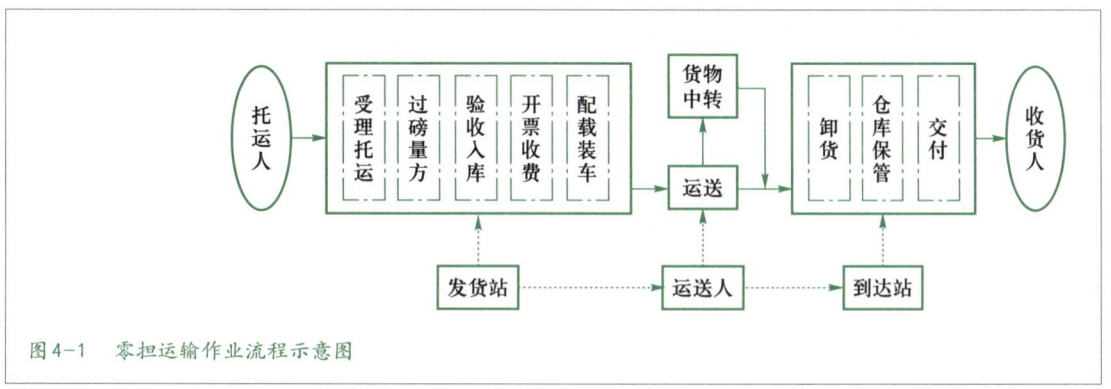

图 4-1　零担运输作业流程示意图

动画：零担货运业务的基本流程

一、受理托运

受理托运是指零担货物承运人根据营运范围内的线路、站点、运距、中转范围、各车站的装卸能力、货物的性质及收运限制等业务规则和有关规定接受零担货物，办理托运手续。

受理托运是零担货物运输作业中的首要一环。由于零担运输线路站点多，货物品类繁杂，包装形状各异，性质不一，因此，受理人必须熟知营运范围内的线路、站点、运距、中转范围、车站装卸能力、货物的理化性质，以及收运限制等一系列业务规则及有关规定。

受理托运的必备条件包括：① 公布办理零担的线路、站点（包括联运、中转站点）、班期及里程运价；② 张贴托运须知、包装要求和限运规定。

（一）零担运输受理托运的方法

在受理托运时，可根据受理零担货物数量、运距以及车站作业能力采用不同的受理制度和方法，如随时受理制、预先审批制、日历承运制等。

1. 随时受理制

这种受理制度对托运日期无具体的规定，在营业时间内，发货人均可随时将货物送到托运站办理托运。这一制度为货主提供了很大的方便性。但这种受理制度也有其局限性，如事先不能组织货源，缺乏计划性。零担货物承运入库后，可能有比较长的集结待装时间，仓库设备利用率也较低。在实际零担运输中，这一受理制度常被作业量小的货运站、急运货运站，以及始发量小、中转量大的中转货运站采用。

2. 预先审批制

预先审批制要求发货人事先向货运站提出申请，车站再根据各个发货方向及站别的运量，结合站内设备和作业能力加以平衡，分别指定日期进货集结，组成零担班车。

这种制度对于加强零担运输的计划性，提高零担运输的组织水平有一定作用。这种制度对于货主有很大的不便，仅适用于零担货物发送量较大且稳定的地区。

3. 日历承运制

日历承运制是指货运站根据零担货物流量和流向规律，编写承运日期表，事先公布，发货人则按规定日期来站办理托运手续。采用日历承运制可以有计划、有组织地进行零担运输，便于将去向和到站比较分散的零担货流合理集中，组织直达零担班车，可以均衡安排货运站每日承担零担货物的数量，合理使用货运设备，便于物资部门安排生产和物资调拨计划，提前做好货物托运准备工作。

这种制度要求汽车站在基本掌握零担货物流量和流向规律的前提下，认真编制承运某到达站或方向的零担货物的日期表，发货人按规定日期到站办理托运手续。编制承运日期表需要进行充分的调查研究，掌握切实的数据资料，准备工作量较大，编制程序也较麻烦，因此承运周期表一经编成后，原则上应保持相对稳定，当零担货源货流发生变化或因其他原因需要调整时，应提前编制并及时公布。

日历承运制的优点包括：① 便于将分散的零担货物合理集中，尽量组织直达零担车；② 有利于车站作业的均衡性和合理使用各种货运设备，为日常零担承运、仓库管理、计划配装、组织装车、劳力安排等创造有利的条件；③ 便于货主安排产品生产和物资调运计划，提前做好货物托运的准备工作。

（二）托运单的填写与审核

受理托运时，必须由托运人认真填写托运单，承运人审核无误后方可承运。

零担货物托运单一式两份，一份起运站仓库存查，另一份于开票后随货同行。凡货物到站在零担班车运行线路范围以内的，称为"直线零担"，可填写"零担货运托运单"；必须通过中转换装的，称为"联运零担"，可填写"联运零担货物托运单"。

托运单原则上由发货人填写，承运方不予代填，对托运人填写的托运单还必须认真审核。审核托运单的要求是：

（1）检查核对托运单的各栏有无涂改，对涂改不清的应重新填写。

（2）审核到站与收货人地址是否相符，以免误写。

（3）对货物的品名和属性进行鉴别，注意区别普通和笨重零担货物（同时注意它们的长、宽、高能否适应零担货车的装卸及起运站、中转站、到达站的装卸能力等），普通物品与危险品（如属危险品，则应按相关规定办理）。

（4）对一批货物多种包装的应认真核对，详细记载，以免错提错交。

（5）对托运人在声明事项栏内填写的内容应特别注意货主的要求是否符合有关规定，能否承担。

受理托运后，下一步的工作就是检货司磅与起票，检货司磅与起票的作业就是零担货物受理人员在收到托运单后，审核托运单填写内容与货物实际情况是否相符，检查包装，过磅量方，扣、贴标签和标志，填写零担运输货票。

实践中核对运单的注意事项包括：① 核对货物品名、件数、包装标志是否与托运单相符。注意是否夹带限制运输货物或危险货物，做到逐件清点件数，防止发生差错。② 对长大、笨重的零担货物要区别。在终点站，长大件不超过零担班车车厢的长度和高度；在中途站，长大件不超过零担车后门宽度和高度；笨重零担货物不超过发站和到站的自有或委托装卸能力。③ 单件重量，一般在人力搬运装卸的条件下，以不超过40 kg为宜，笨重零担货物应按起运、中转、到达站的起重装卸能力受理。

（三）检查货物包装

货物包装是货物在运输、装卸、仓储、中转过程中保护货物质量必须具备的物质条件。货物包装的优劣直接关系到运输质量和货物自身的安全，因此，必须按货物的特性和要求进行包装，以达到零担运输关于货物包装的规定。如发现应包装的货物没有包装或应有内包装而只有外包装的，应请货主重新包装。对包装不良或无包装但不影响装卸及行车安全的，经车站同意可予以受理，但应请货主在托运单中注明包装不良状况及损坏免责事项。对使用旧包装的应请货主清除旧标志和旧标签。

实践中检查货物包装的注意事项包括：

（1）看。包装是否符合相关规定要求，有无破损、异迹。笨重货物外包装上是否用醒目标记标明重心点和机械装卸作业的起吊位置。

（2）听。有无异声。

（3）闻。有无不正常的气味。

（4）摇。包装内的衬垫是否充实，货物在包装内是否晃动。

检查货物虽然是十分琐碎的工作，但极为重要。如果在接收货物时检查疏忽，就会使原来已经残破短少或变质的货物进入运送过程，不仅加剧货物的损坏程度，也不能保证承运期间的安全，而且会转化为运输部门的责任事故，影响企业信誉，造成损失。

二、过磅量方

货物重量是正确装载，凭以核算运费和发生事故后正确处理赔偿费用的重要依据。因此，必须随票过磅（量方），准确无误。货物重量分为实际重量、计费重量和标定重量。

（一）实际重量

货物的实际重量是根据货物过磅后（包括包装在内）的毛重来确定的。

（二）计费重量

计费重量可分为不折算重量和折算重量，不折算重量就是货物的实际重量。折算重量的计算可参考相关规定。

（三）标定重量

标定重量是对特定的货物所规定的统一计费标准。同一托运人一次托运轻浮和实重两种货物至同一到站者，可以合并称重或合并量方拆重计费（不能拼装者除外）。过磅或量方后，应将重量或体积填入托运单内。一张托运单的货物分批过磅、量方时，应将每批重量和长、宽、高体积尺寸记在托运单内，以备查考。然后将总重量和总体积填入托运单内并告知货主。零担货物过磅量方后，司磅、收货人员应在托运单上签字证明并指定货位将货物搬入仓库，然后在托运单上签注货位号，加盖承运日期戳，将托运单留存一份备查，另一份交还货主，并持其向财务核算部门付款开票。

过磅量方，确认无误之后，贴扣零担货物标签、标志。零担货物标签、标志是建立货物与其运输票据之间的联系，是标明货物本身的性质，也是理货、装卸、中转、交付货物的重要识别凭证。标签各栏必须认真详细填写，在每件货物的两端或正侧两面明显处各扣（贴）一张。

三、验收入库

零担货物验收入库是车站对货物履行责任运输、保管的开始。把好验收关，就能有效减少差错。验收时必须逐件查收，按指定货位堆放，零担货物仓库应严格划分货位，一般可分为待运货位、急运货位、到达待交货位等。堆码整齐，经复点无误后在托运单上注明货位，经办人签章后生效。零担仓库的货位配置可根据通道位置，分成一列式排列和双列式排列。此外，零担货物仓库要具备良好的通风能力、防潮能力、防火和灯光设备及安全保卫能力。

实践中零担货物验收入库的注意事项包括：

（1）未办理托运手续的货物，一律不准进入仓库。

（2）认真核对运单、货物，坚持照单验收入库。

（3）货物必须按流向堆码在指定货位上。

（4）一批货物不要堆放两处，库内要做到层次分明，留有通道，互不搭肩，标签向外，箭头向上。

（5）露天堆放的货物要注意下垫上盖。

同时，要经常检查仓库四周，不可将有碍货物安全的物品堆放在仓库周围，保持仓库内外整洁。另外，货物在仓库待运期间，要经常进行检视核对，以票对货，票货相符。

四、开票收费

零担运输的开票收费作业，是在零担货物托运收货后，根据司磅人员和仓库保管人员签字的零担货物托运单进行的。

开票收费环节的作业内容有：

（一）运杂费的计算

零担货运收费包括运费和其他杂费，运杂费的计算必须包括运费和杂费的计算。运费的计算有既定计算公式，在计算时可以套用，零担货运的杂费有如下项目：① 渡费。零担运输车辆如需要过渡运行，由起运站代收渡费。② 标签费。③ 标志费。④ 联运服务费。通过两种以上运输工具的联合运输以及跨省（市）的公路联运，核收联运服务费。⑤ 中转包干费。联运中转换装所产生的装卸、搬运、仓储、整理包装劳务等费用，实行全程包干，起运站一次核收。⑥ 退票费。受理承运后，货主要求退运，按规定收取已发生的劳务费用及消耗票证的印制成本费用。⑦ 保管费。⑧ 快件费。应货主要求办理快件运输，收取快件费。⑨ 保价（保险）费。对贵重物品实行保价运输，制定收费标准按货物价值的百分比核收。

（二）营收报缴与营收审核

营收人员每日工作完毕，必须将当天开出的货票核收联中的营收进款累计数与所收的现金、支票金额进行核对。各站零担货运营业收入，应根据零担货票填制"货运营业收入日报"，向主管公司或主管部门报缴。

五、配载装车

零担货物装车是起运的开始。装车前必须根据车辆吨位、体积、货物性质和货物运送方向、中转、直达等，做好货物配载工作。

（一）零担货物配载的注意事项

整理各种随货同行单据，包括提货联、随货联、托运单、零担货票及其他附送单据，按中转、直达分类。在组织中转时应考虑发运到中转次数最少的中转站进行中转，不得任意中转，更不能迂回中转。凡中转货物一律不得分批运送。

根据车辆核定吨位、车厢容积和起运货物的重量、理化性质、长度、大小、形状等，合理配载，编制货物交接清单。

（二）零担货物的配载原则

零担货物的配载原则有：

（1）中转先行、急件先行、先托先运、合同先运。

（2）尽量采用直达运输方式，必须中转的货物应合理安排流向。

（3）组织轻重配装，大小配装，充分利用零担货车的载货量和容积。

（4）认真执行有关货物混装限制的规定，保证运输安全和货物完好。

（5）加强预报中途各站的待运量，并尽量能使两站装卸的货物在重量和体积上相适应。根据需要和可能，为中途作业站留有一定的吨位和容积。

（三）零担货物的组织装车

零担货物的组织装车作业主要包括对库内集结货物制订配装计划，进行合理装载等内容。零担货物的配装计划应根据零担货物的流量、流向、性质、包装等情况统一安排。

组织装车作业流程如下：

（1）备货。货运仓库接到"货物装车交接清单"后，应逐批核对货物台账、货位、货物品名、到站，点清件数，检查包装标志、票签或贴票。

（2）交代装车任务。货物装车前，仓库保管人员要将待装货物按货位和批量向承运车辆的随车理货员、驾驶员和装车工人交代货物的品名、件数、性能及具体装车次序、装载要求、防护要领、消防方法等。

（3）监装。实行装车时可采用"点筹对装法"，由仓库保管员发筹，随车理货员或驾驶员收筹，按筹点数核对。零担货物配运员与随车理货员（或驾驶员）根据零担货物配运计划监装，并以随货同行的托运单及附件为凭证按批点交。

完成上述工作后，即可按交接清单的顺序和要求点件装车。

实践中零担货物装车时的注意事项如下：

（1）检查零担车辆车体、车门、车窗是否良好，车内是否干净。

（2）根据车辆容积和货物情况，均衡地将货物重量分布于车底板；对某些集重货物和畸形偏重货物，下面应垫以一定厚度的木板或钢板，并使其重心尽可能位于车辆纵横中心线的交叉点。

（3）紧密地堆放货件，以期充分利用车厢容积和车辆最大载重量，防止车辆在运行途中因发生振动、冲击、颠簸引起货物的倒塌和破损。

（4）同一批货物应堆置在一起，货件上的货签应向外，以便工作人员识别。

（5）装车完毕后，要检查货位，以免错装、漏装，还应及时检查车辆的关锁及货物的遮盖捆扎情况。

（6）运送距离较短的货物，应堆放在车厢的上层或后端，以便卸载作业的进行。

（7）沉重的、长大的或包装结实不易受损的货物，宜堆放在车厢下层。

（8）中途站装卸零担货物，应先卸后装，依次进行，避免货物混乱，产生差错。无论卸货进仓或装货上车均按起点站装卸作业程序办理。装车前还应将车上货物按到达远近适当整理，以减少下一站卸货的困难。

（四）零担货物交接

站车交接即起运站与承运车辆，依据"零担货物交接清单"办理交接手续，按交接清单有关栏目，在监装时逐批点交，逐批接收。交接完毕后，由随车理货员或驾驶员在交接清单上签收。交接清单应一站一单，以利于点收点交和运杂费结算。零担货运班车必须严格按照发车日期发车，按照规定行驶路线行驶，在中转站要由值班人员在行车路单上签字。

六、货物中转

对于需要中转的货物以中转零担班车或沿途零担班车的形式运到规定的中转站。零担货物中转作业是按货物流向或到站进行分类整理，先集中再分散的过程，将来自各个方向仍需要继续运输的零担货物卸车后重集结待运，继续运至终点站。

零担货物中转站除了承担货物的保管工作外，还需要进行一些与中转环节有关的理货、堆码、整理、倒载等作业，因此，中转站应配备一定的仓库或货棚等设施。零担货物的仓库或货棚，应具备良好的通风、防潮、防火、采光、照明等条件，以保证货物的完好和适应各项作业的需要。零担货物中转站的选择必须建立在充分的运输经济调查和结合货源货流特点的基础上，中转站的硬件设施与仓库的要求相同。

七、货运到达

零担货物到达站点后，有卸货、仓库保管、交付三道工序。

（一）卸货

到站卸货有以下注意事项：

（1）要认真办好承运车与车站的交接工作。班车到站时，车站货运人员应向随车理货员或驾驶员索阅货物交接清单以及随附的有关单证，两者要注意核对，如有不符，应在交接清单上注明不符情况。

班车到站后，由仓库人员检查货物情况，如无异常，在交接单上签字并加盖业务章。如有异常情况发生，应采取相应措施处理。发现票货不符时，按下列原则处理：① 有单无货，双方签注情况后，在交接单上注明，原单返回。② 有货无单，确认货物到站，收货后仓库保管员签发收货清单，双方盖章，清单寄回起运站。③ 货物到站错误，将货物原车运抵起运站。④ 货物短缺、破损、受潮、污染、腐坏时，不得拒收，但应在交接清单上签注并作出商务记录。双方共同签字确认，填写事故清单。

（2）要检查车门、车窗及敞车的篷布覆盖、绳索捆扎有无松动、漏雨等情况，确认货物在运送过程中的状态和完整性，以便在发生货损货差时划清责任并防止误卸。

（3）零担货物到站卸货验收完毕后，到达本站的货物，应登入"零担货物到货登记表"，并迅速以"到货分店"形式和"到货通知单"或电话发出通知，催促收货人提货，一面将通知的方式和日期记入到货登记簿内备查。对合同运输单位的货物，应立即组织送货上门。

（二）仓库保管

零担班车到站后，对普通到货零担及中转联运零担应分别理卸。根据仓库情况，除将普通到货按流向卸入货位外，对需要中转的"公—公"联运货物，还应办理驳仓手续，填制"货物驳运、拼装、分运交移凭证"，分别移送有关货组，其他公转铁、公转水、公转航空的运输货物，分别移送有关仓库，办理仓储及中转作业。

（三）交付

交付是零担运输的最后一道工序，货物交付完毕后，收回货票提货联，公路汽车的责任运输才宣告结束。它包括内交付（随货同行单证交付）和外交付（现货交付）。

为了防止误差，实践中交付需要注意以下事项：

（1）不得白条提货，信用交付。

（2）凭货票提货联交付的，由收件人在提货联上加盖与收货人名称相同的印章并提供有效身份证件交付。

（3）凭到货通知单交付的，由收货人在到货通知单上加盖与收货人名称相同的印章，并验看提货经办人有效身份证件，在货票提取联签字交付。

（4）凭电话通知交付的，凭收货单位提货介绍信经车站认可后由提货经办人在货票提货联上签字交付。

（5）委托其他单位代提的，应由收货人盖有相同印章向车站提出的委托书，经车站认可后，由代提单位在货票提货联上签章交付。

（6）零担货物交付时，应认真核对货物品名、件数和票签号码。如货件较多，要取货后集中点交，以免差错。

第三节　零担运输作业组织

一、零担运输的作业组织形式

零担货物的运送时间和方式、收发和装卸交接等的不同需求，决定了零担运输采取不同的作业组织形式。按照零担车（即装运零担货物的车辆）发送时间的不同可将零担运输的作业组织形式划分为定期零担货运班车和不定期零担货运车两大类。

（一）定期零担货运班车的作业组织

这是类似客运班车的一种运输组织形式，也常称为固定式零担车。这种零担货运班车一般是以营运范围内零担货物的流量、流向，以及货主的实际要求为基础组织运行。运输车辆主要以厢式专用车为主，实行定车、定期、定线、定时运行，有固定的停靠站点可以装卸货物。定期零担货运班车主要采用以下几种方式：

1. 直达式零担班车

直达式零担班车是指在起运站将各个发货人托运的同一到站，且性质适宜配载的零担货物，同车装运后直接送达目的地的一种货运班车，其运行示意图如图4-2所示。一般是一车装运一个到站的货物，沿途站点不办理货物托运与装卸，因而出车时间利用系数高，运送速度快。在采取双班制运行组织方式时，相距600公里左右的两地，直达式零担货运班车可以当天到达。具备条件的汽车站应加强对零担货物的运输组织工作，尽可能开行直达式零担班车。

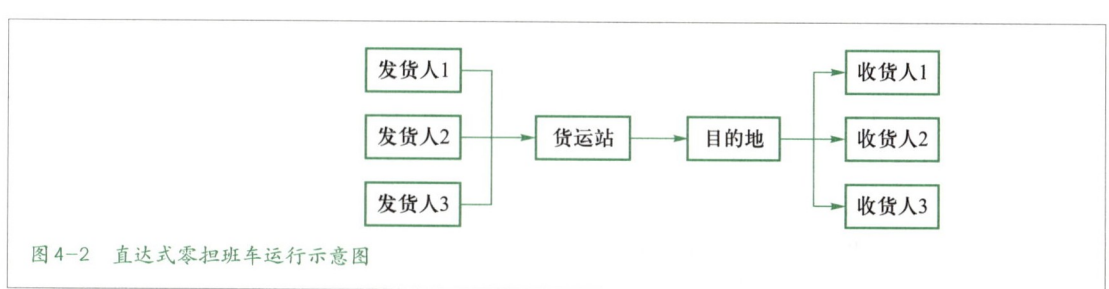

图4-2　直达式零担班车运行示意图

2. 中转式零担班车

中转式零担班车是指在起运站将各个发货人托运的同一线路、不同到达站且性质允许配载的各种零担货物，同车装运至规定的中转站，卸后复

装，重新组成新的零担班车运往目的地的一种货运班车，其运行示意图如
图4-3所示。

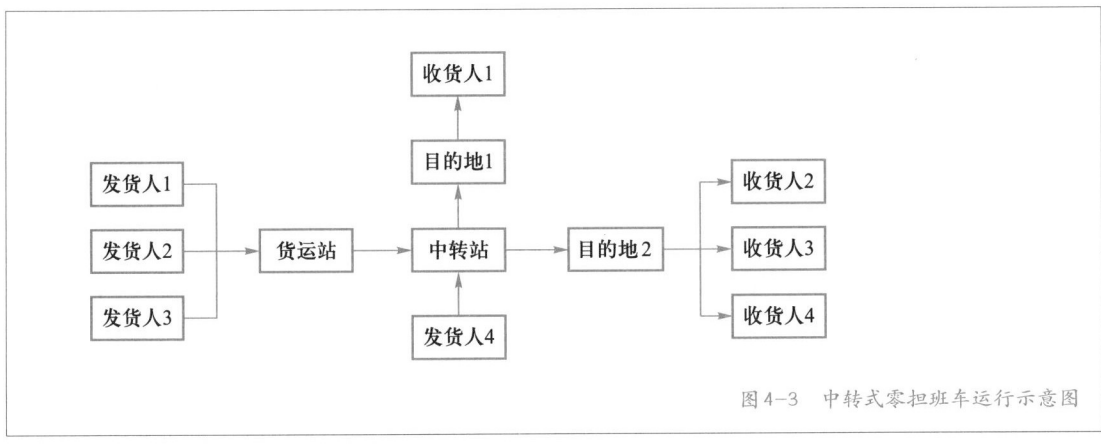

图4-3　中转式零担班车运行示意图

这种形式与直达式零担班车相比，虽属较低一级的组织形式，但从零担
货物运量少、流向分散方面看，具有很大的现实意义。

3. 沿途式零担班车

沿途式零担班车是指在起运站将各个发货人托运同一线路、不同到达
站，且性质允许配装的各种零担货物，同车装运后，在沿途各计划停靠站卸
下或装上零担货物再继续前进，直至最后到站的一种货运班车，其运行示意
图如图4-4所示。

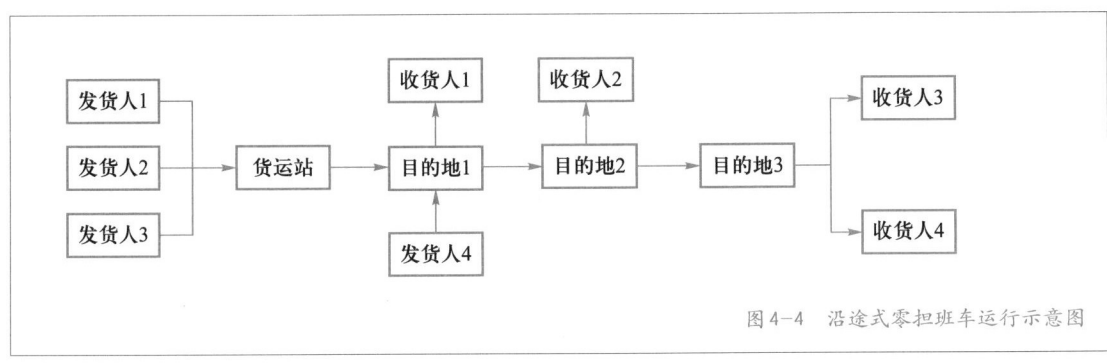

图4-4　沿途式零担班车运行示意图

这种零担班车在组织工作上较为复杂，车辆在途时间也较长，但它能满
足沿途货主的需要，是一种不可缺少的补充形式。

在上述三种零担班车运行方式中，直达式零担班车最为经济，是零担货
运的基本形式，这一形式具有无法替代的特点：

（1）避免了不必要的换装作业，节省了中转费用，减轻了中转站的作业

负担。

（2）减少了货物在中转站的作业，有利于运输安全和货物完好，减少事故，确保质量。

（3）减少了在途时间，提高了零担货物的运送速度，有利于加速车辆周转和物资调拨。

（4）在仓库内集结待运时间少，充分发挥仓库货位的利用程度。

（二）不定期零担货运车的作业组织

不定期零担货运车是指根据货流量的需要，随时组织运行的一种零担车。通常在新开辟的零担货运线路或季节性零担货物线路上使用。它通常作为零担货运班车的补充，有时也称加班车。在沿未开行零担货运班车的运输线路上，当受理托运的零担货物达到一定数量时，可组织不定期的一次性零担货物运输。

二、零担货物的中转作业组织方法

零担货物的中转作业是指将来自各个方向的零担货物集结待运，再重新组织各类零担车将货物运至终点站。它是一个按零担货物流向或到站进行分类整理，先集中再分散的作业过程。合理选择中转站点、划分中转范围，与加速零担货物的送达速度，减少不必要的中转环节，均衡分配中转站的作业量有很大的关系。中转站点的选择和中转范围的划分，必须根据零担货源和货流的特点，按照经济区域划分原则，在充分做好运输经济调查的基础上加以确定。

零担货物中转作业的组织方法如下：

1. 落地法

将到达车辆上的全部零担货物卸下入库，按方向或到达站在货位上重新集结，再重新配装。这种方法简便易行，车辆载货量利用较好，但装卸作业量大，作业速度慢，仓库和场地的占用面积也较大。

2. 坐车法

将到达车辆上运往前面同一到站，且中转数量较多或卸车困难的那部分核心货物留在车上，将其余货物卸下后再加装同一到站的其他货物。采用这种方法其核心货物不用卸车，减少了装卸作业量，加快了中转作业速度，节约了装卸劳动力和货位。但对留在车上核心货物的装卸情况和数量不易检查和清点，在加装货物较多时也难免发生卸车和倒装等附加作业。

3. 过车法

当几辆零担车同时到站进行中转作业时，将车内部分中转货物由一辆车直接换装到另一辆车上。组织过车时，可以向空车上过，也可以向留有核心

动画：过车法

货物的重车上过。这种方法在卸车作业的同时即完成了装车作业，减少了零担货物的装卸作业量，提高了作业效率，加快中转速度，但对到发车辆的时间衔接要求较高，容易遭受意外因素的干扰。

落地法可为各个中转站采用，但随着零担货运量的日益增加，零担货运组织工作也应得到相应加强，条件成熟时可逐步推行坐车或过车等方法。采用坐车或过车方法，零担车在起运站装车时，应预先为中转站的作业创造便利条件；中转站也应认真做好零担货物中转配装计划。在条件许可时，如能根据实际情况将三种方法结合运用，将会产生良好的效果。

实训目标

1. 能够根据客户发货计划请求熟练地完成零担货物受理、验收入库、配载装车、中转及送达、单据流转等操作；

2. 能够通过业务操作训练，熟练掌握零担运输的业务流程及作业标准；

3. 能够优化零担货运业务流程及标准，并能编写相关文件。

情景描述

上海宏远物流有限公司2001年创业初期，只是一个货运站，仅有货运代理、仓储理货、场站出租等物流服务项目，当时仅仅基于自己的仓储设施、场地及2台小型厢式货车向客户提供服务，货运站收入有限。经过十多年的发展，该公司目前已拥有4家分公司，近20个作业站点，并在华东建立了四大区域配送中心：上海区、苏州区、南京区和杭州区。主要业务包括跨区域长途运输、区域内配送、仓储管理、零担专线运营等物流服务。

经市场考察，上海市内有电子科技街，IT卖场面积接近6万㎡，网点460余家，企业近4 000家。于是，总部决定开发新的物流服务功能，在该电子科技街设作业站点，开办上海至外埠的电子产品零担运输业务。现在该业务的前期筹备（人员、车辆、库房、布线等）工作已经完成，站负责人将后期业务交给了运输物流经理张先生负责，由其担任该电子产品运输项目主管。现假设你的小组就是张先生带领下的团队，请完成该电子产品零担物流的运输任务，并且小组模拟展示操作过程。

2023年10月6日上海宏远物流有限公司（承运人）接到上海市闵行区江桥镇星华公路2256号（托运人地址）上海市沈新通讯有限公司（托运人）的一批通讯产品的非加急（任务等级）零担运输任务，产品小型变压器（产品名称）为纸料包装箱（包装），规格为40厘米×20厘米×10厘米，50箱（件数），单件重量为22千克。托运人派业务员王丹自行送货到货运站办理托运手续，客户联系电话：138××××6778，021-2234××××。客户要求到达日期为2023年10月13日15:00—17:00。送货地址：沈阳市大东区文萃路25号。收货人：沈阳市大世界商贸通讯有限公司。联系人：姚小丽，电话：024-6600××××，133××××5656。受理此次业务的受理员为杨慧莉。此次运输任务的运费在办理货物托运时由托运人上海市沈新通讯有限公司以现金形式支付给上海宏远物流有限公司。上海宏远物流有限公司收到款项后出具票号为4930286的发票给多方作为财务核算依据。完成此次运输任务的司机李长波，车牌号为沪A16439，车辆标记吨位为8吨。

针对本次任务的具体情况设计出科学、合理的汽车配件送货业务流程方案，并缮制相关单据。保证低耗、高效地完成送货任务，保证客户的服务要求得到较高水准的落实。

环境要求

1. 一间能够容纳80人的计算机教室。

2. 需要计算机80台，计算机装有办公软件。

3. 需要一台投影仪及配套设备。

4. 需要白板、马克笔等资料若干。

同步测试

（一）单选题

1. 零担货物受理托运时，必须由（   ）认真填写托运单。

    A. 承运人　　　　　B. 托运人　　　　　C. 开票人　　　　　D. 收货人

2. 以下不属于组织装车作业流程的是（   ）。

    A. 备货　　　　　　　　　　　　B. 交代装车任务

    C. 监装　　　　　　　　　　　　D. 开票收费

3. （   ）是指在起运站将各个发货人托运的同一到站，且性质适宜配载的零担货物，同车装运后直接送达目的地的一种货运班车。

    A. 中转式零担班车　　　　　　　B. 直达式零担班车

    C. 沿途式零担班车　　　　　　　D. 不定期零担货运车

4. 在采取双班制运行组织方式时，相距600公里上下的两地，（   ）可以当天到达。

    A. 直达式零担货运班车　　　　　B. 中转式零担班车

    C. 不定期零担货运车　　　　　　D. 沿途式零担班车

5.（　　）是指当几辆零担车同时到站进行中转作业时，将车内部分中转货物由一辆车直接换装到另一辆车上。

A. 过车法　　　　B. 坐车法　　　　C. 落地法　　　　D. 落车法

（二）多选题

1. 零担运输的优点包括（　　　　）。

A. 安全　　　　　　　　　　B. 方便

C. 迅速及时　　　　　　　　D. 经济

E. 车辆运用效率高

2. 零担运输业务开办和发展的条件有（　　　　）。

A. 建立零担货物仓库　　　　B. 开办零担货运站

C. 开辟班车和零担货运网络　　D. 配备零担货车

E. 组织零担货物联运

3. 实践中零担货物验收入库注意事项包括（　　　　）。

A. 未办理托运手续的货物，一律不准进入仓库

B. 认真核对运单、货物，坚持照单验收入库

C. 货物必须按流向堆码在指定的货位上

D. 一批货物堆放两处，便于出库，尽量减少通道宽度，节省空间多存储货物

E. 露天堆放的货物要注意下垫上盖

4. 配载原则包括（　　　　）

A. 中转先行、急件先行、先托先运、合同先运

B. 尽量采用直达运输方式，必须中转的货物应合理安排流向

C. 组织轻重配装，大小配装，充分利用零担货车的载货量和容积

D. 认真执行有关货物混装限制的规定，保证运输安全和货物完好

E. 加强预报中途各站的待运量，并尽量能使两站装卸的货物在重量及体积上相适应。根据需要和可能，为中途作业留有一定的吨位和容积

5. 零担货运中转作业的坐车法特征包括（　　　　）。

A. 其核心货物不用卸车，减少了装卸作业量，加快了中转作业速度，节约了装卸劳动力和货位

B. 简便易行，车辆载货量利用较好，但装卸作业量大，作业速度慢，仓库和场地的占用面积也较大

C. 在卸车作业的同时即完成了装车作业

D. 容易遭受意外因素的干扰

E. 对留在车上核心货物的装卸情况和数量不易检查和清点，在加装货物较多时难免发生卸车和倒装等附加作业

（三）简答题

1. 简述零担运输的优缺点。
2. 简述零担货源货流的含义。
3. 简述不定期零担货运车如何进行作业组织。
4. 简述零担班车的运行方式。

素养目标

● 培养货物运输的安全意识和遵纪守法意识

● 培养立足运输岗位需求的团队协作能力

知识目标

● 掌握危险货物运输作业流程

● 熟悉危险货物运输管理规定

● 掌握大型物件特点及大型物件运输作业流程

技能目标

● 能够完成常见危险货物的运输组织管理工作

● 能够制定大型物件的运输方案和运输工作组织方案

思维导图

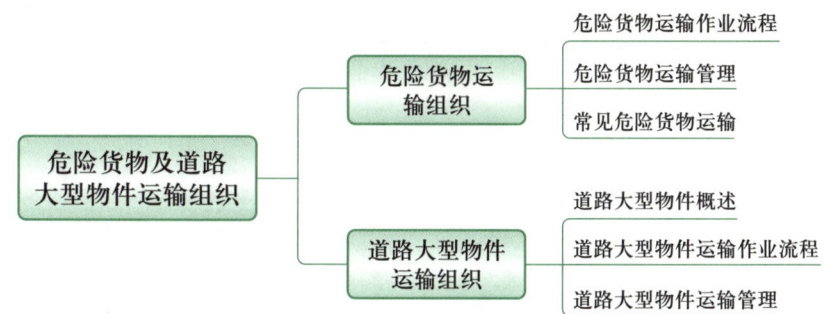

"防风险、除隐患、降事故"构建危化行业生态圈

我国是危险货物的生产和消费大国，每天有近300万吨的危险货物运输在路上，危险货物道路运输量占危险货物运输总量的70%。然而，由于运输货物的特殊性，危险货物运输车辆要求"一车一罐一品"，大多只有单程货物，返程空车。在实际运输过程中，货源方企业经常面临有货源没运力，而运力方企业则经常面临有运力没货源的处境。危化品作为危险货物的一种，其运输过程中常面临着生产企业分布不均、需求分散、物流配送难度大、专用车辆少、服务单一等难题，困扰着危化品运输的发展。在危化品运输流通过程中，物流环节至关重要，市场与社会对物流车辆的可靠性与安全性的要求也日益提高。福田戴姆勒汽车作为国内重型卡车制造的大企业，危化品专用车提供者，做出了以下尝试：

1. 打造危化品生态圈连接器，助力合作伙伴

福田戴姆勒汽车在跨省的干线运输上建立货源互通渠道，促成跨区域的合作，让往返都有货，避免空载；也可以连接装备方、挂车、润滑油、车联网等企业，在停车、维修保养、加油等方面建立合作，为运力方提供一站式解决方案。随着生态圈的主体越来越多，将进一步提升危化品生态圈合作的数量与质量，推动物流业的高质量发展。

2. 搭建涵盖装备方、运力方、货源方的危化品行业物流生态圈

福田戴姆勒汽车针对化工物流从车辆匹配、安全保障、管理提升、成本管控、增值服务等方面优化客户体验。开发设计化工物流行业一体化解决方案，依托车联网功能为客户提供包含管车培训、故障预警/排查、运营数据分析等服务；根据客户服务需要，提供车队驻点、自保站建设等量身定制服务支持，或一点一策专属服务解决方案，解决维修不及时，配件供应难的问

题。同时，联合炼化企业、物流企业、主机厂打造危化品价值链，搭建行业平台，增加合作伙伴贸易与收益。"

3. 危化品运输"安"为先，构建人与车安全运输"联合体"

由于危化品运输的特殊性，要求驾驶员具有过硬的安全驾驶技术与安全意识。此外，由于在车辆全生命运营周期中，油耗成本的比重约为30%，而卡车驾驶员又占油耗成本的40%。通过专业的装备与司机组成的安全运输"联合体"，全方位帮助企业降低运营成本，为危化品运输保驾护航。

高端物流运输装备制造企业，除了为客户打造更专业的危化品运输装备，还要为用户人、车、运营管理构建一体化解决方案，携手装备方、运力方、货源方构建物流生态圈，实现资源共享，推动物流业发展降本增效。

第一节　危险货物运输组织

交通运输部《道路危险货物运输管理规定》第三条规定：危险货物，是指具有爆炸、易燃、毒害、感染、腐蚀等危险特性，在生产、经营、运输、储存、使用和处置中，容易造成人身伤亡、财产损毁或者环境污染而需要特别防护的物质和物品。危险货物以列入《危险货物道路运输规则》（JT/T 617）的为准，未列入《危险货物道路运输规则》（JT/T 617）的，以有关法律、行政法规的规定或者国务院有关部门公布的结果为准。道路危险货物运输，是指使用载货汽车通过道路运输危险货物的作业全过程。道路危险货物运输车辆，是指满足特定技术条件和要求，从事道路危险货物运输的载货汽车。

一、危险货物运输作业流程

危险货物运输作业流程包括受理托运、货物运送、交接保管等环节。

（一）受理托运

危险货物受理托运时应注意：

（1）受理前必须对货物名称、性能、形态、包装、单件重量、数量、危害、应急措施等情况进行详细了解并注明。

（2）及时弄清包装、规格和标志是否符合国家规定要求，必要时到现场了解。

（3）对新产品应检查随附的"技术鉴定书"是否有效。

（4）按规定检查需要的准运证件是否齐全。

（5）做好运输前的准备工作，使装卸现场、环境符合安全运输条件，必要时赴现场勘察。

（6）到达车站、码头的爆炸品、剧毒品、一级氧化剂、放射性物品（天然铀、钍类除外），在受理前应赴现场检查包装等情况。对不符合安全运输要求的，应请托运人改善后再受理。

（二）货物运送

危险货物运送时应注意：

（1）仔细审核托运单内容，发现问题要及时弄清情况，再安排运送作业。

（2）必须按照货物性质和托运人的要求安排车班和车次，如无法按要求安排作业，应及时与托运人联系协商处理。

（3）运输大批量烈性易燃、易爆、剧毒和放射性物资，必须作重点安排，必要时召开专门会议，制定运输方案。

（4）安排大批量爆炸物品与剧毒物品跨省市运输时，应安排有关负责人员带队指导装卸和运行，确保安全生产。

（5）要注意气象预报，掌握天气和气温的变化。

（6）遇有特殊注意事项，应在行车单上注明。

（三）交接保管

危险货物交接保管时应注意：

（1）自货物交付承运时起至运达时止，承运单位及驾驶、装卸人员应负保管责任。托运人派有押运人员的应明确各自应负的责任。

（2）严格货物交接，危险货物必须点收点交、签证手续完善。

（3）装货时发现包装不良或不符合安全要求，应拒绝装运，待改善后再装运。卸货时发生货损货差，收货人不得拒收，并应及时采取安全措施，以免损失扩大，同时在运输单证上批注清楚。驾驶员、装卸工返回后，应及时汇报，及时处理。

（4）因故不能及时卸货，在待卸期间行车人员应负责看管所运危险货物，同时应及时与托运人取得联系，恰当处理。

（5）如所装货物危及安全时，承运人应立即报请当地运管部门会同有关部门处理。

二、危险货物运输管理

（一）危险货物托运管理

危险货物托运人在办理托运时必须做到：

（1）向已取得道路危险货物运输经营资格的运输单位办理托运。

（2）在托运单上填写危险货物品名、规格、件重、件数、包装方法、起运日期、收发货人详细地址，以及运输过程中的注意事项。

（3）货物性质或灭火方法相抵触的危险货物，必须分别托运。

（4）对有特殊要求或运输凭证的危险货物，必须附有相关单证，并在托运单备注栏内注明。

凡未按以上规定办理危险货物托运，由此发生的运输事故由托运人承担全部责任。

（二）危险货物承运管理

危险货物承运人在受理托运和承运时必须做到：

（1）根据托运人填写的托运单和提供的有关资料查对核实，必要时应组织承托双方到货物现场和运输线路进行实地勘察，其费用由托运人负担。

（2）承运爆炸品、剧毒品、放射性物品及需要控温的有机过氧化物，使用受压容器罐（槽）运输烈性危险品，以及危险货物月运输量超过100吨，均应于起运前10天向当地道路运政管理机关报送危险货物运输计划，内容包括货物品名、数量、运输线路、运输日期等。

（3）在装运危险货物时，要按相关规定的包装要求严格检查。凡不符合规定要求的，不得装运。危险货物性质或灭火方法相互抵触的货物严禁混装。

（4）运输危险货物的车辆严禁搭乘无关人员，运行中司乘人员严禁吸烟，停车时不准靠近明火和高温场所。

（5）运输结束后，必须清扫车辆，消除污染，其费用由货主负担。

凡未按以上规定受理托运和承运，由此发生运输事故，由承运人承担全部责任。

（三）危险货物运输管理的必备条件

危险货物运输应满足以下必备条件：

（1）凡装运危险货物的车辆，必须按中华人民共和国国家标准《道路运输危险货物车辆标志》（GB 13392-2005）悬挂规定的标志灯和标志牌。

道路危险货物运输车辆标志灯体正面为等腰三角形，正反面印有"危险"字样，侧面印有"！"灯罩正面下沿中间嵌有标志灯编号牌。标志牌的材质为金属板材，形状为菱形，图形应符合中华人民共和国国家标准《危险货物包装标志》（GB 190-2009）的规定，危险货物的类、项和车辆载重量分型要符合中华人民共和国国家标准《危险货物分类和品名编号》（GB 6944-2012）规定。道路危险货物运输车辆标志的功能是为了加强安全警戒和安全避让，在装运危险货物车辆运行和存放时向人们示警，对保障安全生产具有重要作用。

（2）禁止使用报废的、擅自改装的、检测不合格的、车辆技术等级达不到一级的和其他不符合国家规定的车辆从事道路危险货物运输。除铰接列车、具有特殊装置的大型物件运输专用车辆外，严禁使用货车列车从事危险货物运输。倾卸式车辆只能运输散装硫磺、萘饼、粗蒽、煤焦沥青等危险货物。禁止使用移动罐体（罐式集装箱除外）从事危险货物运输。

（3）营业性危险货物运输必须使用交通运输部统一规定的运输单证和票据，并加盖危险货物运输专用章。

（4）凡运输危险货物的单位，必须按月向当地道路运政管理机关报送危险货物运输统计报表。

（5）专门从事危险货物运输的单位，要加强基础设施建设，逐步设置危险货物专用停车场及专用仓库，向专业化、专用化方向发展。

（四）危险货物运输的资质凭证管理

危险货物运输的资质凭证，是指证明道路危险货物运输者、作业者的基本条件符合规定要求，并经过办理申报批准手续，有资格从事道路危险货物运输、作业的凭证。

道路危险货物运输的资质凭证有：

（1）《道路运输经营许可证》由公路运政管理部门审批、发放并加盖"危险货物运输"字样。

（2）非经营性道路危险货物运输企业《道路危险货物运输许可证》。

（3）《道路运输证》《道路运输危险货物安全卡》，以及公路危险货物运输车辆标志和消防工作合格文件等。

（4）工商营业执照。从业者凭《道路运输经营许可证》向当地工商行政管理部门办理。

做好资质凭证的申领工作，正确贯彻执行危险货物运输法律、规章制度并进行必要的管理和监督，这是保障公路危险货物运输行业素质、保证运输安全的基本条件。

（五）危险货物运输车辆及站场设施管理

1. 危险货物运输车辆的管理

危险货物的特殊性决定了运输危险货物车辆的结构、性能和装备必须符合相应的技术要求。

危险货物运输车辆的技术要求包括：

（1）车辆排气管应有隔热罩和火星熄灭装置。

（2）装运大型气瓶、可移动式槽罐的车辆必须装备有效的紧固装置。

（3）车厢底板必须平整完好，周围栏板必须牢固。

（4）装有易燃易爆危险品的车辆，不得使用明火修理或采用明火照明，不得用易产生火花的工具敲击。

（5）装运易燃易爆危险品时，一般应使用木质底板车厢，如是铁质底板，应采取衬垫防护措施，例如铺垫胶合板、橡胶板等，但不能使用稻草片、麻袋等松软材料。

（6）装运放射性同位素的专用车辆、设备、搬运工具、防护用具，必须定期进行放射性污染程度的检查，当污染量超过规定水平时，不得继续使用。

（7）根据所装危险货物的性质，车辆要配备相应的消防器材和捆扎、防散失、防水等工具、用具。

（8）装运危险品的车辆应具备良好避震性能的结构和装置。

（9）装运危险货物的车辆必须按中华人民共和国国家标准《道路运输危险货物车辆标志》（GB 13392–2005）规定设置"危险品"字样的信号装置，即三角形磁吸式"危险品"字样的黄色顶灯和车尾标志牌。

对危险货物运输车辆有以下限制：

（1）拖拉机不得装运爆炸物品、一级氧化剂、有机过氧化物、一级易燃物品（包括固体、液体和气体）。

（2）自卸车原则上不得装运各类危险货物，但沥青、粗蒽、萘、散装硫磷除外。

（3）非机动车不得装运爆炸品、压缩气体和液化气体（民用液化石油气暂予免除限制）。

（4）畜力车不能驮运易爆器材、炸药或爆炸物品。

2. 危险货物运输站场设施管理

运输站场设施是指按一定技术标准建设，具有特定功能，供运输生产作业、经营活动使用的建筑物及场所。危险货物运输站场设施主要包括供危险货物运输使用的汽车场、汽车站、停车场、专用仓库等建筑物、场地及其他从事公路危险货物运输生产作业和经营活动的场所。

（1）危险货物运输站场设施的建设要求

危险货物运输站场设施，一般应建设在人口稀少的郊区，远离工厂企业、机关团体、商业网点密集及居民密集地区。其在选址、布局、结构、功能等方面，既要适应危险货物运输的技术条件、生产安全的要求，又必须符合环境保护、消防安全、劳动保护、交通管理等方面的规定。在建筑设计中，应充分考虑危险货物作业场所对安全防护、消防措施、三废处理、生态环境的特殊要求及发生事故的应急措施等问题。

各个储存危险货物的仓库之间，要保持一定的防火安全距离，一般要保持防火间距20～30米。如果是储存爆炸物品和放射性物品，则必须按国家有关规定办理。

储存危险货物的仓库，面积不要太大，一般不超过400～600 m²；仓库区必须与行政管理、生活区分开；每间库房应设有两个或不少于两个的安全出入口，库门应朝外开启；同时还应有通风、防潮、防汛和避雷设施。仓库的电源装置必须采用防爆、隔离、密封式的安全设置。

危险货物运输的主管机关及运输企业都应当分别制定和实施各层次的运输站场设施管理制度，并按照制度要求，切实加强运输站场设施的使用监督和技术状况检查、维护工作，保证运输站场设施技术状况的完好。

（2）危险货物运输生产现场的安全管理

运输生产现场的安全管理主要是指对公路危险货物运输的重点干线、车站、港口、仓库、工厂，以及其他有关物资单位相关场所的安全设备、环境条件、车辆进出程序、货物装卸、储存保管货物、生产组织及其他生产作业中的安全管理工作。

危险货物运输企业应建立健全运输现场安全管理网。现场安全管理网，是指在企业调度部门统一负责下，由调度、安全、质量机构及现场管理人员共同组成的管理体系。现场管理人员在人事关系上分属调度机构及有关车队领导；在业务工作上，由调度、安全、质量部门负责指导、安排具体工作任务。

各网点现场人员应掌握危险货物运输的有关政策、法规、制度和操作规程，建立联系制度，做好安全、质量的监督、检查工作，及时处理现场发生的问题。

三、常见危险货物运输

（一）爆炸品的运输

爆炸品是指化学性质活泼，对机械力、电热等很敏感，在受热、撞击等外界作用下能发生剧烈化学反应，瞬时产生大量气体和热量，使周围压力急剧上升，发生爆炸，对周围环境造成破坏的物品。爆炸品也包括有燃烧、抛射及较小爆炸危险但无整体爆炸危险，或仅产生热、光、音响或烟雾等一种或几种作用的烟火物品。爆炸品的运输安全要求如下：

1. 慎重选择运输工具

爆炸品货物运输对运输工具要求很高，公路运输时禁止使用以柴油或煤气做燃料的机动车、自卸车、三轮车、自行车，以及畜力车。这些对安全运输爆炸品具有潜在危险性：柴油车容易飞出火星，煤气车容易失火；三轮车和自行车容易翻倒，畜力车有时因牲口受惊不易控制。

2. 装车前应排除异物，将货厢清扫干净，装载量不得超过额定负荷

押运人应认真监装、监卸，数量点收点交清楚，所装超出部分货物高度不得超过货厢高度的1/3；封闭式车厢货物总高度不得超过1.5米；没有外包

装的金属桶（一般装的是硝化棉或发射药）只能单层摆放，防止压力过大或撞击摩擦引起爆炸；雷管和炸药在任何情况下都不得同车装运，或两车在同时、同一场所进行装卸。

3. 运输路线应事先报请当地公安部门批准

公路长途运输爆炸品时，必须按公安部门指定的路线行驶，不得擅自改变行驶路线，以利于加强运输安全管理，万一发生事故也可以及时采取措施处置。押运人员必须熟悉所装货物的性质和作业注意事项等，无押运人员禁止单独行驶。严禁捎带无关人员和危及安全的其他物资。

4. 驾驶员必须集中精力，严格遵守交通法令和操作规程

多辆车列队运输时，车与车之间保持50米以上的安全距离。行驶中要注意观察，保持行车平稳。一般情况下不得强行会车、超车，非特殊情况下不准紧急刹车。

5. 注意保密规定

运输及装卸工作人员，不准向无关人员泄露有关弹药储运情况，必须严格遵守有关库、场的规章制度，听从现场指挥人员或随车押运人员的指导。

（二）压缩、液化、加压溶解气体货物的运输

压缩、液化、加压溶解气体货物是指将常温常压条件下的气体物质，经压缩或降温加压后，储存于耐压容器、特制的高强度耐压容器或装有特殊溶剂的耐压容器中的气体货物。常见的气体货物有氧气、氢气、乙炔、石油气、氯气、氨气等。压缩、液化、加压溶解气体运输的安全要求如下：

（1）运输可燃、有毒气体时，车上必须备有相应的灭火和防毒器具。

（2）运输大型气瓶时，为防止气瓶的惯性冲击车厢平台而造成事故，行车时应尽量避免紧急制动。运输一般气瓶转弯时，为防止急转弯或车速过快，所装气瓶因离心力作用而被抛出车厢外，车辆应减速，尤其是市区短途运输没有两道防震橡皮圈的气瓶更应注意转弯时的车速。

（3）夏季运输除另有限运规定外，车上还必须置有遮阳设施，防止暴晒。液化石油气槽车应置有导静电拖地带。

（三）易燃液体货物的运输

易燃液体货物是指易燃的液体、液体混合物或含有固体物质（如粉末沉积或悬浮物等）的液体，但不包括因其危险性已列入其他类别危险货物的液体，如乙醇（酒精）、苯、乙醚、二硫化碳（CS_2）、油漆类，以及石油制品和含有机溶剂制品等，其主要危险是燃烧和爆炸。易燃液体货物运输的安全要求如下：

（1）装运易燃液体的车辆，严禁搭乘无关人员，途中应经常检查车上货物的装载情况，如包装件有否渗漏，捆扎是否松动等。发现异常应及时采取有效措施。

动画：易燃液体的运输过程

（2）装运易燃液体的罐（槽）车行驶时，导除静电装置应接地良好，车上人员不准吸烟，车辆不得接近明火及高温场所。

（3）当天气温在30℃以上的夏天高温季节，应根据当地公安消防部门的限运规定在指定时间内运输，如公安部门无具体品名限制的，对一级易燃液体（闪火点低于23℃的液体）应安排在早晚运输。如必须运输时，车上应具有有效的遮阳措施，封闭式车厢应保持良好通风。

（4）不溶于水的易燃液体货物原则上不能通过越江隧道，或按当地管理部门的规定运输。

（四）易燃固体、自燃物品和遇湿易燃物品的运输

易燃固体是指对热、撞击、摩擦敏感，且燃点低，易被外部火源点燃，燃烧迅速，并可能散出有毒烟雾或有毒气体的固体货物，如赤磷及磷的硫化物、硫磺、萘、硝化纤维塑料等。

自燃物品是指自燃点低，在空气中易发生氧化反应、放出热量而自行燃烧的物品，如黄磷和油浸的麻、棉、纸及其制品等。

遇湿易燃物品是指遇潮或遇水时，发生剧烈化学反应，放出大量热量和易燃气体的物品，有些不需明火即能燃烧或爆炸，如钠、钾等碱金属，电石（碳化钙）等。

易燃固体、自燃物品和遇湿易燃物品运输的安全要求如下：

（1）行车时，要避开明火高温区域场所，防止外来明火飞到货物中。

（2）定时停车检查货物的堆码、捆扎和包装情况，尤其要注意防止包装渗漏，留有隐患。

（五）氧化剂和有机过氧化物货物的运输

氧化剂是指处于高氧化态，具有强氧化性，易分解并放出氧和热量的物质，包括含过氧基的无机物。这些物质本身不一定可燃，但能导致可燃物燃烧，与松软的粉末状可燃物能组成爆炸性混合物，对摩擦、热、振动较敏感，如硝酸钾、氯酸钾、过氧化钠、过氧化氢（俗称双氧水）等。

有机过氧化物是指分子组成中含有过氧基的有机物，其本身易爆易燃、极易分解，对摩擦、热、振动也极为敏感，如过氧化二苯甲酰、过氧化乙基甲基酮等。

氧化剂和有机过氧化物运输的安全要求如下：

（1）根据所装货物的特性和道路情况，严格控制车速，防止货物剧烈振动、摩擦。

（2）控温货物在运输途中应定时检查制冷设备的运转情况，发现故障应及时排除。

（3）中途停车时，也应远离热源、火种场所，临时停靠或途中住宿过

夜，车辆应有专人看管，并注意周围环境是否安全。

（4）重载时发生车辆故障维修，人不准离车，严格控制明火作业，注意周围环境是否安全，发现问题应及时采取措施。

（六）毒害品和感染性物品货物的运输

毒害品是指进入肌体后，累积达到一定的量，能与体液和组织发生生物化学作用或生物物理变化，扰乱或破坏肌体的正常生理功能，引起暂时性或持久性的病理状态，甚至危及生命的物品，如四乙基铅、氢氰酸及其盐、苯胺、硫酸二甲酯、砷及其化合物以及生漆等。

感染性物品是指含有致病的微生物，能引起病态甚至死亡的物质。

毒害品和感染性物品运输的安全要求如下：

（1）严防货物丢失。毒品落到没有毒品知识的群众或犯罪分子手里，就可能酿成重大事故。如果丢失且无法找回，必须紧急向当地公安部门报案。

（2）要平稳驾车，勤加观望，定时停车检查包装件的捆扎情况，谨防捆扎松动、货物丢失。

（3）行车要避开高温、明火场所。

（4）防止袋装、箱装毒害品淋雨受潮。

（5）用过的苫布，或被毒害品污染的工具及运输车辆，未清洗消毒前不能继续使用，特别是装运过毒害品的车辆未清洗前严禁装运食品或活动物。

（七）放射性物品货物的运输

根据中华人民共和国国家标准《放射性物品安全运输规程》（GB 11806–2019）定义，放射性物品是指在托运货物中任何含有放射性核素且其活度、浓度和放射性总活度都超过5.1~5.2规定值的物品。放射性物品有块状固体、粉末、晶粒、液态、气态等各种物理形态，如铀、钍的矿石及其浓缩物，未经辐照的固体天然铀、贫化铀和天然钍，以及表面污染物体（SCO）等。放射性物品的配载安全要求如下：

（1）不同种类的放射性货包（包括可裂变物质货包）可以混合装运、储存，但必须遵守总指数和间隔距离的规定（特殊安排装运的货包除外）。

（2）放射性物品不能与其他各种危险货物配载或混合储存，以防危险货物发生事故，造成对放射性物品包装的破坏，也避免辐射诱发其他危险货物发生事故。

（3）放射性物品应与未显影照相胶片隔离。

（4）不受放射线影响的非危险货物可以与放射性物品混合配载。

（八）腐蚀品货物的运输

腐蚀品是指凡接触人体或其他货物，在短时间内即会在被接触表面发生化学反应或电化学反应，造成明显破坏现象的物品，如硝酸、硫酸、氯磺酸、盐酸、甲酸、冰醋酸、氢氧化钠、肼和水合肼、甲醛等。

腐蚀品的配载安全要求如下：

（1）无机酸性腐蚀品和有机酸性腐蚀品不能配载。

（2）无机酸性腐蚀品不得与可燃品配载。

（3）有机腐蚀品不得与氧化剂配载。

（4）酸性腐蚀品和碱性腐蚀品不能配载。

（5）硫酸不得与氧化剂配载。

（6）腐蚀品不得与普通货物配载，以免对普通货物造成损害。

腐蚀品货物运输的安全要求如下：

（1）驾驶员要平稳驾驶车辆，在路面条件差、颠簸振动大而不能确保易碎品完好时，不得冒险将载有易碎容器包装的腐蚀品的车辆通过。

（2）每隔一定时间要停车检查车上的货物情况，发现包装破漏要及时处理或丢弃，防止漏出物损坏其他包装酿成重大事故。

第二节 道路大型物件运输组织

一、道路大型物件概述

动画：超限货物作业运输流程

道路大型物件也称超限货物，是指货物外形尺寸和重量超过常规（指超长、超宽、超重、超高）车辆、船舶装载规定的大型货物。道路大型物件运输是指使用超重型汽车列车（车组）载运外形尺寸和重量超过常规车辆装载规定的大型物件的道路运输。

（一）道路大型物件的特点

一般来说，道路大型物件有如下特点：

（1）装载后车与货的总重量超过所经路线桥涵、地下通道的限载标准。

（2）货物宽度超过车辆界限。

（3）载货车辆最小转弯半径大于所经路线设计弯道半径。

（4）装载总高度超过5米；通过电气化铁路平交道口时，装载总高度超过4.2米；通过无轨电车线路时，装载总高度超过4米；通过立交桥和人行过街天桥时，装载总高度超过桥下净空限制高度。

（二）道路大型物件的类型

道路大型物件是一个总称，包括不同种类，有的是超高货物、超长货物、超重货物、超宽货物，这些货物对运输工具、运输组织的要求各异。为了保证运输安全和管理的需要，一些运输方式有必要根据道路大型物件的主要特性进行分类。

根据我国公路运输主管部门的现行规定，公路道路大型物件按其外形尺寸和质量分成四级，见表5-1。

表5-1　道路大型物件分组

道路大型物件级别	质量/t	长度/m	宽度/m	高度/m
一	40~（100）	14~（20）	3.5~（4）	3~（3.5）
二	100~（180）	20~（25）	4~（4.5）	3.5~（4）
三	180~（300）	25~（40）	4.5~（5.5）	4.0~（5）
四	300以上	40以上	5.5以上	5以上

注：1. "括号数"表示该项参数不包括括号内的数值。

2. 货物的质量和外廓尺寸中，有一项达到表列参数，即为该级别的道路大型物件，货物同时在外廓尺寸和质量达到两种以上等级时，按高限级别确定超限等级。

道路大型物件质量是指货物的毛重，即货物的净重加上包装和支撑材料后的总重，一般以生产厂家提供的货物技术资料所标明的重量为参考数据，它是配备运输车辆的重要依据。

二、道路大型物件运输作业流程

依据道路大型物件运输的特殊性，其作业流程主要包括以下七个环节。

（一）办理托运

由道路大型物件托运人向已取得道路大型物件运输经营资格的运输业户或其代理人办理托运，托运人必须在（托）运单上如实填写道路大型物件的名称、规格、件数、件重、起运日期、收发货人详细地址及运输过程中的注意事项。凡未按上述要求办理托运或运单填写不明确，由此发生的运输事故，由托运人承担全部责任。

（二）理货

理货是指在货物储存、装卸过程中，对货物的分票、计数、清理残损、签证和交接等作业。理货是道路大型物件运输企业事先取得关于货物几何形状、重量、重心位置等可靠数据和图样资料的工作过程。通过理货工作分析，可为确定超限货物级别及运输形式、查验道路以及制定运输方案提供依据。

理货工作的主要内容有：调查道路大型物件的几何形状、重量，调查大型物件的重心位置和质量分布情况，查明货物承载位置及装卸方式，查看特殊大型物件的有关技术经济资料，完成书面形式的理货报告。

（三）验道

验道是指根据运输需要，对道路、桥涵等通过限界的勘察工作。其主要工作内容包括：了解沿线地理环境及气候情况，查验运输沿线全部道路的路面、路基、横向坡度、纵向坡度及弯道超高处的横坡坡度、道路的竖曲线半径、通道宽度及弯道半径，查验沿线桥梁涵洞、高空障碍，查看装卸货现场、倒载转运现场。根据验道工作的查验结果可以预测作业时间，编制运行路线图，完成验道报告。

（四）制定运输方案

在充分研究、分析理货报告及验道报告的基础上，制定安全可靠、可行的运输方案。其主要内容包括：配备牵引车、挂车组及附件，配备动力机组及压载块，确定限定最高车速，制定运行技术措施，配备辅助车辆，制定货物装卸与捆扎加固方案，制定和验算运输技术方案，完成运输方案书面文件。

（五）签订运输合同

根据托运方填写的委托运输文件及承运方进行理货分析、验道、制定运输方案的结果，承托双方签订书面形式的运输合同，其主要内容包括：明确托运与承运甲乙方、道路大型物件数据及运输车辆数据、运输起讫地点、运距与运输时间，明确合同生效时间，承托双方应负责任，有关法律手续及运费结算方式、付款方式等。

（六）线路运输工作组织

线路运输工作组织的内容包括：建立道路大型物件运输工作领导小组，实施运输方案，执行运输合同和相应的对外联系。领导小组下设行车、机务、后勤生活、安全、材料供应等工作小组及工作岗位，并制定相关工作岗位责任制，组织道路大型物件运输工作所需牵引车驾驶员、挂车操作员、装卸工、修理工、工具材料员、技术人员及安全员等，依照运输工作岗位责任制及整体要求认真操作、协调工作，保证道路大型物件运输工作全面、准确完成。

（七）运输统计与结算

运输统计是指完成运输工作各项技术经济指标统计，运输结算是指完成运输工作后按运输合同有关规定结算运费及相关费用。

三、道路大型物件运输管理

（一）道路大型物件运输的特点

基于道路大型物件的特点，其运输组织与一般货物运输应有所不同。

1. 特殊装载要求

道路大型物件运输对车辆和装载有特殊要求，一般情况下，超重货物装载在超重型挂车上，用超重型牵引车牵引，而这种超重型车组是非常规的特种车组，车组装上大件货物后，往往重量和外形尺寸大大超过普通汽车、列车，因此，超重型挂车和牵引车都是用高强度钢材和大负荷轮胎制成，价格昂贵。

2. 特殊运输条件

道路大型物件的运输条件有特殊要求，途经道路和空中设施必须满足所运货物外形的通行需要。道路要有足够的宽度、净空以及良好的曲度。桥涵要有足够的承载能力。这些要求在一般道路上往往难以满足，必须事先勘测，运前要对道路相关设施进行改造，如排除地空障碍、加固桥涵等，运输中采取一定的组织技术措施，采取分段封闭交通，大件车组才能顺利通行。

3. 特殊安全要求

道路大型物件一般均为国家重点工程的关键设备，因此道路大型物件运输必须确保安全，万无一失。其运输可以说是一项系统工程，要求做到：根据有关运输企业的申请报告，组织有关部门、单位对运输路线进行勘查筛选；排除地空障碍；对超过设计荷载的桥涵进行加固；制定运输护送方案；在运输中，进行现场的调度，搞好全程护送，协调处理发生的问题。道路大型物件运输中所运货物价值高、运输难度大，牵涉面广，所以受到各级政府和领导、有关部门、有关单位和企业的高度重视。

（二）运输道路大型物件的管理规定

1. 管理规定的依据

依据中华人民共和国交通运输部《超限运输车辆行驶公路管理规定》进行。

2. 道路大型物件运输的主管机构

《超限运输车辆行驶公路管理规定》第四条规定：交通运输部负责全国超限运输车辆行驶公路的管理工作。县级以上地方人民政府交通运输主管部门负责本行政区域内超限运输车辆行驶公路的管理工作。公路管理机构具体承担超限运输车辆行驶公路的监督管理。县级以上人民政府相关主管部门按照职责分工，依法负责或者参与、配合超限运输车辆行驶公路的监督管理。交通运输主管部门应当在本级人民政府统一领导下，与相关主管部门建立治理超限运输联动的工作机制。

3. 承运规定

道路大型物件承运人在受理托运时，必须做到：

（1）根据托运人填写的运单和提供的有关资料，予以查对核实。

（2）承运道路大型物件的级别必须与批准经营的类别相符，不准受理经营类别范围以外的道路大型物件。

（3）承运人应根据道路大型物件的外形尺寸和车货重量，在起运前会同托运人勘察作业现场和运行路线，了解沿途道路线形和桥涵通过能力，并制定运输组织方案。涉及其他部门的应事先向有关部门申报并征得同意，方可起运。

（4）道路大型物件运输的装卸作业，由承运人负责的，应根据托运人的要求、货物的特点和装卸操作规程进行作业。由托运人负责的，承运人应按约定的时间将车开到装卸地点，并监装、监卸。在货物的装卸过程中，由于操作不当或违反操作规程，造成车货损失或第三者损失的，由承担装卸的一方负责赔偿。

（5）运输道路大型物件，应按有关部门核定的路线行车。白天行车时，悬挂标志旗；夜间行车和停车休息时装设标志灯。

（三）道路大型物件运输的装卸技术

运输道路大型物件时，通常都要采取相应的技术措施和组织措施。鉴于道路大型物件的特点，对装运车辆的性能和结构，货物的装载和加固技术等都有一定的特殊要求。实践中进行道路大型物件的装卸经验如下：

（1）为了保证货物和车辆的完好，保证车辆运行安全，必须满足一定的基本技术条件。即货物的装卸应尽可能选用适宜的装卸机械，装车时应使货物的全部支承面均匀地、平衡地放置在车辆底板上，以免损坏大梁；载运货物的车辆，应尽可能选用大型平板等专用车辆。

（2）除有特殊规定者外，装载货物的质量不得超过车辆的核定吨位，其装载的长度、高度、宽度不得超过规定的装载界限。

（3）支承面不大的笨重货物，为使其质量能均匀地分布在车辆底板上，必须将货物安置在纵横垫木上，或相当于起垫木作用的设备上。

（4）货物的重心尽量置于车底板纵、横中心线交叉点的垂直线上，如无可能时，则对其横向位移严格限制。纵向位移在任何情况下必须保证负荷较重一端轮对或转向架的承载质量不超过车辆设计标准。

（5）重车重心高度应有一定限制，重车重心如偏高，除应认真进行装载加固外，还应采取配重措施以降低其重心高度。车辆应限速行驶。在道路大型物件中，一些货物的支承面小，其质量集中于装载车辆底板上某一小部分，使货物的质量大于所装车辆底板负重面最大允许载重量。所以在确定道路大型物件的装载方案时，应采取措施避免使车底架受力过于集中，造成工作压力超过设计的许用限度。

（6）道路大型物件装车后，载于车辆上运输时，比普通货物更易受到包括纵向惯性力、横向惯性力、垂直惯性力、风力，以及货物支承面与车底板之间的摩擦力等各种外力的作用，这些外力综合作用往往会使货物发生水平移动，滚动甚至倾覆。因此，运送道路大型物件时，除应考虑它们合理装载的技术条件外，还应视货物质量、形状、大小、重心刻度、车辆和道路条件、运送速度等具体情况，采取相应的加固捆绑措施。

 **技能训练** ‹‹‹‹‹‹‹‹‹‹‹‹‹‹‹‹‹‹‹‹‹‹‹‹‹‹‹‹‹‹‹‹‹‹‹‹‹‹

实训目标

1. 能够熟练地完成超限货物运输的各环节操作作业；

2. 能够通过业务操作训练，熟练掌握超限货物的运输方案和运输工作组织方案的编制。

情景描述

某物流公司3月10日受理两项超限运输任务：货主是北京翔龙公司。运输相关数据如下：货物为主变压器及附件，规格为6.55米×4.078米×4.125米，重129吨，附件20件，重25.8吨；运输区间为和尚岛港—南关岭姚家；运距为31公里；作业时间为2009年3月24日；装车方式为车船直取，浮吊卸船装车；卸车要求为主变上台就位（时间不确定）。

请讨论本次要完成的运输任务，学生5~6人进行分组，确定运输线路、运输时间、运输车辆及工作组织等，制定一份科学合理的运输组织方案。

环境要求

1. 一间能够容纳80人的多媒体教室。

2. 需要计算机80台，计算机装有办公软件。

3. 需要一台投影仪及配套设备。

4. 需要白板、马克笔等资料若干。

 **同步测试** ‹‹‹‹‹‹‹‹‹‹‹‹‹‹‹‹‹‹‹‹‹‹‹‹‹‹‹‹‹‹‹‹‹‹‹‹‹‹

（一）单选题

1. 危险货物承运人在受理托运和承运时必须做到（　　　）。

　　A. 运输危险货物的车辆严禁搭乘无关人员

　　B. 运输结束后必须清扫车辆，消除污染，其费用由承运人负担

　　C. 在装运危险货物时，包装要求与其他货物标准相同

　　D. 到货物现场和运输线路进行实地勘察，其费用由承运人负担

2. 下列属于爆炸品的运输安全要求的有（　　　）。

　　A. 慎重选择运输工具　　　　　　　B. 严格搭乘无关人员

　　C. 严防货物丢失　　　　　　　　　D. 行车要避开高温

3. 根据我国公路运输主管部门现行规定，道路大型物件按其外形尺寸和质量分为（　　）级。

    A. 一   B. 二   C. 三   D. 四

4. 道路危险货物运输的资质凭证中，由公路运政管理部门审批、发放并加盖"危险货物运输"字样的是（　　）。

    A.《道路运输经营许可证》

    B.《道路危险货物运输许可证》

    C.《道路运输证》

    D.《道路运输危险货物安全卡》

5. 道路大型物件办理托运时，由道路大型物件（　　）向已取得道路大型物件运输经营资格的运输业户或其代理人办理托运。

    A. 托运人   B. 承运人   C. 发货人   D. 收货人

（二）多选题

1. 危险货物运输作业流程包括（　　　　　）。

    A. 受理托运   B. 货物装卸

    C. 货物运送   D. 交接保管

    E. 制定运输方案

2. 下列属于保障公路危险货物运输行业素质，保证运输安全的基本条件的是（　　　　　）。

    A. 做好资质凭证的申领工作

    B. 正确贯彻执行危险货物运输法律、规章制度

    C. 进行必要的管理和监督

    D. 按相关规定的包装要求严格检查

    E. 做好调度工作

3. 关于危险货物运输车辆的管理，下列说法正确的是（　　　　　）。

    A. 装有易燃易爆危险品的车辆，不得使用明火修理或采用明火照明，不得用易产生火花的工具敲击

    B. 装运危险品的车辆应具备良好的避震性能的结构和装置

    C. 拖拉机不得装运爆炸物品、一级氧化剂、有机过氧化物、一级易燃品

    D. 畜力车能驮运起爆器材、炸药或爆炸物品。

    E. 车厢底板必须平整完好，周围栏板必须牢固

4. 根据验道工作的查验结果可以（　　　　　）。

    A. 预测作业时间   B. 编制运行路线图

C. 完成运输方案书面文件　　　　D. 完成验道报告

E. 制定运输方案

5. 线路运输工作组织的内容包括（　　　　　）。

A. 建立道路大型物件运输工作领导小组

B. 实施运输方案

C. 执行运输合同

D. 相应的对外联系

E. 运输统计与结算

（三）简答题

1. 简述从事道路危险货物运输应具备的条件。

2. 简述道路大型物件运输作业流程。

3. 简述验道工作的主要内容。

素养目标

● 培养运输从业人员的安全防范意识和遵章守规意识

● 培养应急预案的沟通协调能力和责任感

知识目标

● 掌握货运事故的处理规定、处理程序及货运纠纷解决方法

● 掌握货物运输保险、货物运输投保程序及保险索赔程序

技能目标

● 能够正确划分运输当事人的责任、权利和义务，完成货运事故的处理

工作

● 能够完成货物保险合同签订及索赔事务工作

思维导图

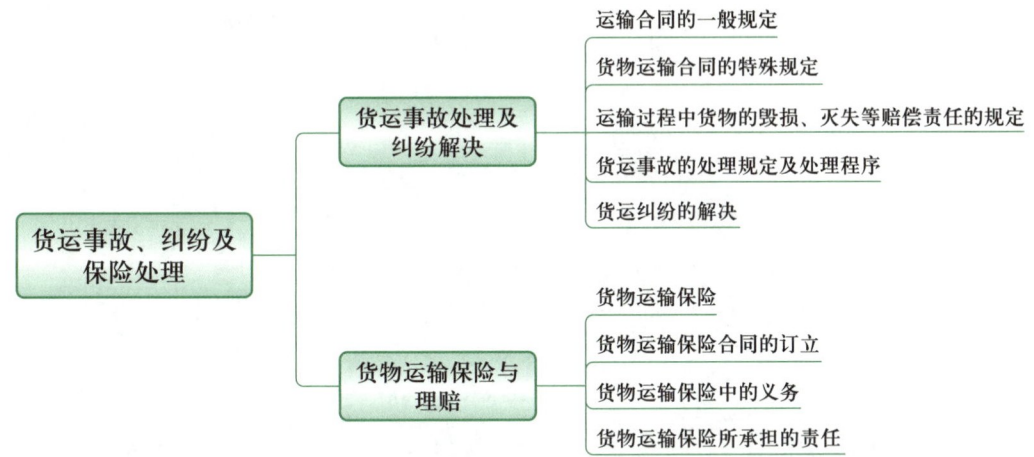

国家使命，物流人挺身而出

2020年春节新冠疫情暴发，各类应急医疗物资和生活保障物资从四面八方汇集湖北。保障顺畅高效地运输，成为对物流运输提出的重大考验。中国外运股份有限公司（以下简称"中国外运"）积极承担起"做物流通道守护者"的社会责任，发挥全场景、全网络的运输优势，将抗疫物资送至一线，助力疫情防控。

1. 第一时间启动数字化运输平台

中国外运在疫情期间启动了"灾急送"物流平台，依托中国外运广泛的运力资源，先后承接了中国社会福利基金会等国内外广大机构和人士的运输需求，借助世界一流的智慧物流平台，大大提高了抗疫物资运力计算、运输疏导、信息渠道对接等的时效和精度。

针对境外抗疫物资运输需求猛增的问题，中国外运旗下物流电商平台"运易通"开通了"抗疫物资运输专栏"，为抗疫物资运输需求方和物流方提供统一的在线服务入口。全天候在线为用户解决抗疫物资运输需求的咨询、落地安排等工作，用户可以实时掌握物流动态，并实现多功能交互。

2. 海内外联动，打通运输通道

中国外运所属华南区域、华东区域、华北区域的物流，聚焦部分公路运输线路阻断、卡车驾驶员严重不足的问题，开通了粤汉、沪汉、京汉防疫物资铁路物流通道。

在欧洲国际航班大面积停飞中国的情况下，中国外运所属跨境电商团队密切联系各航空公司，紧急制定客户航班保障方案，克服重重困难成功运营比利时-中国杭州包机，力保中欧货机航空通道畅通。货物从运至国外仓库，包机运抵国内，再到全部完成清关发运仅用时5天。

为了解决防疫物资滞留在韩国的难题，中国外运所属华中区域物流实现"四港联动"，迅速整合资源，打通了中韩陆海联动的邮政新通路。首批防疫物资完成从韩国仓库装货到入境送达的全程物流运输，仅用了30个小时。

中国外运所属海外公司选派精英团队，连续多日通宵集货报关。实现海外多点紧急发运，国内团队紧密对接，提前完成境外物资的资料准备、口岸协调等工作，物资运达快速提货清关、转运，全速加快抗疫物资运送各环节操作。

3. 发挥专业优势运输特种物资

中国外运所属外运物流陆续为西门子、GE、飞利浦、联影、东软等多家企业，提供了疫情支援运输服务及解决方案，将CT机、呼吸机、医用微量泵及输液泵设备等紧急医疗设备，运送至急需的医院；所属化工物流运送了多批消毒水化工原料，协助中石化开展防疫物资原材料周转；所属冷链物流为武汉医护人员运送大批冷冻营养品等，为医院建设和医疗救治工作贡献了外运力量。

从海外到国内，从线上到线下，中国外运充分发挥了多网点、全链条业务优势，全力确保了物流通道畅通。

第一节　货运事故处理及纠纷解决

《中华人民共和国民法典》（以下简称《民法典》）第八百零九条规定：运输合同是承运人将旅客或货物从起运地点运输到约定地点，旅客、托运人或者收货人支付票款或者运输费用的合同。运输合同是运输当事人责任的划分及货运事故及导致运输纠纷处理的依据。因此，必须依据运输合同，明确托运人、承运人以及收货人各自的权利、义务和责任。一旦发生运输事故，根据责任准确地界定相关责任，找出事故的原因。

一、运输合同的一般规定

《民法典》对运输合同的一般规定如下：

（1）从事公共运输的承运人不得拒绝旅客、托运人通常、合理的运输要求。

（2）承运人应当在约定期限或者合理期限内将旅客、货物安全运输到约定地点。

（3）承运人应当按照约定或者通常的运输路线将旅客、货物运输到约定地点。

（4）旅客、托运人或者收货人应当支付票款或者运输费用。承运人未按照约定路线或者通常路线运输增加票款或者运输费用的，旅客、托运人或者收货人可以拒绝支付增加部分的票款或者运输费用。

二、货物运输合同的特殊规定

《民法典》中针对货运合同的特殊规定如下：

（1）托运人办理货物运输，应当向承运人准确表明收货人的姓名、名称或者凭指示的收货人，货物的名称、性质、重量、数量，收货地点等有关货物运输的必要情况。因托运人申报不实或者遗漏重要情况，造成承运人损失的，托运人应当承担赔偿责任。

（2）货物运输需要办理审批、检验等手续的，托运人应当将办理完有关手续的文件提交承运人。

（3）托运人应当按照约定的方式包装货物。对包装方式没有约定或者约定不明确的，适用《民法典》第六百一十九条规定："出卖人应当按照约定的包装方式交付标的物。对包装方式没有约定或者约定不明确，依据本法第五百一十条的规定仍不能确定的，应当按照通用的方式包装；没有通用方式的，应当采取足以保护标的物且有利于节约资源、保护生态环境的包装方式。"《民法典》第五百一十条的规定："合同生效后，当事人就质量、价款或者报酬、履行地点等内容没有约定或者约定不明确的，可以协议补充；不能达成补充协议的，按照合同相关条款或者交易习惯确定。"托运人违反前款规定的，承运人可以拒绝运输。

（4）托运人托运易燃、易爆、有毒、有腐蚀性、有放射性等危险物品的，应当按照国家有关危险物品运输的规定对危险物品妥善包装，做出危险物品标志和标签，并将有关危险物品的名称、性质和防范措施的书面材料提交承运人。托运人违反前款规定的，承运人可以拒绝运输，也可以采取相应措施以避免损失的发生，因此产生的费用由托运人负担。

（5）在承运人将货物交付收货人之前，托运人可以要求承运人中止运输、返还货物、变更到达地或者将货物交给其他收货人，但是应当赔偿承运人因此受到的损失。

（6）货物运输到达后，承运人知道收货人的，应当及时通知收货人，收货人应当及时提货。收货人逾期提货的，应当向承运人支付保管费等。

（7）收货人提货时应当按照约定的期限检验货物。对检验货物的期限没有约定或者约定不明确，依据《民法典》第五百一十条的规定仍不能确定的，应当在合理期限内检验货物。收货人在约定的期限或者合理期限内对货物的数量、毁损等未提出异议的，视为承运人已经按照运输单证的记载交付的初步证据。

（8）两个以上承运人以同一运输方式联运的，与托运人订立合同的承运人应当对全程运输承担责任；损失发生在某一运输区段的，与托运人订立合同的承运人和该区段的承运人承担连带责任。

（9）托运人或者收货人不支付运费、保管费或者其他费用的，承运人对相应的运输货物享有留置权，但是当事人另有约定的除外。

（10）收货人不明或者收货人无正当理由拒绝受领货物的，承运人依法可以提存货物。

三、运输过程中货物的毁损、灭失等赔偿责任的规定

《民法典》中对运输过程中货物的毁损、灭失等赔偿责任的规定如下：

（1）承运人对运输过程中货物的毁损、灭失承担赔偿责任。但是，承运人证明货物的毁损、灭失是因不可抗力、货物本身的自然性质或者合理损耗以及托运人、收货人的过错造成的，不承担赔偿责任。

（2）货物的毁损、灭失的赔偿额，当事人有约定的，按照其约定；没有约定或者约定不明确，依据《民法典》第五百一十条的规定仍不能确定的，按照交付或者应当交付时货物到达地的市场价格计算。法律、行政法规对赔偿额的计算方法和赔偿限额另有规定的，依照其规定。

（3）货物在运输过程中因不可抗力灭失，未收取运费的，承运人不得请求支付运费；已经收取运费的，托运人可以请求返还。法律另有规定的，依照其规定。

四、货运事故的处理规定及处理程序

货运事故是指货物运输过程中发生货物灭失、短少、变质、污染或迟延交付。货运事故和违约行为发生后，承托双方以及有关各方应编制货运事故记录。货物运输途中，发生交通肇事造成货物毁损或灭失，承运人应先行向托运人告知并赔偿，再由其向肇事的责任方追偿。货运事故处理过程中，承运人不得扣留货物，收货人不得扣留车辆。由于扣货而造成的损失，由扣留方负责赔偿。

货运事故一般应由货运经营者自行处理，按国家有关规定予以赔偿。货物运输企业发生的质量事故要分类统计，定期上报运输行政管理机构。重大恶性事故要立即上报。如果委托方与承运方对质量事故处理发生争议时，由

运输行政管理机构调解仲裁。

（一）货运事故的处理规定

有关货运事故处理中的赔偿数额有八点规定：

（1）货运事故赔偿分限额赔偿和实际损失赔偿两种。法律、行政法规对赔偿责任限额有规定的，依照其规定；尚未规定赔偿责任限额的，按货物的实际损失赔偿。

（2）在保价运输中，货物全部灭失，按货物保价声明价格赔偿；货物部分毁损或灭失，按实际损失赔偿；货物实际损失高于声明价格的，按声明价格赔偿；货物能修复的，按修理费加维修取送费赔偿。保险运输按投保人与保险公司商定的协议办理。

（3）未办理保价或保险运输，且在货物运输合同中未约定赔偿责任的，按本小节第一项规定赔偿。

（4）货物毁损或灭失的赔偿额，当事人有约定的，按照其约定；没有约定或约定不明确的，可以补充协议；不能达成补充协议的，按照合同有关条款或者交易习惯确定；仍然不能确定的，按照交付或应当交付时货物到达地的市场价格计算。法律、行政法规对赔偿额的计算方法和赔偿限额另有规定的，依照其规定赔偿。

（5）货物损失赔偿费包括货物价格、运费和其他杂费。货物价格中未包括运杂费、包装费，以及已付的税费时，应按承运货物的全部或短少部分的比例加算各项费用。

（6）由于承运人责任造成货物灭失或损失，以实物赔偿的，运费和杂费照收；按价赔偿的，退还已收的运费和杂费；被损货物尚能使用的，运费照收。

（7）丢失货物赔偿后，又被查回，应送还原主，收回赔偿金或实物；原主不愿意接受失物或无法找到原主的，由承运人自行处理。

（8）承托双方对货物逾期到达，车辆延滞，装货落空都负有责任时，按各自责任所造成的损失相互赔偿。

（二）货运事故处理

1. 货运事故一般处理程序

货运事故发生后，一般处理程序包括：

（1）货运事故发生后，承运人应及时通知收货人或托运人。

（2）当事人要求另一方当事人赔偿时，必须提出赔偿要求书，并附运单、货运事故记录和货物价格证明等文件。要求退还运费的，还应附运杂费收据。另一方当事人应在收到赔偿要求书的次日起，60日内做出答复。

（3）承运人或托运人发生违约行为，应向对方支付违约金。违约金的数额由承托双方约定。

（4）对承运人非故意行为造成货物迟延交付的赔偿金额，不得超过所迟延交付的货物全程运费的数额。

2. 货运事故处理注意事项

在处理货运事故时，应该注意以下事项：

（1）收货人、托运人知道发生货运事故后，应在约定时间内，与承运人签注货运事故记录。

（2）收货人、托运人在约定的时间不与承运人签注货运事故记录的，或者无法找到收货人、托运人的，承运人可邀请2名以上无利害关系的人签注货运事故记录。

（3）货物赔偿时效从收货人、托运人得到货运事故信息或签注货运事故记录的次日起计算。

（4）在约定运达时间的30日后未收到货物，视为灭失，自31日起计算货物赔偿时效。

（5）未按约定或规定的运输期限内运达交付的货物，为迟延交付。

五、货运纠纷的解决

（一）货运纠纷的类型

货运纠纷可能由承运人因经营管理不善、意外、过失等原因造成对方的损失，也可能因货方的原因造成对承运人的损失。概括起来，货运纠纷可分为以下几大类。

1. 货物灭失纠纷

造成货物灭失的原因很多，但其后果均是货方受到损失。绝大多数情况是收货人未收到货物，也有的是托运人在未转移货物所有权的情况下，无法取回货物。

（1）交通事故造成货物灭失。货物交付承运人后装上指定运载工具运输，可能由于承运人的运输工具发生事故（如车辆发生交通事故等），使得货物连同运输工具一起灭失。而上述交通事故既可能是由于无法避免的风险（如突如其来的恶劣气候、其他车辆的过失等）所造成的；也可能是由于承运人的过失（如车辆在未出行前就存在不安全因素、货物绑扎不牢、车辆性能不适运输状况等）导致在途事故的发生；或是因为承运人所雇佣的驾驶人员的过失引起碰撞、翻车等。因此，对交通事故引起的货物灭失，承运人承担的责任往往根据实际情况不同大小不一。

另外，还有因为货物本身的原因导致运输工具发生事故，从而造成货物的全部灭失，例如易燃易爆货物引起的火灾等。

（2）因政府法令禁运和没收、战争行为造成货物灭失。目前，世界局部地区战争时有发生，战争的突发会造成民用运输工具被误伤而导致货物灭失。另外，有些国家为保护本国的动植物和人类的卫生状况而对到境的货物实施没收或禁运。在禽流感发生时，为了防止疫情的扩散、传播，未发现疫情的国家就通过政府法令形式没收有关货物，造成货物的全部灭失。造成这类货物灭失的原因往往是相关人员都无法控制的。

（3）因盗窃造成灭失。货物处于承运人掌控时，因涉及的环节较多，其间可能遭受偷盗致损。

（4）因承运人的管理过失造成灭失。由于装运积载不当，货物毁损、集装箱落地也是货物灭失的重要原因之一。另外，由于管理过失，如相关手续混乱造成错装错卸，使一部分货物无法交给正确的收货人也视为灭失。

（5）故意行为。由于承运人故意、恶意毁坏运输工具以骗取保险，从而造成所运输的货物全部灭失。而目前更多发生的则是利用运输进行诈骗活动，或是利用单证骗取货物，令货主受损或令承运人承担货物灭失的责任。

2. 货损、货差纠纷

货损包括货物破损、水湿、污染、锈蚀、腐烂变质、混票和虫蛀鼠咬等。货差即货物数量短缺。

货损、货差可能是由于托运方自身过失造成的，如货物本身标志不清、包装不良，货物自身的性质和货物在交付承运人之前的质量、数量与运输凭证不符等；也可能是由于承运人的过失造成的，如装载不当，装卸操作不当，未按要求控制货物运输过程中的温度，货箱不符合载货要求，混票等。在运输过程中发现货损、货差的原因极多，归纳起来有以下几种：

（1）未装车前已受损或已存在潜伏的致损因素。例如，玉米的水分含量高于安全运输的限度会先发热后发霉，而不论在运输途中通风或不通风。货损的原因是散谷原先的含水量过高，而不是通风。

（2）装卸作业中受损。

（3）运输工具积载不当。

（4）装运后、途中及卸货前保管不当。

（5）自然灾害。由于自然灾害，如台风、海啸、泥石流等人力无法控制和预测的灾害造成的运输货物受到损失。

3. 货物延迟交付纠纷

货物延迟交付是指因承运货物的交通工具发生事故，或因承运人在接受托运时未考虑到本班次的载货能力而必须延误到一个班期才能发运，或在货物中转时因承运人的过失使货物在中转地滞留，或因承运人为自身利益绕道而导致货物晚到卸货地。

4. 单证纠纷

承运人未及时签发提单，或托运人未要求签发提单而造成托运人受损的，承运人应托运人的要求倒签、预借提单，从而影响到收货人的利益，收货人在得知后向承运人提出索赔，继而承运人又与托运人之间发生纠纷；或因承运人（或其代理人）在单证签发时的失误引起承托双方的纠纷；此外，也有因货物托运过程中的某一方伪造单证引起的单证纠纷。

5. 其他纠纷

运输过程中，除了与货物直接相关的纠纷以外，还会有运费、租金等纠纷，如因承运人或货方的过失或故意，未能及时或全额交付运费或租金；承租工具的技术规范达不到原合同的要求而产生的纠纷；由于运输市场行情变化，导致交易一方认为原先订立的合同使其在新的市场情况下受损，故毁约而产生的纠纷；因双方在履行合同过程中对其他费用（如滞期费、装卸费等）发生纠纷；因托运人的过失，造成对承运人运输工具的损害引发的纠纷。

（二）货运纠纷与索赔的解决

承运人、托运人或收货人三方在履行货物运输合同中发生纠纷时，应及时协商解决。协商不一致时，任何一方都可向合同管理机关申请调解或仲裁，也可以向人民法院起诉。

在货物运输中产生纠纷以至引起诉讼是常有的事，如前文所述，一方面，货主可能会因为货物在运输途中发生的各种损失向承运人索赔；另一方面，承运人可能会因为未支付运费或其他应付款项而向货主索赔。这些索赔并不一定都是承运人的过失引起的。以短量索赔为例，它可能是承运人在运输途中对货物照管不周的过错引起的，也可能是在装卸地由于其他人的过错而引起的，如托运人交付了错误的重量而理货人员没有发现，或者是理货人员计算错误；装货过程中装卸工人或其他人员偷货是货物短量的另一个常见原因，装卸不当引起的货物泄漏等又是一个原因。正确解决纠纷除了要找到真正的过失方，还要清楚承运人、托运人和收货人究竟谁应对过失负责。这是一个复杂的任务，其中不仅牵扯到货物运输，往往还会涉及代理、合同等其他相关法律法规。

1. 解决货运纠纷的措施

解决货运纠纷的措施如下：

（1）造成货损或货物灭失的，先向保险公司索赔，再由保险公司行使代位求偿权向责任人追偿。考虑到物流经营人或直接承运人的责任期间比较复杂，且有各种免责、责任限制的可能，这是在运输货物投保的情况下货物利益方最适宜采用的方式。

（2）如所涉货物未投保、未足额投保，或货损在免赔额以内，或货物利益人认为货损远超过保险赔偿额，则可以依物流合同向物流经营人提出赔偿请求，再由物流经营人向责任人追偿。因为货方一旦把货物交付给物流经营人，便很难了解货损、货差发生在哪个实际承运人的责任期间内，故只能向物流经营人先行索赔。

（3）如果货方直接订立物流作业分合同，而且也知道货损、货差发生的确切责任期间，则可依分合同向实际履行人追偿。

（4）以侵权为由向没有合同关系的责任人提出赔偿请求。

2. 解决货运纠纷的途径

目前，我国解决货运纠纷一般有四种途径：当事人自行协商解决、调解、仲裁和诉讼。其中诉讼和仲裁由司法或准司法解决。运输纠纷出现后，多数情况下，纠纷双方会考虑到多年或良好的合作关系和商业因素，互相退让，争取友好协商解决，同时为以后的合作打下基础。但也有的纠纷因双方分歧较大，无法友好协商解决，双方可以寻求信赖的行业协会或组织调解，在此基础上达成和解协议，解决纠纷。但还会有一部分纠纷经过双方较长时间的协商，甚至行业协会或其他组织介入调解仍然无法解决的，双方只能寻求司法或准司法途径解决。

（1）仲裁。仲裁是指纠纷双方在纠纷发生前或纠纷发生后达成协议，自愿将纠纷提交第三者做出裁决的一种解决纠纷的方法。

仲裁是解决纠纷的一种重要方式，具有当事人自愿、程序简便、迅速等特点。仲裁主要分为两种：机构仲裁和临时仲裁。如果纠纷双方在纠纷发生后一致同意就该纠纷寻求仲裁，或在双方订立运输合同时已选择仲裁作为纠纷解决机构时，可以就该纠纷申请仲裁。仲裁申请人向约定的仲裁机构提出仲裁申请，并按仲裁规则指定一名或多名仲裁员，仲裁员通常是与该行业有关的商业人士或专业人士。

仲裁员根据仲裁规则对该纠纷做出的裁决对双方都具有约束力，而且只要是仲裁过程符合仲裁规则，则该裁决是终局的。用仲裁解决纠纷，由于仲裁员具有该行业的专业知识、经验和相应的法律知识，因此所做出的裁决通常符合商业精神。而且仲裁速度较快，费用也较法院诉讼节约。

仲裁的主要问题包括仲裁协议的有效性、仲裁程序的合法性、仲裁的司法监督等。目前，我国调整仲裁的法律主要有1995年颁布，2017年修订的《中华人民共和国仲裁法》。由于仲裁裁决是终局的，因此，根据仲裁裁决执行是解决纠纷的最后一步。

（2）诉讼。诉讼是指法院在双方当事人和其他诉讼参与人参加下，审理和解决纠纷（案件）的活动，以及从这些活动中产生的诉讼法律关系的总和。

如果承托双方未约定纠纷的解决方法，或事后无法达成一致的解决方法，则通过法院进行诉讼是解决纠纷的最终途径。各种运输纠纷可以按照我国的诉讼程序，由一方或双方向有管辖权的法院起诉，然后由法院根据适用法律和事实进行审理，最后做出判决。如果某一方乃至双方对一审判决不服，可以根据诉讼法进行上诉、申诉。通常由法院诉讼解决纠纷，既耗时又费钱。

3. 索赔时效和诉讼时效

如果各种纠纷必须诉之于司法或准司法机构，则索赔时效和诉讼时效是一个重要概念。

索赔时效是指合同双方依据法律规定要求赔偿损失的时间范围；而诉讼时效则是指合同双方权利人行使权力、维护自身被损害利益的法定提起诉讼时间范围。在此期限内，权利人如不行使其权利，就会丧失请求法院依诉讼程序强制义务人履行义务的权利。

诉讼时效是指权利人持续行使民事权利而于期间届满时丧失请求法院保护其民事权利的法律制度。

规定时效是指为促进当事人及时行使权利，早日消除不确定的法律关系，而由法律规定的一段特定时间。如果一方当事人超过时效才行使诉讼请求和索赔要求，则通常会丧失胜诉权。

在道路货物运输纠纷中，承、托双方要求赔偿的时效，从货物开票之日起，不得超过6个月。赔偿要求应以书面形式提出，对方应在收到书面赔偿要求的次日起两个月内处理。

违约金、赔偿金应在明确责任后10日内偿付，否则按逾期付款处理；任何一方不得自行用扣发货物或扣付运费来充抵。

第二节　货物运输保险与理赔

一、货物运输保险

（一）货物运输保险的含义

货物运输保险是指以运输过程中的多种货物作为保险标的的保险。在货物运输过程中，遇到自然灾害或意外事故而使货物受到损失是难以避免的。对这种损失给予补偿的经济行为就是货物运输保险。

（二）货物运输保险的特点

货物运输保险属于损害保险范畴，是有形财产险的一种。与其他财产保险相比，货物运输保险具有以下特点：

（1）货物运输保险的标的为处于运动中的货物，而其他有形财产保险标的多是处于静止状态的财产。

（2）货物运输保险的责任期限一般为一个运程，并无具体严格的限制，而其他有形财产险的责任期限往往为固定的期限（如1年）。

（3）货物运输保险的保险单可通过背书转让，而其他有形财产险的保险单一般不得转让。

（4）在保险期限内货物运输保险的标的往往是在承运人的管理之下，一旦发生事故，就可能涉及承运人的责任，因此，向有责任的承运人追偿是货物运输保险的一项重要内容。

（5）货物运输保险一般为定值保险，即认为保险金就是保险标的的价值，发生损失后，以其作为计算赔偿的标准，除有欺诈行为外，不再考虑保险标的的实际价值。

二、货物运输保险合同的订立

（一）保险单的填写

保险单是保险公司与投保人双方拟订保险契约的证明，是对双方权利和义务的明确规定，是发生事故后投保人向保险公司索赔的依据。

保险单的形式分为保险单、保险凭证和预约保险单三种。保险单又称大保单，是一种正规的保险单，印有保险条款，将保险人与被保险人的责任与义务全部载入，承保指定的货物。保险凭证又称小保单，是一种简化的保险单，凭证上不印保险条款，而是以大保单上所载的内容为准。但是，它的效力与保险单相同。预约保险单是一种定期统保契约的证明，是保险人与投保人事先约定对规定范围内的货物统一承保的协议。在每批货物起运时，往往采用起运通知书的形式，由投保人填写清楚并通知保险人作为每笔货物承保的证明。

作为一种赔偿责任依据，保险公司对保险单的填写是有严格要求的。填单时要认真仔细，要尽量正确填写，避免错误。如发现填写错误，要修改更正，并加盖校正章；如果错误较多或者对保险责任等做出重要修改，应注销所填写的保险单并重新出单。保险条款和措辞要明白无误，特别是保险条件的用词既要写清保险公司的责任范围，又要正确反映客户对保险的要求；相关内容要和发票、提单等有关单证相符，保险单正本和副本都必须整齐清洁，避免字迹难认。

（二）保险公司的承保程序

保险公司接到投保人填写的保险单后，为客户办理保险手续的基本程序如下：

1. 审核投保单

审核投保单是指保险公司接到保险单后要按规定进行内容审核，如有错漏项，将请投保人修改或重新填写。直到填写内容完全符合规定、无错漏项为止。

2. 核定保险费

核定保险费是指保险公司经办人根据投保内容，按照费率表确定费率，计算出应缴的保险费并注明在投保单上，然后交由复核人员审核。

3. 编制保险单

编制保险单是指对投保单审核无误后，根据信用证要求出单（保险单或保险凭证）数份。制单时注意承保险别，要按基本险和附加险的顺序分类排列险别。制单完毕，制单人员应在保险单副本留底上签字，并开出保险费收据。

4. 粘贴保险条款和特约条款

粘贴保险条款和特约条款是指保险公司为使客户明确责任，一些主要险和附加险附在保险单上。

5. 复核

复核是指制单完毕后进行复核。如复核无误，将保险单送负责人或指定签章人加盖有关印章。

6. 单据分发

单据分发是指将加盖印章后保险单正本、客户需要的副本和保险费收据交给投保人；保险公司自留副本两份、保险费收据一份，送财会部门收费入账。

三、货物运输保险中的义务

（一）被保险人的义务

道路货物运输保险的被保险人是指在投保时对所保货物享有保险利益的人，包括托运人、收货人及其货运代理人、承运人等。他们要么是所运货物的所有人、共有人，要么是对所运货物的安全有利益关系的人，但都对所运货物享有保险利益，是被保险人。

1. 缴纳保险费的义务

被保险人应在保险人签发保险凭证的同时，按照规定的保险费率，一次缴清应付的保险费。有特别规定者可分期缴费。

2. 如实告知义务

被保险人应如实回答保险人就保险标的或者投保人、被保险人的有关情况提出的询问。

3. 符合包装标准的义务

保证货物包装符合国家和主管部门规定的标准。当货物包装不符合标准要求时，即使运输部门承运了，保险人也可以不予负责。

4. 遵守规章制度的义务

遵守国家及交通运输部门关于安全运输的各种规章制度，接受并协助保险人对保险货物进行查验防损工作，以消除货物在运输途中的不安全因素。

5. 通知和救助义务

货物发生保险责任范围内的损失时，被保险人获悉后，应立即通知当地保险机构并应迅速采取施救和保护措施防止或减少货物损失。被保险人如果不履行上述义务，保险人有权终止保险责任或拒绝赔偿一部分或全部经济损失。

（二）承运人的义务

在货物运输保险中，承运人经常作为保险人的代理人，接受保险人的委托，代为办理货物运输保险业务。此时，承运人应当承担以下义务：

1. 出险通知义务

被保险人遭受保险合同规定责任范围内的损失后，承运人应当通知保险人，使保险人在出险时能够立即展开对于损失的调查，不致因为调查工作的迟延而丧失证据，影响责任的确定；同时，也使保险人在出险时可以采取一定的措施避免损失的扩大或者实施必要的抢救。此外，保险人与承运人通常会特别约定出险通知的时限，以敦促承运人及时发出出险通知。

2. 调查协助义务

承运人作为货物运输的承担者，对于因运输过程中所发生的事故导致被保险人受到损失的原因是最清楚的，对于被保险人所遭受的损失程度是最早的见证人，承运人也有可能是被保险人所遭受损失的直接责任人。所以，承运人有义务协助保险人对被保险人所遭受的损失进行调查。例如，承运人对于货物损失向收货人出具的货物运输事故记录，是保险人进行理赔工作的重要依据。

3. 限额赔偿义务

对于因承运人责任所造成的被保险人的损失，承运人应当就与保险人约定的限额以内的部分向被保险人赔偿。通常的做法是，先由保险人垫付，再由保险人向承运人追偿。例如，保险货物发生保险责任范围内的损失，如果依法或者按照约定应当由承运人或者其他第三人负责赔偿全部或者部分的，则保险人不再赔偿或者只赔偿其不足部分；如果被保险人提出赔偿要求，保险人也可以先予赔偿，然后按规定代为追偿。

四、货物运输保险所承担的责任

国内道路货物运输保险包括基本险和综合险两大险别。其中，综合险是附属在基本险项下的险别。基本险和综合险的保险责任和除外责任、责任起讫如下：

（一）基本险的责任范围

基本险的责任范围如下：

（1）因火灾、爆炸、雷电、冰雹、暴风、暴雨、洪水、地震、海啸、地陷、崖崩、滑坡、泥石流所造成的损失。

（2）由于运输工具发生碰撞、搁浅、触礁、倾覆、沉没、出轨或隧道、码头坍塌所造成的损失。

（3）在装货、卸货或转载时，因遭受不属于包装质量不善或装卸人员违反操作规程所造成的损失。

（4）在发生上述灾害、事故时，因纷乱而造成货物的散失及因施救或保护货物所支付的直接合理的费用。

（二）综合险的责任范围

综合险在基本险责任的基础上扩展了以下责任：

（1）因受震动、碰撞、挤压而造成货物破碎、弯曲、凹瘪、折断、开裂或包装破裂致使货物散失的损失。

（2）液体货物因受震动、碰撞或挤压致使所用容器（包括封口）损坏而渗漏的损失，或用液体保藏的货物因液体渗漏而造成保藏货物腐烂变质的损失。

（3）遭受盗窃或整件货提不着的损失。

（4）符合安全运输规定而遭受雨淋所致的损失。

由于战争或军事行动，核事件或核爆炸，保险货物本身的缺陷或自然损耗以及包装不善，保险人的故意行为或过失，全程是公路货物运输的，以及其他不属于保险责任范围内的损失原因造成保险货物的损失，保险人不负赔偿责任。

（三）货物运输保险责任起讫时间

我国道路货物运输保险责任的起讫期是自签发保险凭证和保险货物运离起运地发货人的最后一个仓库或储运处所时起，至该保险凭证上注明的目的地的收货人在当地第一个仓库或储存处所时终止。但保险货物运抵目的地后，如果收货人未及时提货，则保险责任的终止期最多延长至以收货人接到到货通知单后的15天为限（以邮戳日期为准）。

 **能训练** <<<<<<<<<<<<<<<<<<<<<<<<<<<<<<<<<<<<<<<<<<<<<<<<<<<<<

实训目标

1. 能够完成处理一次货物运输事故的训练。

2. 能够通过实际事故处理，正确划分运输当事人的责任及权利和义务，并完成货运事故的处理工作。

3. 能够掌握货运纠纷解决方法。

情景描述

沈阳强英公司是专业经营电石和其他化学危险品的公司，坐落于沈阳市皇姑区松山西路59号。李军是个体货运车主，其车（车牌号为辽A73484；汽车消费贷款购置）上户在沈阳三友物流公司（沈阳市张四经济技术开发区建设路229号）名下。李军及沈阳三友物流公司均无承运危险物品的资质，且三友物流公司并没有开展危险品货运业务。2023年5月5日，强英公司负责人打电话与李军联系，约定由李军拉运电石共计100包，单包重量100千克，共计10吨，运价按每吨500元计算。5月9日，强英公司经工商行向李军异地汇款4 000元作为预付运费，同日李军装载了包装为编织袋散包装的电石10吨从沈阳拉往江苏省南通市凌河区重庆路2段26号南通市永利化学危险品贸易公司。收货人的联系电话为0513-86224531，联系人为徐泽诚。强英公司要求此批电石2023年05月13日18：00前送达即可。你作为三友物流公司运输事故处理员王立为，请对这起货运事故进行处理，提出解决办法并撰写事故分析处理报告。

环境要求

1. 一间能够容纳80人的计算机教室。

2. 需要能够上网的计算机80台，计算机装有办公软件。

3. 需要一台投影仪及配套设备。

4. 需要白板、马克笔等资料若干。

同步测试 <<<<<<<<<<<<<<<<<<<<<<<<<<<<<<<<<<<<<<<<<<<<<<<<<<<<

（一）单选题

1. 下列选项中属于综合险的责任范围的是（　　　）。

　A. 战争或军事行动

　B. 符合安全运输规定而遭受雨淋所致的损失

  C. 保险货物本身的缺陷或自然损耗以及包装不善

  D. 被保险人的故意行为或过失

2. 保险公司对保险单的填写是有严格要求的。如发现填写错误，要修改更正，并加盖（　　　）。

  A. 校正章   B. 法人章   C. 财务章   D. 公章

3. 违约金、赔偿金应在明确责任后（　　　）日内偿付，否则按逾期付款处理；任何一方不得自行用扣发货物或扣付运费来充抵。

  A. 10   B. 30   C. 60   D. 90

4. 下列选项中不属于承运人的义务的是（　　　）。

  A. 出险通知义务   B. 调查协助义务

  C. 限额赔偿义务   D. 货物毁损、灭失的处理义务

5. 道路货物运输纠纷中，承、托双方彼此之间要求赔偿的时效，从货物开票之日起，不得超过（　　　）个月。赔偿要求应以书面形式提出，对方应在收到书面赔偿要求的次日起两个月内处理。

  A. 6   B. 1   C. 3   D. 2

（二）多选题

1. 综合险在基本险责任的基础上扩展了（　　　　　）责任。

  A. 因受震动、碰撞、挤压而造成货物破碎、弯曲、凹瘪、折断、开裂或包装破裂致使货物散失的损失

  B. 液体货物因受震动、碰撞或挤压致使所用容器（包括封口）损坏而渗漏的损失，或用液体保藏的货物因液体渗漏而造成保藏货物腐烂变质的损失

  C. 遭受盗窃或整件货提不着的损失

  D. 符合安全运输规定而遭受雨淋所致的损失

  E. 货物本身的自然性质变化或者合理损耗

2. 货运纠纷包括（　　　　　）几大类。

  A. 货物灭失纠纷   B. 货损、货差纠纷

  C. 货物延迟交付纠纷   D. 其他纠纷

  E. 单证纠纷

3. 解决货运纠纷的途径有（　　　　　）。

  A. 当事人自行协商解决   B. 调解

  C. 仲裁   D. 诉讼

  E. 利益受损方退让

4. 保险单的形式分为（　　　　　）。

A. 保险单   B. 保险凭证

C. 预约保险单   D. 保险通知单

E. 保险确认函

5. 基本险的责任范围有（   ）。

A. 因火灾、爆炸、雷电、冰雹、暴风、暴雨、洪水、地震、海啸、地陷、崖崩、滑坡、泥石流所造成的损失

B. 由于运输工具发生碰撞、搁浅、触礁、倾覆、沉没、出轨或隧道、码头坍塌所造成的损失

C. 在装货、卸货或转载时，因遭受不属于包装质量不善或装卸人员违反操作规程所造成的损失

D. 液体货物因受震动、碰撞或挤压致使所用容器（包括封口）损坏而渗漏的损失，或用液体保藏的货物因液体渗漏而造成保藏货物腐烂变质的损失

E. 在发生上述灾害、事故时，因纷乱而造成货物的散失及因施救或保护货物所支付的直接合理的费用

（三）简答题

1. 简述货运事故的含义。

2. 简述货物运输保险及其特征。

3. 简述货物出险申请索赔应提供的有关证件。

素养目标

- 培养运输成本管理的核心是消除浪费的观念
- 明确降本增效是国计民生和经济的可持续发展观

知识目标

- 掌握影响运输成本的因素、关键运输成本项目
- 掌握运输成本的核算程序及运输成本的计算
- 掌握运输成本核算表的编制

技能目标

- 能够正确制定运输成本控制策略
- 能够基本完成各项运输成本的计算工作
- 能够分析运输成本变动原因

思维导图

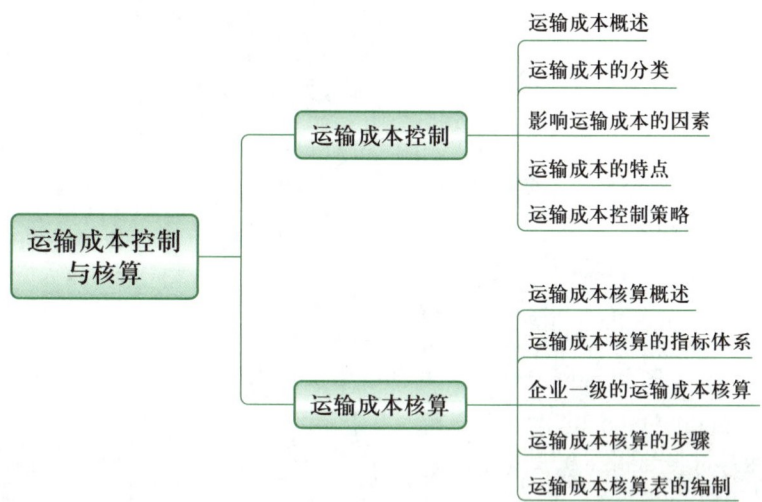

运输成本控制与核算
- 运输成本控制
  - 运输成本概述
  - 运输成本的分类
  - 影响运输成本的因素
  - 运输成本的特点
  - 运输成本控制策略
- 运输成本核算
  - 运输成本核算概述
  - 运输成本核算的指标体系
  - 企业一级的运输成本核算
  - 运输成本核算的步骤
  - 运输成本核算表的编制

引 导案例

"一带一路"蓝图下，由点及面助力装备制造产业升级

2013年金秋时节，怀着实现合作共赢、共同发展的良好愿望，我国提出共建"一带一路"倡议。"一带一路"倡议是中国基于发展需要做出的重要抉择，同时也是中国以实际行动推动经济全球化不断向前、造福世界各国人民的重要体现。

多年来，"一带一路"建设由点及面，实现了从"大写意"到"工笔画"，为沿线发展中国家提供了搭乘中国经济发展快车、繁荣自身经济、改善民生福利的平台，有力促进了共建国家和地区经济社会的发展，有效增进了共建国家民生福祉，为推动构建人类命运共同体，实现世界各国共同发展繁荣铺就了一条康庄大道。

辽宁把积极主动融入国家"一带一路"建设作为加快实现新一轮全面振兴东北老工业基地的目标，辽宁省汽车制造业呈现出空前的发展态势；在制造业与物流业联动发展政策的推动下，辽宁省汽车物流业也迎来了新的发展机遇。2022年，沈运物流公司以地理位置优势、成熟的汽车入厂物流经验，新增两个项目：一是与供应商签订了从欧洲进口集装箱的仓储物流业务，二是与某汽车配件工厂签订了集装箱出口亚洲的物流业务。

沈运物流构建托盘运输、集装箱成组化运输体系，规划从拆掏箱作业、装车发运等进出口集装箱标准化业务流程，实现了运输信息化、自动化。汽车零部件、整车运输流转时间大大缩短，供应商提供的欧洲进口冲压件，年进口集装箱业务量达1 200个国际标准集装箱，出口到亚洲的通用汽车配件，年集装箱业务量达800个国际标准集装箱。将物流运输企业作为产业合作的载体，将各类产业链进行对接和整合，促进了各国产业之间的融合和发展。国内外各地区也应根据区域发展特色，寻找适合区域发展的运输伙伴，输出本地区的特色产品，接收其他地区的优良产品，促进产品的沟通和物流的发展。

同时与国际物流运输接触，更多的物流运输企业选择对企业内部进行改革和创新，在企业中更多地引进科学管理和先进技术，使得企业间的产品流通、企业内的物料移动等各方面实现信息化和自动化。这大大提高了企业的生产和工作效率，也极大地推动了国内物流业的发展。

第一节　运输成本控制

一、运输成本概述

（一）运输成本

运输成本是运输企业为完成客、货运输劳动所消耗的以货币形式表现的一切费用支出，一定时期内的运输费用支出形成这个时期的运输总成本。单位运输劳务所分摊的运输费用支出形成单位运输成本，通常简称为运输成本（或营运成本），它是单位运输劳务价值的组成部分。

微课：降低运输成本的意义

运输成本有个别成本和社会成本之分，同一运输方式的运输劳务可由许多运输企业提供，而各个运输企业的经营条件不同，成本高低不一，形成个别成本。从整个社会（即整个运输方式）来看，每种运输劳务都有一个接近平均水平的成本，就是其社会成本或部门平均成本。每个运输企业的个别成本如低于社会成本，营运收入补偿支出后就会获利，否则就可能亏损。

运输成本是反映运输部门生产水平、技术水平和经营管理水平的综合性指标。运输生产过程中燃料消耗多少，劳动生产率高低，运输设备利用是否充分，运输、装卸工作质量好坏，管理费用的节约，资金运用是否恰当，运输劳动组织是否合理，以及运输工作量完成的多少等，都会在成本指标上反映出来，因此，运输成本在经济管理工作中有重要作用。首先，它是反映运输生产过程中劳动消耗及其补偿的尺度——在运价不变的情况下，运输成本低，反映劳动消耗少，需要补偿部分小，盈利就大；反之，运输成本高，反映劳动消耗多，需要补偿部分大，盈利就少甚至可能亏本。这就有利于促使运输企业努力降低成本。其次，它是制定和调整运价的重要依据。再次，它是评价经济效果的主要指标和进行决策的重要依据——无论是评价投资效果还是分析改善运输生产组织的效果，以及论证采用新技术的效果等，它都是一个重要因素。而对不同方案的经济效果包括成本指标进行分析比较，又是运输企业进行投资决策、技术决策和改善经营管理决策的一个重要依据。最后，运输成本还是反映企业全部工作质量的综合指标，它是提高运输企业以及整个运输业经营管理水平的有力杠杆。

（二）降低运输成本的意义

运输成本是指企业对原材料在制品以及成品的所有运输活动所产生的费用，包括直接运输费用和间接费用。降低运输成本的意义包括：① 降低运输成本是增加积累的重要手段之一。② 降低运输成本，节约大量人力和物力，不仅有利于发展其他建设事业，而且有利于运输业本身的发展，增加新的运输能力，促进运输业的现代化。③ 降低运输成本是稳定和降低运价的基础，而降低运价则有利于促进工农业生产的发展和商品流通，有利于提高国民生活水平。

二、运输成本的分类

根据《企业会计准则》的规定，结合运输生产消耗的实际情形，运输成本项目可划分为直接人工、直接材料、其他直接费用、营运间接费用四部分内容。

（一）直接人工

这是指支付给营运车辆司机和助手的工资。包括司机和助手随车加入本人所驾车辆颐养和修理作业期间的工资、工资性津贴、生产性奖金，以及按营运车辆司机和助手司机工资总额计提福利费。

（二）直接材料

运输成本的直接材料包含：

1. 燃料

这是指营运车辆运行过程中所耗费的各种燃料，如营运过程中耗用的汽油、柴油等燃料。

2. 轮胎

这是指营运车辆所耗费的外胎、内胎、垫带、轮胎翻新费和零碎修补费用等。

（三）其他直接费用

1. 保养修理费

这是指营运车辆进行各级保养及各种修理所产生的料工费（包含大修理

费用计提额）、修复旧件费用和行车耗用的机油、齿轮油费用等。采取总成互换保修法的企业，保修部分领用的周转总成、卸下总成的价值及卸下总成的修理费也包括在内。

2. 折旧费

这是指按规定计提的营运车辆折旧费。

3. 其他费用

这是指不属于以上各项目标与营运车辆运行直接有关的费用。包括车管费（指按规定向运输管理部门交纳的营运车辆管理费）、行车事故损失（指营运车辆在运行过程中，因行车事故发生的丧失。但不包括非行车事故发生的货物损耗及由于不可抗力造成的丧失）、车辆牌照和检验费、保险费、车船应用税、洗车费、过桥费、轮渡费、司机途中宿费、行车杂费等。

（四）营运间接费用

这是指车队、车站、车场等基层营运单位为组织与管理营运进程所发生的应由各类成本累计的治理费用和营业费用。包括工资、职工福利费、劳动维护费、取暖费、水电费、办公费、差旅费、修理费、保险费、设计制图费、实验检验费等。

三、影响运输成本的因素

（一）运输量

运输量是影响运输成本的重要因素，运输量越大，单位运输成本就越低。运输成本由固定成本和变动成本组成。固定成本包括运输设备和工具等固定资产的折旧、业务人员和管理人员的工资等。固定成本一般不受运输活动变化的影响，不随运输量改变而变化，相对比较固定。变动成本是从事运输时发生的费用，如燃油费、维修费、运输人员的补贴等，与具体运输活动直接相关，它们随运输量的变化而变化。运输量越大，费用就越高。变动成本一般与运输量的增减变动趋势相同。在运输活动中，固定成本随运输量的增加而被分摊。在固定资产规模不变的情况下，可以认为固定成本在一定时间内是保持不变的，运输量越大，单位运输量的固定成本越小，单位运输成本会随之下降。这就是运输的规模经济效益。因此，在运输活动中，应尽量使运输工具在准许的载重量下满载，提高运输量，降低运输成本。

（二）运输距离

运输距离是影响运输成本的主要因素，一方面，运输距离的增加会使运输总成本上升，因为它直接影响燃料费、维修保养费用和运输人员的补贴费等费用的变化；另一方面，通常随着运输距离的增加，单位距离的运输成本会降低。单位运输距离的成本是随运输距离的增加而减少的，运输距离越长，被分摊到每单位距离的固定成本就越少，运输成本就越低。这就是运输距离的经济效益，即短距离运输比长距离运输成本高。所以，企业在进行运输活动时，应延长长距离干线运输，缩短短距离的终端运输，减少运输成本，增加企业效益。

（三）运输方式

汽车货运成本一般比铁路、水运要高。汽车在公路上行驶的运行阻力大，比列车在轨道上行驶高9~14倍，所以能耗很高；另外就是汽车载重量少，占用劳动力多，单位运输工作量耗费的活劳动和物化劳动远高于铁路和水运，所以货运成本高。从我国汽车货运成本分析，除上述一般因素外，还因为我国公路技术等级较低，2021年末全国公路总里程528.07万公里，公路密度55.01公里/百平方公里，四级和等外的公路占了公路总里程的77.4%，而高等级道路的运输成本比改良土路要低25%~40%；另外一个原因是车辆构成不合理，大型车少，柴油车少，专用车少，因此，我国公路运输成本与铁路运输成本的差距比经济发达国家要大。

（四）货物密度

货物密度是指货物的质量与体积之比。货物密度是把货物质量与空间因素结合起来考虑运输成本。通常，密度小的货物每单位所占的运输成本比密度大的要高。在质量和空间方面，一辆运输车更多受到空间限制，而不是质量限制。即使该货物很轻，车辆一旦装满，就不可能再增加装运的数量。运输的货物密度大，固定成本分摊到增加的数量上，使单位货物承担的运输成本降低。货物密度越大，运输成本分摊到单位质量就越小，因此增加产品的密度一般可以降低运输成本。企业在运输货物时，应根据货物的密度进行搭配，把多种货物混装，进行相互嵌套，充分利用运输工具的空间，降低运输成本。

（五）运输服务水平

在运输服务水平较低的情况下，提高运输服务水平，运输成本增加。由于运输服务水平与运输成本呈非线性关系，当运输服务达到一定水平时，即使投入大量成本，服务水平提高会很缓慢，甚至不再提高。

（六）市场因素

市场因素主要是由于市场变动引起的，如来回程货物是否平衡、燃油费、装卸费增加等因素。运输的起点和终点相向运输货物是否平衡，必然会引起运输成本的增减。如果来回程货物不平衡，会出现返回空载的现象，造成运力的浪费，使运输成本增加。所以企业在运输活动中，应和其他企业进行联合运输，保持来回货物的平衡，降低运输成本。市场上的燃油费等费用增加或减少也会影响运输成本的高低。单位运输量的变动成本增加，单位距离单位运输量的成本也随之增加。

（七）转运

在货物运输时，两端的装卸费用要算入运输成本。在直达运输时，装货和卸货只有运输的两端各一次。但在转运时，中途需要装卸，运输成本随转运的次数增加而增加。在运输时，其他成本不变，转运时的运输成本比直达运输时的成本大。所以，企业在进行货物运输活动中，应尽量采用直达运输，减少货物转运。

在实际运输活动中，以上因素可能会同时产生影响，托运人、承运人和企业的物流人员必须根据以上因素对运输成本影响程度的大小，合理安排运输，降低运输成本，提高企业的经济效益。

四、运输成本的特点

与一般工业产品成本相比，运输成本有下列特点：

（1）一般工业产品成本中，构成产品实体的原材料消耗占有较大比重，而运输"产品"（劳务）则不具有实物形态，所以在成本构成中，没有原材料支出。

（2）为了考核产品的生产费用和销售费用的耗费，一般工业企业分别计算工厂成本（即生产成本）和完全成本（工厂成本加应摊的销售费用之和）。而运输劳务不能脱离生产过程独立存在，其生产过程和销售过程是结合在一起的，不能截然分开，所以货物运输成本只计算其完全成本。

（3）工业生产过程中耗费的多少，与完成的产品数量直接相联系。而运输生产则有所不同，尽管它的生产成果是它所完成的运量和周转量，其经济效益又体现在以吨公里为计量单位的劳动消耗上（单位运输成本），但其生产耗费的多少主要取决于车辆运行距离的长短，而不是取决于完成周转量的多少。因为车辆有空驶存在，完成的周转量与实际运输消耗不完全是一回事，如果有较大的空驶，虽然完成的周转量不多，但消耗却很大。

五、运输成本控制策略

运输成本控制是指根据计划和控制过程中发生的各种耗费进行计算、调节和监督的过程，同时也是一个发现薄弱环节、挖掘内部潜力，寻找一切可能途径降低成本的过程。科学地组织制定运输成本控制策略，可以促进企业改善管理水平，提高服务水平，使企业在市场竞争的环境下生存、发展和壮大。同时，成本控制还可以协调企业各部门的关系，达到各个子系统的协调统一。

（一）强化运输成本的核算和考核

在提高运输服务水平的同时，加强预算管理，强化成本管理意识，实行定额管理和目标成本管理，进行成本控制目标分解，明确责任，实现责、权、利结合，加强成本核算和考核。

（二）增强全员的运输成本意识

对运输成本的控制并不是哪一个或哪几个部门、哪几个工作人员或哪几个工作岗位就能完成的，而是需要以运输管理部门为主导，运输所涉及的各个部门、所有人员的共同配合，科学规划和协调，做到人人关心成本管理，全员参与成本控制，共同降低运输成本。

（三）提高企业运输管理水平

运用系统观点不断优化运输资源配置，提高管理技术和手段的运用，提高企业运输管理水平，树立物流战略成本管理的理念，追求整个供应链、整个流通过程的运输成本最小化，不断发掘运输成本降低潜力，持续降低运输成本水平。

（四）消除运输中的不合理现象

运输不是一个孤立的环节，在组织运输时，要对运输活动及涉及的其他环节科学规划，统筹安排，尽量压缩不必要的环节，减少个别环节所占用的成本。对有条件直运的，应尽可能采取直达运输，减少二次运输。同时，更要消除对流及隐含运输、迂回运输、重复运输、过远运输等不合理现象。

（五）合理选择运输工具，提高运输效率

在目前多种运输工具并存的情况下，必须注意根据不同货物的特点及对运输时效的要求，对运输工具所具有的特征进行综合评价，以便作出合理选择运输工具的策略。要合理组织多式联运，采用直达运输、"四就"直拨运输、托盘一贯化运输等合理运输形式，有效降低运输成本。

（六）科学设计运输网络，实现优化运输

在运费、运距及生产能力和消费量都已确定的情况下，制定科学合理的运输计划和方案，运用北斗卫星系统、物联网、大数据等先进技术，对运输活动及过程进行跟踪、监控和调度，优化运输线路。

第二节　运输成本核算

一、运输成本核算概述

（一）成本核算

成本核算是指根据确定的成本计算对象，采用相适应的成本计算方法，按照规定的成本项目，通过一系列费用汇集与分配，计算出成本计算对象的实际总成本和单位成本。成本核算可以如实反映运输过程中的实际耗费，也

是对各种费用实际支出的控制过程。

（二）运输成本核算的意义

成本核算是以价值形式作为主要计量形式，对运输企业的生产经营活动及其结果按其责任单位或责任人进行全面考核，计算其经济效果，以此界定企业内部各生产环节乃至个人的经济责任，并给予相应的物质奖罚，力求以相对少的资源耗费取得相对多的经济效果的一种管理活动。实行运输成本核算的意义是：

1. 符合客观经济规律的要求

为了在企业的生产经营活动中，尽可能地节约活劳动和物化劳动，就必须实行运输成本核算，促使企业的劳动时间消耗量低于社会必要劳动时间消耗量，以取得更好的经济效果。

2. 有利于提高企业管理水平

企业实行运输成本核算，就必须全面加强企业管理工作，不断改善生产经营工作中的薄弱环节，并通过经济活动分析，探索改进途径，达到预期的经济目标。

3. 能够有效调动企业和职工的生产经营积极性

国家根据责、权、利相结合的原则以及物质利益原则和按劳分配原则，规定企业盈利在国家、企业、职工三者之间合理分配的政策，这就促使企业和全体职工不断寻求降低成本、增加盈利的途径，而运输成本核算工作则是达到这一目的的有效手段。

二、运输成本核算的指标体系

运输成本核算工作由于其本身的需要，必须建立起一套能满足核算要求的指标体系。在这个体系中，一些指标是企业各职能部门在业务工作中的常用指标，此外，还可以根据本企业的情况，适当规定一些内部使用的考核指标。企业运输成本核算使用的指标体系大体上可以按下列标志划分：

（1）消耗类指标，如百车公里燃料消耗、大修费用、小修材料费等。

（2）占用类指标，如年末车数、平均车数、平均职工人数等。

（3）成果类指标，如货运量、周转量、交通工业总产值、利润总额等。

（4）效率类指标，如全员劳动生产率、工作率、工时利用率、流动资金周转率、台时利用率等。

三、企业一级的运输成本核算

企业一级的运输成本核算的重点就是将企业一级的运输成本核算工作分解落实到各个职能部门。

（一）计划统计部门的运输成本核算

计划统计部门的运输成本核算工作内容为：承接上级主管机关下达的经济技术指标，依据本企业的具体情况进行复算，分析完成运输任务的可能程度；与其他职能部门协同研究，分解各项指标，层层下达落实，并验算各运输环节的保证程度。同时，应研究特殊情况下的应急措施方案，预测执行运输计划时情况的变化情况，分析特异因素，及时提出应急建议和措施。

计划统计部门分管考核的运输成本核算指标为：① 运输工作量指标的均衡完成程度；② 运输工作量指标的日进度和累计进度；③ 燃料、轮胎节约或超耗数；④ 车辆运用效率指标的实际数值及其因素分析。

（二）总调度部门的运输成本核算

总调度部门的运输成本核算工作内容为：按照运输生产计划和客货源运送计划，安排车辆的总体运行计划，调节各分公司和车队运力与运量的矛盾，力求达到总体优化；协同运务部门组织好客货源，完成和超额完成客货运输生产计划；协同计划统计部门安排好车辆运用计划；研究提高车辆运用效率的有效措施；指导下属调度部门和工作人员的工作，检查各级调度执行命令的情况，及时解决有关车辆运行中的问题；检查各级调度货运业务部门执行运输经济合同的情况。

总调度部门分管考核的运输成本核算指标为：① 运输工作量指标的均衡完成程度；② 运输工作量的日进度和累计进度；③ 运输经济合同执行率；④ 车站发送量计划完成率。

（三）运务部门的运输成本核算

运务部门的运输成本核算工作内容为：根据运输生产计划，协同计划统计部门分配各基层运输工作指标和各车站发送量任务；协同总调度部门安排车辆作业计划，提高车辆运用效率；检查、督导下属客货运输业务人员完成客货源组织任务，协助解决各站办理运输经济合同中待处理的问题；分析并预测运输市场动向，研究运价合理浮动幅度，提供运价决策依据；依据计划统计部门、财务部门所提供的资料，研究制定有利的运输方案和对不利因素应采取的相应措施。

运务部门分管考核的运输成本核算指标为：① 运输工作量累计进度；② 合同运输率；③ 车站发送量计划完成率；④ 营收回收率；⑤ 运输合同完成率；⑥ 运输合同执行中罚金收入与支出的差额；⑦ 货损货差赔偿额；⑧ 货物运输正运率；⑨ 班次正点率。

（四）技术管理部门的运输成本核算

技术管理部门的运输成本核算工作内容为：负责营运车辆、装卸机械和各种设备的完好率达到计划指标的要求；保证营运车辆保养、修理质量，保证车辆大修间隔里程达到定额；保证各级保养和修理的在场车日不超过定额标准；保证各级保养消耗费用不超过定额水平；完成各种技术措施实施后经济效果的检查与总结。

技术管理部门分管的运输成本核算指标为：① 营运车辆、装卸机械的完好率；② 机器、设备的完好率和台时利用率；③ 大修费用的节、超额和大修间隔里程的超、亏里程；④ 返工率；⑤ 返修率；⑥ 配件生产的合格率。

（五）安全质量管理部门的运输成本核算

安全质量管理部门的运输成本核算工作内容为：负责车辆运行事故统计，计算事故损失费用和耽误运行时间而引起的运输工作量损失；计算企业的客、货运输质量事故损失金额以及事故原因处理结果；研究各类事故发生原因和防治措施，提出防治的费用预算；提出各队、站保障运输安全和运输质量的措施、相应的经费预算以及实现这些措施后的经济效果。

安全质量管理部门分管考核的运输成本核算指标为：① 安全行车里程和事故频率；② 运行事故伤亡人数和赔偿、抚恤、医疗支出费用额；③ 运行事故导致的车日损失数及经济后果；④ 安全教育、安全措施支出的费用。

（六）物资供应部门的运输成本核算

物资供应部门的运输成本核算工作内容为：负责企业所需要的各类物资的采购、订货批量的确定，尽可能地相对节约采购费用、库存保管费用，并保证运输生产、保修所需物资的及时供应。及时计算当期燃料、材料总费用支出、材料采购成本差异和库存物资资金占用额，对材料采购成本差异要进行分析，以确定其差异的原因，以便及时改变进货途径或采购方式。搜集各类物资的实际消耗资料，核算实际与定额的差距，分析其节超原因，并通过实际消耗资料探索物资消耗规律。

物资供应部门分管的运输成本核算指标为：① 库存物资资金占用额；② 材料采购成本差异；③ 库存物资周转率；④ 经济采购批量。

（七）车队的运输成本核算

对于车队要进行运输工作量完成程度、运输质量、运行消费、管理费用、劳动力消耗、营运车辆运用效率、车队运输成本等方面的运输成本核算。

1. 运输工作量完成程度的核算

运输工作量是运输企业运输成本核算的基本内容，企业下达给车队的运输工作量计划任务是车队的主要指标，因而车队运输成本核算的重点内容之一就是运输工作量。

由于各车队分工任务有所不同，因而对运输工作量的核算指标也有一定的差异。纯货运车队的核算指标是货运量、货物周转量；客货兼营车队的核算指标是客运量、货运量和换算周转量。

车队运输工作量完成程度的核算就是以实际完成数与计划数对比，包括以绝对数表示的对比差额和以相对数表示的计划完成程度。

运输工作量指标无论完成与否，均应附文字说明阐述完成运输工作量计划或未完成计划的原因。

2. 运输质量的核算

运输质量事故一般发生在车队，因而车队应考核的运输质量指标有：① 车队安全间隔里程；② 运行事故频率；③ 货运商务事故次数及损失金额；④ 运行责任事故次数及损失金额等指标数值；⑤ 与去年同期进行比较的增减数。

3. 运行消耗的核算

运行消耗是运输企业总物质消耗的主要组成部分，车队应考核的运行消耗核算指标主要有：① 运行资料消耗；② 轮胎消耗；③ 小修材料费；④ 营运车辆大修间隔里程。这四项指标的核算方法均为实际数与定额数之间的差额。

4. 管理费用的核算

管理费用是指车队在运输生产过程中有关行政管理和运行业务所支出的费用，应考核的管理费用核算指标包括车队管理人员、勤杂人员、警卫人员的工资及附加费、车队办公费、差旅费、水电费、业务联系电讯费、车队办公、生活用房屋基本折旧和维修费用等。

核算的方法是以实际发生的各项费用与经企业审查批准的预算费用比较，计算其节超额，同时计算因运输工作量和人员的增减变化而引起的车队管理费用变化的幅度和数额。

5. 劳动力消耗的核算

劳动力消耗的核算，应考核的指标主要有车队平均人数的增减额、车队全员劳动生产率和司机劳动生产率等指标。

6. 营运车辆运用效率的核算

营运车辆运用效率的核算是指用以考察营运车辆运用效率在时间上所发生的变化并做出相应的因素分析，进而了解由于营运车辆运用效率的变化所带来的经济效果的变化，应考核的主要核算指标有：① 完好率；② 工作率；③ 平均车日行程；④ 里程利用率；⑤ 吨位利用率；⑥ 拖运率；⑦ 车吨期产量。

7. 车队运输成本的核算

对车队运输成本进行核算有车队成本和完全成本两种核算方法，核算车队成本是按照运输成本项目（其中企业管理费项目为车队管理费）计算的车队运输总成本、单位成本、成本降低额和成本降低率等指标。

如果企业要求车队核算完全成本，则需要将企业管理费分摊计入车队管理费。

（八）单车运输成本核算

单车运输成本核算一般有两种方法。一种是核算单车完成各项经济技术指标的程度。包括：运输工作量、车辆运用效率、运行安全和运输质量以及四项定额（燃料、轮胎、小修材料费、大修间隔里程）等指标的实际数与计划（或定额）数的比较，根据各项指标的完成程度作为是否取得奖励的依据。另一种是将单车视为一个"独立"核算单位，将核算期内各种消耗（包括驾驶员本人的工资及附加费以及分摊给单车的企业管理费和车队管理费）计算出金额，完成的运输工作量按企业计划平均费率计算营运收入，然后计算出应缴的应纳税金，得出单车在核算期内的总成本，并由此计算出单车利润，再按单车计划利润完成程度考核驾驶员在核算期内的经济成果。

这两种方法各有利弊：后一种形式的优点是直观性强，核算期内各车的利润完成数可以直接比较；按各车完成的利润数来计算奖惩额，其说服力强，但其缺点是各车运输工作量计划值的确定十分困难，而且当工作需要某些车辆完成利小或无利的运输任务时，必须及时调整计划，因而带来了许多繁杂的工作。前一种形式虽然其经济效果的直观性不如后一种，但所考核的各项经济技术指标已足以显示其是否有经济效果，同时，各车只需要服从调度安排，保证运行安全，完成四项定额的具体要求，则即可保证其计算利润的完成。

开展运输成本核算做好核算期内各项经济技术指标的计划安排之外，更重要的是在执行计划时有一个及时的记录。通常的方法是，在管理好行车路单的基础上，使用驾驶手册，手册所记录的资料与行车路单的内容基本一致，便于驾驶员依据手册的记录掌握自己在期内的进度，并与车队核算人员的记录相核对。

四、运输成本核算的步骤

运输成本的会计核算方法是采用一般会计的费用归集准则，将直接人工、直接材料和其他直接费用、间接费用归集与分配到成本计算对象（产品、服务或车辆）中去。

按我国会计制度的方法核算运输成本，往往会出现不能正确反映运输活动中成本支出的情况，一些研究者提出采用基于活动的ABC方法来核算运输成本。

运输成本核算的操作步骤如下：

（一）确定运输成本核算对象、计算单位和成本计算期

1. 运输成本核算对象

由于道路运输企业的营运车辆车型比较复杂，为了考核同类车型成本和大、中、小型车辆的经济效益，可以按照大型板车、集装箱车、零担车、冷藏车、罐车等作为单独的成本计算对象。挂车运输不单独计算成本，其所发生的费用随主车计入各分类运输成本。

2. 运输成本计算单位

成本计算单位一般为元/千吨公里。大型车组的成本计算单位可以为元/千吨位小时，集装箱车辆的成本计算单位为元/千标准箱公里。集装箱以20英尺为标准箱，小于20英尺的，每箱按1标准箱计算；40英尺箱或其他大于20英尺的集装箱，每箱按1.5标准箱计算。

其他运输车辆，如零担车、冷藏车、油罐车等，其运输工作量仍以"千吨公里"为成本计算单位。

3. 运输成本计算期

成本计算期是指成本计算的时间范围，一般应按月份、季度和年度计算从年初至各月末止的累计成本。营运车辆在经营跨月运输业务时，一般以行车路单签发日期所归属的月份计算其运输成本。

（二）确定运输成本项目

根据《企业会计准则》的规定，结合运输生产耗费的实际情况，运输成本项目在会计核算时可划分为车辆直接费用和营运间接费用两个部分。

1. 车辆直接费用

（1）工资。是指按规定支付给营运车辆司机和助手的基本工资、工资性津贴和按规定计算的各种奖金等。

（2）职工福利费。是指按照规定的工资总额和比例计提的职工福利费。

（3）燃料。是指营运车辆运行过程中所耗用的各种燃料，如汽油、柴油等。自卸车时及装有空调的车辆使用空调时所耗用的燃料也在本项目核算。

（4）轮胎。是指营运车辆耗用的外胎、内胎、垫带、轮胎翻新和修补充气费。

（5）修理费。是指营运车辆进行各级维护和修理所发生的工料费用、修复旧件费用和行车用机油费用。采用总成互换修理作业的企业，维修部门领用周转总成价值和卸下总成的修理费用也在本项目内核算。

（6）折旧。是指营运车辆按规定计提的折旧费。

（7）车辆保险费。是指向保险公司交纳的营运车辆保险费用。

（8）事故损失。是指营运车辆在营运过程中，因行车事故所发生的损失，扣除保险公司赔偿后的事故费用。

（9）税金。是指营运车辆按规定缴纳的车船税。

（10）其他。是指营运车辆在营运过程中发生的不属于以上项目的行车杂费等，如过桥费、过路费、过渡费、过隧道费、司机途中宿费、车辆清洗费及营运司机领用的低值易耗品（篷布、工具、保温套等）和劳动保护用品等。

2. 营运间接费用

营运间接费用包括运输企业以下的基层分公司、车队、车站发生的营运管理费用，但不包括企业行政管理部门发生的管理费用。

（三）编制各种费用汇总表

由运输生产部门根据费用支出和生产消耗的原始凭证，按照成本计算对象、费用类别和部门对营运费用进行归集、分配，并编制各种费用汇总表，包括工资及职工福利费分配表，燃料、材料及轮胎消耗汇总表，以及低值易耗品摊销表、固定资产折旧及大修理费用提存计算表、轮胎摊销分配表等。

根据各种费用汇总表或原始凭证，登记"辅助营运费用""营运间接费用""待摊费用""预提费用"，以及"运输支出""装卸支出""其他业务支出"的明细分类账；并将辅助营运费用、营运间接费用按成本计算对象分配和结转计入"运输支出""其他业务支出"账户，确定各项业务应负担的费用，开始计算各项业务成本。

（四）计算各项业务成本

1. 运输完全成本的计算

（1）工资及职工福利费。参与运输活动的直接人工工资，每月根据工资结算表进行汇总与分配。有固定车辆的司机和助手的工资及津贴，直接计入各自成本计算对象的成本；没有固定车辆的后备司机和助手的工资及津贴，应按营运车吨位或营运车日，分配计入有关车辆的分类运输成本。其分配计算公式为：

每营运车吨日工资分配额（元/车吨日）=应分配的司机工资总额/总营运车吨日

某车型应分摊司机工资额（元）=该车型实际总营运车吨日×每营运车吨日工资分配额

（2）燃料。营运车辆消耗的燃料，应根据行车路单或其他有关燃料消耗报告所列实际消耗量计入成本。燃料消耗计算的范围与期间，应与车辆运行情况相一致，以保证燃料实际消耗量与当月车辆行驶总车公里和所完成的运输周转量相对应。

实行满油箱制的运输企业，在月初、月末油箱加满的前提下，车辆当月加油的累计数即为当月燃料的实际消耗数。企业根据行车路单领油记录核实的燃料消耗统计表，即可计算当月燃料实耗数。

实行实地盘存制的企业，应在月底实地测量车辆油箱存油数，并根据行车路单加油记录，计算各车当月实际耗用的燃料数。可按下列公式计算：

当月实耗数=月初车存数+本月领用数–月末车存数

营运车辆在本企业以外的油库加油，其领发数量不作为购入和发出处理的企业，应在发生时按照分类成本领用的数量和金额，直接计入各分类运输成本。

（3）轮胎。营运车辆领用的内胎、垫胎以及轮胎零星修补费用和轮胎翻新费用，按实际领用数和发生数计入各分类运输成本。外胎可以按领用轮胎实际成本计入当月运输成本，但在一次领用轮胎较多时，可以在一年内分月摊入各月运输成本。

大型汽车运输企业，一般按每胎公里摊销额和月度内实际行驶胎公里数计算列入成本。其计算公式为：

千胎公里摊提额（元/千胎公里）=（外胎计划价格–计划残值）/（新胎到报废行驶里程定额/1 000）

外胎的轮胎摊提费用，应按月计入运输成本。其计算公式为：

某车型外胎应计摊提费用（元）=千胎公里摊提额 × 该车型外胎实际使用胎公里/1 000

报废的外胎应按照新胎到报废的里程定额计算其超亏里程，并按月分车型计算其超亏里程差异，调整运输成本。其计算公式为：

某车型外胎超亏里程应调整成本差异（元）=千胎公里摊提费 × 该车型报废外胎超亏胎公里/1 000

（4）修理费。营运车辆因维护和修理而领用的各种材料、配件费，直接计入各分类成本的修理费项目；预提的车辆大修理费用，可根据"预提大修理费用计算表"计入本项目。

营运车辆的大修理费用按实际行驶里程计算预提，特种车、大型车可按使用年限计算预提。其计算公式如下。

按使用年限计提：

某车型营运车月大修理费用提存率（%）=（预计大修理次数 × 每次大修理费用）/（该车型平均原值 × 预计使用年限 × 12）×100%

按实际行驶里程计提：

某车型营运车千车公里大修理费用预提额（元/千车公里）=预计大修理次数 × 每次大修理费用/该车型新至报废行驶里程定额/1 000

某车型营运车月大修理费用提存额（元）=该车型营运车千车公里大修费用预提额（元/千车公里）× 该车型营运车当月实际行驶里程（车公里）/1 000

实际大修间隔里程与大修间隔里程定额比较，所发生的超亏里程造成的多提或少提费用差异，以及大修后，实际大修费用与预提每次大修理费用的差额，应调增或调减本项目。

（5）车辆折旧。营运车辆的折旧按实际行驶里程计算，特种车、大型车按年限法计算列入本项目。不采取预提大修费的企业可不分大修和小修，所发生的修理费用，直接计入本项目。

按使用年限法计提折旧的计算：

某车型营运车月折旧率（%）=（1−残值率）/该车型预计使用年限 × 12 × 100%

某车型营运车月折旧费用（元）=该营运车月初原值 × 该车型营运车月折旧率

营运车辆按行驶车公里计提折旧的计算：

某车型营运车千车公里折旧额（元/千车公里）=（车辆原值−预计残值+清理费用）/车型折旧里程定额/1 000

某车型营运车折旧费用（元）=该车型营运车当月实际行驶里程（车公里）× 该车型营运车千车公里折旧额（元/千车公里）

月终，根据固定资产折旧计算表，将提取的营运车辆折旧额计入各分类运输成本的本项目内。

（6）车辆保险费。车辆保险费按实际支付的投保费用和投保期，并按月份分车型分摊计入各分类成本的本项目内。

（7）事故费。营运车辆在运营过程中因碰撞、翻车、碾压、落水、失火、机械故障等原因而造成的人员死亡、牲畜死伤、车辆损失、物资毁损等行车事故所发生的修理费、救援费和赔偿费，以及支付给外单位人员的医药费、丧葬费、抚恤费、生活补助费等事故损失，在扣除向保险公司收回的赔偿收入，以及事故对方或过失人的赔偿金额后，计入有关分类成本的本项目内。在事故发生时，可预估事故损失。在预估事故费用时，通过预提费用账户核算当年结案事故的实际损失与预提数的差额，调整本年度有关业务成本。因车站责任发生货损、货差等事故损失，应计入"营运间接费用"账户，不列入本项目。

（8）营运间接费用。企业营运过程中发生的不能直接计入成本核算对象的各种间接费用，但不包括企业管理部门的管理费用。营运间接费用可通过编制"营运间接费用分配表"，计入各分类运输成本的本项目内。

（9）其他营运费用。随车工具、篷布绳索、防滑链及司机的劳动保护用品等，应根据"低值易耗品发出汇总表"和"材料发出汇总表"，将按各分类成本对象归集的费用数额，计入分类运输成本的本项目内。一次领用量较大时，也可以通过"待摊费用"账户分期摊销。企业发生的行车杂支、车辆牌照费、检验费和过渡费等，可根据付款凭证计入各分类成本项目。

2. 辅助营运费用的计算

运输企业的辅助营运费用，主要是指为企业车辆和装卸机构进行维修作业而设置的保养场或车间的生产业务所产生的费用，包括小量零配件制造，以及供应水电、气等生产业务所产生的费用。

辅助营运费用的计算应按照费用计算对象和费用类别进行归集，并按受益部门和一定的方法进行分配。

企业应分别设置"辅助营运费用"总分类账和明细分类账，按规定的费用项目设置专栏核算。辅助生产部门在生产过程中发生的费用，能直接计入各成本计算对象的应直接计入，不能直接计入的间接费用，采取适当的分配方法，分配计入各成本计算对象的分类明细账。

各级维护和小修作业、自制设备和配件、轮胎修补、旧件修复，以及对外修理等直接耗用的各种材料，月终根据材料库转来的领料单，按成本计算对象编制"材料耗用汇总分配表"，据以登记各成本计算对象的分类明细账。其他直接费用可根据有关原始凭证登记各有关明细分类账。

辅助生产人员工资及职工福利费和车间经费等，不能按成本计算对象归集的间接费用，应根据实际支付的工资及费用，按照实际总工时计算单位工时分配额，再按各成本计算对象所耗费的实际工时进行分配。其分配计算公式为：

单位工时工资（费用）分配额（元/工时）=辅助生产人员工资及职工福利费（或车间经费）/辅助生产实际总工时

某类维修作业或产品应分摊工资或费用额（元）=该类维修作业或产品实际耗用工时 × 单位工时工资（费用）分配额

3. 营运间接费用的计算

运输企业的营运间接费用，是指企业在营运过程中发生的不能直接计入成本计算对象的各种间接费用。

（1）车队管理费的分配。车队管理费应分配计入本车队各类车型的运输成本。通常先按车队发生的营运车辆的车辆费用和其他业务的直接费用比例，由运输业务和其他业务分摊，然后，再按各类车辆的直接费用比例或营运车日比例，由各类运输成本分摊。

车队管理费初次分配的计算公式如下：

车队费用分配率（%）=当月车队费用总额/（运输业务直接费用+其他业务直接费用）×100%

运输业务应分摊车队费用（元）=当月运输业务直接费用总额 × 车队费用分配率

车队管理费按各种车辆的直接费用比例分配的计算公式如下：

车队费用按车型分摊的分配率（%）=运输业务应分摊的车队费用/该车队各车型营运车的直接费用×100%

某车型的营运车应分摊的车队费用（元）=当月该车型营运车直接费用总额 × 车队费用按车型分摊的分配率（%）。

（2）车站经费的分配。车站经费应在车站各种业务之间分配，通常按运输直接费用、其他业务直接费用比例分摊。由运输业务负担的车站费用，应按车型类别的直接费用比例分摊。

（五）编制企业成本计算表，进行运输成本分析

运输企业的运输成本是通过运输支出、辅助营运费用、营运间接费用等会计处理进行归集和分配的，从而计算出运输总成本、单位成本、成本降低额和成本降低率。这些再按费用项目设置多栏式明细账。

1. 总成本的计算

总成本是指成本计算期内，各运输成本计算对象的成本总额之和。

2. 单位成本的计算

单位成本是指成本计算期内，按成本计算对象完成单位运输周转量（千吨公里）的成本额。其计算公式如下：

某运输成本计算对象的单位成本（元/千吨公里）=该成本计算对象当月运输成本总额/该计算对象当月运输周转量（千吨公里）

对于不按吨公里计算其生产成果的大型平板车、集装箱专用车等，应按照各自计算生产成果的"千吨位小时""千标准箱公里"计算其运输单位成本。

3. 成本降低额和成本降低率

成本降低额是考核成本计划完成情况的主要指标，是以上年度实际单位成本与本期周转量计算的总成本减去本期实际总成本的差额。成本降低额是按成本计算对象计算的。其计算公式为：

成本降低额（元）=上年度实际单位成本 × 本年度实际周转量–本年度实际成本

当计算结果为负值时，表示成本超支额。

成本降低率是考核成本降低幅度计划完成程度的主要指标，是成本降低额与按上年度实际单位成本计算的总成本的比率。其计算公式如下：

成本降低率（%）=成本降低额/（上年实际单位成本×本期实际周转量）×100%。

不按照吨公里计算其生产成果的大型平板车和集装箱专用车，其成本降低额和成本降低率的计算方法可将上式中的周转量改为其相应的工作量。

对于分类计算运输成本的营运车辆，除了分别计算各类运输成本的降低额和降低率外，还要考核全部运输车辆的综合成本降低幅度。其计算公式为：

$$全部运输成本降低额(元)= \sum \left\{ \begin{matrix} 各运输成本计算 & & 该成本计算 & & 该成本计算 \\ 对象的上年 & \times & 对象的本期 & - & 对象的本期 \\ 实际单位成本 & & 实际周转量 & & 实际总成本 \end{matrix} \right\}$$

$$全部运输成本降低率(\%)= \frac{全部运输成本降低额}{\sum \left(\begin{matrix} 各运输成本计算对象 & \times & 该成本计算对象的 \\ 的上年实际单位成本 & & 本期实际周转量 \end{matrix} \right)} \times 100\%$$

五、运输成本核算表的编制

掌握运输成本核算表的编制过程是运输主管的一项基本工作，因此，熟悉企业物流运输成本核算表的编制方法及要求就非常有必要。

（一）运输成本核算表的编制步骤

运输成本核算表的编制步骤如下：

（1）确定成本计算对象、成本计算单位、成本项目和成本计算方法。

（2）编制各种费用汇总表。根据费用支出和生产消耗的原始凭证，按照成本计算对象、费用类别和部门营运费用进行归集和分配，并编制各种费用汇总表，包括工资及职工福利费用分配表，燃料、材料及轮胎消耗汇总表，低值易耗品返销表，固定资产折旧及大修理费用提存计算表，摊销分配表等。

（3）期末结转营运成本、期间成本和营业外支出。根据各种费用汇总表或原始凭证，登记"辅助营运费用""营运间接费用""待摊费用""预提费用"，以及诸如"运输支出""装卸支出""其他业务支出"的明细分类账；并将辅助营运费用、营运间接费用按成本计算对象分配和结转计入"运输支出""其他业务支出"账户，确定各项业务应负担的费用，计算各种业务成本。

（4）编制成本核算表。根据所属单位上报的成本核算资料，汇总分配企业的各项费用，编制企业成本核算表，计算单位成本和专项成本。

（二）编制运输成本核算表的要求

编制运输成本核算表的要求如下：

（1）数据真实。各项数据必须经过核对查实和确认，不得估算，更不能隐瞒不报或弄虚作假。

（2）内容完整。各项规定的填报内容应填列齐全，运输企业内部对某项经济指标含义的确认和计算方法的选择，上下口径必须一致，对于必须附加的说明和补充资料力求完整，供分析问题参考。

（3）编制及时。为了充分发挥成本核算表在企业经营管理中的作用，各基层单位和部门必须按照规定期限及时编报。不能为了赶编报表提前结账，也不能因为结账、对账而延误编制和降低制表质量。

（4）说明清楚。各基层单位和部门填列成本报表后，如果需要对报表中的某些经济指标或成本控制管理中存在的问题进行补充说明，则一定要表述清楚。

实训目标

1. 能够正确制定运输成本控制策略。
2. 能够完成运输成本的核算并进行简单分析。

情景描述

宏远物流公司要从位于大连市的工厂直接装运500台电视机送往位于青岛市的一个批发中心。这批货物价值为150万元。青岛市的批发中心确定这批货物的标准运输时间为2.5天，如果超出标准时间，电视机每天的机会成本是每台30元。宏远物流公司的物流经理设计了下述三个物流方案。

方案1：公司甲是一家长途货物运输企业，可以按照优惠费率每公里0.05元/台，运送这批电视机，装卸费用为0.5元/台，已知大连市到青岛市的公路运输里程为1 100公里，估计需要3天时间才可以运到（因为货物装卸也需要时间）。

方案2：公司乙是一家水运企业，可以提供水陆联运服务，即先用汽车从宏远物流公司的仓库将货物运至大连市的码头（20公里），再用船运至青岛市的码头（1 200公里），然后再用汽车从码头运至批发中心（17公里）。由于中转过程中需要多次装卸，因此整个运输时间大约为5天。询价后得知，陆运运费为每公里0.05元/台，装卸费为0.5元/台，水运运费为每台0.6元/台。

方案3：公司丙是一家可以提供全方位物流服务的物流企业，报价为22 800元，它承诺在标准时间内运到，但是准点的百分率为80%。

请从运输成本合理化控制角度，分析运输成本的构成，明确运输业务费用支出情况，科学测算、评价三种运输方案的优劣。并提交项目运输成本核算与分析总结报告。

环境要求

1. 一间能够容纳80人的计算机教室。

2. 需要计算机80台，计算机装有办公软件。

3. 需要一台投影仪及配套设备。

4. 需要白板、马克笔等资料若干。

 同 步测试 <<<<<<<<<<<<<< <<<<<<<<<<<<<<<<<<<<<<<<<<<<<<<<<<<<<<

（一）单选题

1. 下列属于运输成本项目中营运间接费用的是（　　　）。

　　A. 营运车辆司机的工资

　　B. 营运车辆耗用的轮胎费

　　C. 养路费

　　D. 运输企业以下的基层分公司、车队、车站发生的营运管理费用

2. 下列属于消耗类指标的是（　　　）。

　　A. 百车公里燃料消耗　　　　　　　B. 货运量

　　C. 养路费　　　　　　　　　　　　D. 平均车数

3. 成本计算期是指（　　　）。

　　A. 成本计算的时间范围　　　　　　B. 成本计算的功能范围

　　C. 成本计算的区域范围　　　　　　D. 成本计算的单位范围

4. （　　　）是指货物的质量与体积之比。

　　A. 货物性质　　　　　　　　　　　B. 装载容积

　　C. 货物密度　　　　　　　　　　　D. 装运密度

5. 运输量是影响运输成本的重要因素，（　　　）。

　　A. 运输量越小，单位运输成本就越低

　　B. 运输量越小，单位运输成本就越高

　　C. 运输量越大，单位运输成本就越高

　　D. 运输量越大，单位运输成本就越低

（二）多选题

1. 运输成本控制策略包括（　　　　　　　　），以及科学设计运输网络，实现优化运输。

　　A. 强化运输成本的核算与考核

　　B. 增强全员的运输成本意识

C. 提高企业运输管理水平

D. 消除运输中的不合理现象

E. 合理选择运输工具，提高运输效率

2. 下列属于运输成本的直接材料的有（　　　　　　）。

A. 企业管理费   B. 事故损失费

C. 维修保养费用   D. 轮胎

E. 燃料

3. 影响运输成本的因素包括（　　　　　　）、市场因素，以及转运等。

A. 运输距离   B. 运输量

C. 运输方式   D. 货物密度

E. 运输服务水平

4. 物资供应部门的运输成本核算指标包括（　　　　　　）。

A. 返修率   B. 库存物资周转率

C. 库存物资资金占用额   D. 材料采购成本差异

E. 经济采购批量

5. 企业实行运输成本核算，就必须（　　　　　　）。

A. 全面加强企业管理工作

B. 建立健全各项规章制度

C. 全面实行经济责任制

D. 降低各类各项成本

E. 不断改善生产经营工作中的薄弱环节

（三）简答题

1. 简述运输成本及其意义。

2. 简述道路运输成本的特点。

3. 简述降低运输成本的途径。

4. 简述企业一级的运输成本核算工作。

5. 简述编制运输成本核算表的要求。

素养目标

- 培养科学的管理者思维及素养
- 培养创新意识，增强服务家乡全面振兴的使命感和责任感

知识目标

- 掌握运输绩效评价的含义
- 掌握运输绩效评价指标体系的组成
- 掌握运输绩效评价指标体系建立的方法与步骤

技能目标

- 能够确定运输绩效评价
- 能够建立运输绩效评价指标体系

思维导图

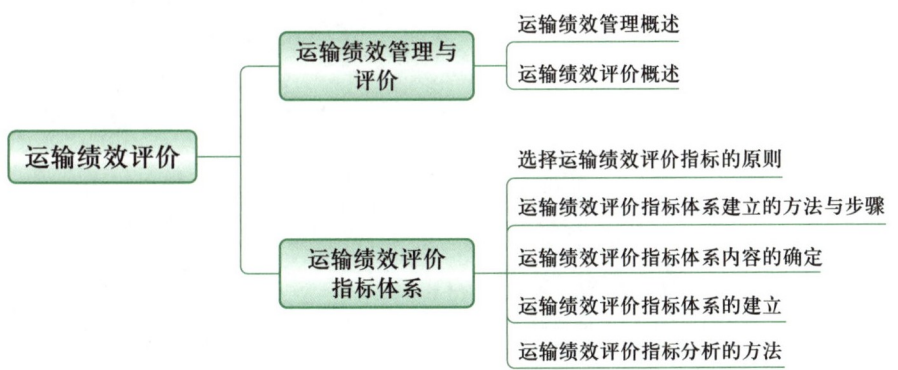

引 导案例

助力东北振兴发展，公路集疏运支撑港口建设

港口集疏运对港口发挥枢纽作用和经济腹地范围扩大起着决定作用。东北作为我国重要的重工业基地、林业基地、商品粮基地和外贸出口基地，大连港承担着东北三省70%以上的海运货物运输任务和90%以上的集装箱运输任务。2022年底，大连港口货物吞吐量达到37 426.0万吨，集装箱吞吐量达到445.9万标箱。

对于大连港集装箱集疏运而言，各个集装箱中转站的货物，先转运到集装箱中转站再运到大连港，大部分采用公路运输。大连港公路集疏运方面的公路总里程约4 560公里，其中高速公路和一级公路总里程为429公里，二级公路总里程为1 476公里。沈海高速公路直接连接大连港到内陆地区；鹤大高速纵贯黑、吉、辽三省东部地区，是东北东部出海通往朝鲜、韩国、日本等东北亚地区，开展国际贸易的快捷通道。此外，沈大和丹大高速连接线、土羊高速和丹大高速延长线进一步实现了公路集疏运的有效衔接，延伸了服务深度。

大连港的公路集疏运采用先进的管理方法，统一调度车辆，统一运输计划，以合理的运力、能源、人力向港口提供优质运输。这样既可以节约大量能源消耗，又避免了各部门之间疏港车辆相向空驶和各种矛盾；既可以充分发挥公路汽车运输的优势，又可以减轻铁路压力，在确保港口货物及时集散的同时还提高了泊位和港口设备的有效使用率。

第一节 运输绩效管理与评价

一、运输绩效管理概述

（一）运输绩效管理的含义

运输绩效管理，主要是指对运输活动或运输过程的绩效管理，这里的运输活动不限于运输企业的运输活动，还可以是其他企业的运输活动。运输绩效管埋是管理运输活动的整个过程，也就是围绕组织的战略目标，对一定时期内运输活动的集货、分配、搬运、中转、装卸、分散等环节进行绩效管理，从而实现整个运输活动目标的过程。

微课：运输绩
效与决策

从绩效评价指标方面来看，由于各种运输企业的情况差别较大，要设计一套适用于所有企业绩效评价的通用指标体系不太现实；如果按照运输活动或过程来设计指标体系，不同的运输企业或企业运输均可以根据情况有选择地运用这些指标建立绩效评价指标体系。

（二）运输绩效管理的原则

运输绩效管理在实施过程中，要提高其有效性，实现预定目标，需要坚持以下原则。

1. 管理结果和管理过程相结合

在实施绩效管理时，既要考虑投入（行为或过程），也要考虑产出（结果或业绩）。虽然一定时期内企业的业绩指标（如产品产量与质量、企业产值和利润、个人工作成果等）特别重要，但是绩效管理更加深刻的内涵在于过程管理，所以更应该重视组织各项活动的过程，如绩效目标的确定与计划的制订，关键绩效指标的设计、确定和过程管理，绩效考核及其结果的反馈、讨论与改进的过程等。如果仅仅关注活动结果，那么绩效管理会变成单纯的绩效评价，就会影响整体绩效水平的提高。所以，与一般绩效管理一样，运输绩效不仅强调结果导向，而且应重视实现目标的过程，应将两方面结合起来。

2. "管理过去"与"管理未来"相结合

绩效的评价和反馈沟通是运输绩效管理中难以处理的环节。也就是说，如何对每个环节、每项活动，以及对每个部门、每位员工做出客观、公正、准确、科学的评价，如何把绩效考核的结果如实反馈，并使之起到实实在在的激励作用，是运输绩效评价所面临的重要问题，也是比较困难的问题。如果抓好绩效评价的过程管理，让企业各级主管领导在各个环节做到跟踪、监控、落实、指导、帮助、激励和沟通等工作，那么领导与有关部门以及员工双方就可以直面评价结果，可以坦诚地进行沟通。所以，要扎实做好运输绩效管理前期的每一个环节，以便为后来的绩效评价和沟通打好基础。

3. 短期目标与长期发展相结合

在运输绩效管理中，如果仅仅关注和追求短期财务指标，追求短期经济效益，或者仅强调管理过程中的某一个方面，就会导致对长远发展战略和核心能力建设关注不足，可能会在整体上妨碍企业实现远大目标，如发展战略、客户服务、品牌建设、人才培养等。所以，运输绩效评价在关注短期经济目标的同时，应更多地考虑组织的战略、目标、文化等。运输绩效管理应充分体现在企业战略重点、企业目标和核心价值观上，使企业的当前利益和长远目标与战略相一致。

4. 个体行为和团队合作相结合

在绩效评价中，往往出现这些现象：部门和个人更加重视绩效的高低，个人岗位责任和部门职责更加分明，但员工之间、部门之间合作的意愿和主动性却降低了。在某些情况下，绩效考核还使部门员工团队内的个人差异显现出来。有时，绩效突出的员工反而受到群体的压力。这些现象对于整体绩效的提高是十分有害的。因此，在实际的运输绩效评价中，应采取措施防止这些现象出现，如在设计绩效指标时，可以将个人职务绩效分为任务绩效和周边绩效。任务绩效是指职务任务的完成情况，指组织所规定的行为或与履行职责有关的行为。周边绩效也称关系绩效，是指一种心理和社会关系，主要分为人际促进和工作奉献两个核心要素。这样就可以有效地促进员工关心团队，多承担一些职务之外的、跨边界的任务，促使个人、团队、企业目标相互融合、和谐发展。

（三）运输绩效管理的特点

运输绩效管理与一般绩效管理类似，与其他方面的企业管理相比，有其自身的特点。只是这里的运输绩效管理更具有针对性，管理对象更为具体，即它主要是对运输活动或过程进行的绩效管理。在企业内部，运输绩效管理是整个管理系统中的一个子系统，其特点主要表现在以下几方面：

1. 运输绩效管理的整体性

运输绩效管理的整体性体现在它的各个组成部分是作为一个统一的整体存在的。要提高运输绩效水平，必须实施严格的企业内部管理，必须依靠科学的指标体系进行评价，同时运输绩效评价结果必须用于运输绩效的改进。可以说，运输绩效管理的各个组成部分是相互联系的，离开了任何一个部分都不能构成运输绩效管理系统，都无法达到运输绩效管理的目的。

2. 运输绩效管理的目的性

运输绩效管理系统的根本目的是通过对组织绩效因果链中员工绩效的控

制来实现运输部门绩效目标，进而实现组织绩效目标。为此，运输绩效管理所有活动的开展都围绕着这一根本目的来进行，所有相关的部门组织、个人的工作目标和行为都不能与组织目标相抵触。

3. 运输绩效管理的环境适应性

运输绩效管理系统存在于特定环境中，这个环境中的许多因素会直接或间接地影响着组织中包括运输绩效管理系统在内的各个系统，并成为其制约条件。这些环境因素一方面包括企业内部的客观条件，如工作场所的布局与物理条件（室温、通风、粉尘、噪声、照明等），任务、目标、工作职责的特点，主管的领导作风，公司的组织结构，企业文化，企业宗旨等。另一方面，环境因素还包括企业外部的客观环境因素，如社会政治经济状况、市场竞争强度等。运输绩效管理系统只有与内外部环境保持合理的适应状态才具有生命力。

4. 运输绩效管理的动态控制性

从控制论的角度分析，运输绩效管理是一个控制系统。这一控制系统首先表现为员工、部门、组织绩效因果链中前一环节对后一环节的控制，如运输绩效评价（因）的效果直接影响到绩效评价结果的运用（果）。在运输绩效管理中，指标体系的建立和绩效评价等环节都包含着反馈与前馈的控制过程，这个过程在前后环节之间、评价者与被评价者之间始终处于动态变化之中，运输绩效管理正是在不断变化的过程中实现的。

二、运输绩效评价概述

（一）运输绩效评价的含义

运输绩效评价是指对运输活动或运输过程的绩效评价，它一般是采用一定的指标体系，对照统一的评价标准，按照一定的程序，运用定性和定量方法，对一定时期内运输活动或过程的效益和效率做出综合判断，以便管理者掌握运输活动的进展情况、任务完成情况、成本与效益等情况。

运输绩效评价是运输绩效管理中的关键过程，起着承上启下的作用。运输绩效评价对过去的运输活动或过程进行评估和检查，又为以后的运输绩效改进等工作提供基本信息依据。

（二）运输绩效评价体系的构成

运输绩效评价体系作为企业绩效管理系统的子系统，也是企业管理控制系统的一部分，它有自己的完整的体系。一个有效的运输绩效评价体系主要由以下内容构成：

1. 评价对象

评价对象主要说明对谁进行绩效评价，主要是指企业的运输活动或运输过程，一般包括集货、分配、搬运、中转、装卸、分散等作业活动。

2. 评价组织

评价组织是指负责领导、组织所有评价活动的机构。

3. 评价目标

评价目标是指整个绩效评价工作的指南，它服从和服务于企业目标。

4. 评价原则

评价原则是指在评价工作中需要掌握的一些基本准则。

5. 评价内容

评价内容说明了应该从哪些方面对运输绩效进行评价。

6. 评价标准

评价标准是判断评价对象绩效优劣的基准，也是设立评价指标的依据。

7. 评价指标

评价指标是指评价运输活动的各个具体指标及其体系。

8. 评价方法

评价方法是指评价绩效的具体手段。

9. 评价报告

评价报告是指进行运输绩效评价所得出的结论性文件以及其他相关材料，内容包括对评价对象绩效优劣的结论、存在问题及其原因分析等。

这9项内容共同组成一个完整的运输绩效评价体系，它们之间相互联系、相互影响。当然，企业和运输活动不同，就会有不同的评价目标、指标、标准和方法，所以运输绩效评价体系的具体构成要根据实际情况来确定。

（三）运输绩效评价的步骤

运输绩效评价步骤设计得合理，就能够将运输绩效评价体系落到实处，为有效地进行绩效评价提供保证。运输绩效评价的步骤如下：

1. 建立健全评价机构

建立一个由有关部门负责人组成的绩效评价组织，也可以邀请其他有关专家参与。应对其中的每个部分及其人员明确分工、职责和权利。

2. 调查评价对象的全面情况

通过调查，弄清楚评价对象的运输活动计划、目标、相关组织与人员，以及相关的环境条件，尽可能掌握较为全面的数据资料。

3. 明确评价目标及原则

应根据运输绩效管理目标、企业实际状况，以及发展战略和目标来确定评价目标。围绕评价目标，还应制定一些具体评价工作中遵守的基本原则。一般来说，绩效评价应把握以下基本原则：

（1）突出重点，要对关键绩效指标进行重点分析。

（2）建立完善的指标体系，使之能反映实际运输业务流程和全部运输过程。

（3）应尽可能采用实时分析与评价的方法，要把绩效度量范围扩大到反映运输作业实时运营的信息上去。

（4）保证系统评价的客观性，要使评价所依据的资料全面、可靠、准确，同时要防止评价人员的倾向性，其组成也要有代表性。

（5）应特别重视用户满意度的评价。

4. 确定评价内容

应根据评价对象的实际情况与评价目标确定绩效评价的具体内容。评价内容一般包括如下项目：

（1）运输成本。这是绩效评价应首先考虑的问题。但要明确，运费并不是唯一的成本构成，装载情况、索赔、设备条件等因素也要考虑。

（2）服务质量状况，即运输服务的准确性、安全性、迅速性、可靠性。

（3）运输能力，包括提供运输工具和设备以及专用车船的能力、装卸车船的能力等。

（4）中转时间，中转时间的长短直接影响库存水平和运输成本。

（5）服务能力，主要是利用信息技术和提供信息服务的能力，实现"门到门"服务的能力，运输可达性的能力等。

（6）处理提货单、票据等运输凭证情况。

（7）与顾客的合作关系。

5. 制定评价标准

一般来说，可以考虑从以下方面建立运输绩效评价标准：

（1）历史标准。这是以企业运输活动过去的绩效作为评价标准，进行纵向比较，以判断运输活动绩效的发展状况。

（2）标杆标准。这是将行业中优秀企业运输活动的绩效水平作为标准，这样可以判断出本企业的市场竞争力，认清自己在市场中位置，找到自身的不足，以便不断改进和提高，持续提升竞争的实力和地位。

（3）客户标准。这是按照客户对运输货物的要求设立的绩效标准，用此标准来衡量运输活动的业绩水准，可以了解是否达到客户要求，以便更好地提高顾客满意度，与顾客建立良好的合作伙伴关系。

6. 建立评价指标体系

当确定了评价对象、评价目标、评价原则、评价标准之后，就可以制定评价指标体系了。运输绩效指标体系可以从运输量、运输服务质量、运输效率，以及运输成本与效益等方面来建立。

7. 选择评价方法

依据评价指标和评价标准，还需要从评价目标、实施费用、评价效果等方面来选择一定的方法。评价方法代表了现代物流企业绩效评价的具体手段。

8. 实施绩效评价，撰写评价报告

这是具体实施运输绩效评价的阶段。在这个过程中，应随时关注实施过程，及时发现可能产生的偏差，并做出纠偏的决策。最后要撰写评价报告，即实施绩效评价的最终结果。

（四）运输绩效评价的注意事项

1. 运输绩效评价的影响因素

由于运输绩效评价涉及企业的内部组织、员工，以及运输活动各环节，所以许多因素都会影响到绩效评价的效果，可能会导致结果出现偏差。这些因素主要包括环境因素、评价标准因素、考评者因素，以及被考评者因素等。

（1）环境因素。环境因素主要包括时间因素和地点因素。时间因素是指在考核过程中，时间对绩效评价结果的影响。例如，需要较长时间完成的任务，如果在短期内就加以考核，则会产生误差。地点因素是指考核时不同地点对绩效评价的影响。例如，对于同样批量的同种货物，交通发达的大城市之间的运输与偏远地区运输的营业额。

（2）评价标准因素

评价标准不明确，含义模糊，不同的人可以有不同的解释，这样会导致不同考核者在考评时使用不一致的评价标准与方法，或者评价标准与实际情况差距较大，都会造成评价结果出现较大偏差。

（3）考评者因素

在考评过程中，考评者的一些主观因素，如晕轮效应、成见效应、优先效应和近因效应、心境与健康等都会影响到考评的客观结果。

（4）被考评者因素

在考评时，相关运输行为或活动与原计划判别较大，造成原考评标准或方法不太适应，这会影响评价的客观性和准确性。被考评的相关人员如果有抵触情绪、夸张效应、心境与健康问题等，就会影响其工作绩效，并对考评产生直接或间接的影响。

2. 运输绩效评价标准

运输绩效评价标准可以归结为运输成本、中转时间、可靠性、运输能力、可达性和安全性。在对运输活动进行绩效评价时，并非完全按照上述六项标准选择，可结合承运人及货主的实际情况，确定评价标准。例如，具体进行运输绩效评价与分析时，运输活动绩效评价标准可以选择以下内容：

（1）运输、取货、送货服务质量良好，即准确、安全、迅速、可靠；

（2）能够实现"门到门"服务而且费用合理；

（3）能够及时提供有关运输的状况、信息及其他信息服务；

（4）货物丢失或损坏，能够及时处理有关索赔事项；

（5）正确填制提货单、票据等运输凭证；

（6）与顾客长期保持真诚的合作伙伴关系。

运输成本是首先考虑的评价标准，但是运费并不是唯一的成本构成，整个系统的成本还必须考虑设备条件、索赔责任及装载情况等相关因素。

中转时间直接影响库存水平，所以也是一条重要标准。可以想象，如果承运人提供的运输服务不稳定，就必须有较多的库存。同样的道理，如果承运人不能将货物及时送达，就可能会失去市场。

可靠性评估通常以订货交付完成为基础。一旦一票订货已经完成并装运交付，仓库就会记录抵达时间与日期，并传输到采购部门。经过计算机处理后，将承运人的绩效记录及时提交给采购部门及运输部门，很容易分析判断承运人的可靠程度。

运输能力包括运输和服务两个方面的能力。运输能力主要指提供专用车的能力及卸车的能力。服务能力主要是指电子数据交换（Electronic Data Interchange，EDI）的利用、在线跟踪、储存和"门到门"等服务。

可达性是一个重要的评价标准。多式联运提供了范围更加广泛的服务，通过签订"直达运输"和"多式联运"协议，使承运人承运货物的可达性得到充分保证。

安全运输能力也是必不可少的评价标准。对安全性的评价主要从预防能力和理赔能力两个方面衡量。

第二节　运输绩效评价指标体系

运输绩效评价指标是运输绩效评价内容的载体，也是运输绩效评价内容的外在表现。评价指标是实施绩效评价的基础，任何评价行为都要运用一定的指标来进行，经营绩效取决于诸多因素，具有综合性特征。一般情况下，单一的运输绩效评价指标难以全面反映，因而实施运输绩效评价必须构建一个反映经营绩效各个侧面，由一系列相关指标组成的运输绩效评价指标体系。

一、选择运输绩效评价指标的原则

运输绩效评价指标的选择直接影响到运输绩效评价指标体系的构成及其

科学性、合理性，也影响到运输绩效评价的实际效果。因此，选择合适的运输绩效评价指标对于建立运输绩效评价体系至关重要。选择运输绩效评价指标应遵循以下原则：

1. 目的性原则

运输绩效评价指标的选择应该体现企业整体经济效益的目的以及运输绩效评价目的，也就是说，所选指标要能够科学合理地评价运输活动的作业过程、投入、产出与成本费用等客观情况。

2. 系统性原则

运输绩效会受到来自人、财、物、信息、服务水平等各种因素及其组合效果的影响，因此选择运输绩效评价指标不能只考虑某一单项因素，必须系统、全面地考虑所有影响运输绩效的因素，从中抓住主要因素，保证评价的全面性和可信度。

3. 可操作性原则

所选择的运输绩效评价指标，要尽量含义清晰，简单规范，操作简便，数量相当；同时，能够与现有统计资料、财务报表兼容。这样就可以提高实际评估的可操作性，提高工作效率，易于被人们接受。

4. 层次性原则

选择运输绩效评价指标以及确定指标体系要有层次性，这样便于确定每层重点，有利于进行关键指标分析、评价方法运用，以及绩效评价的具体操作。

5. 目标导向性原则

选择运输绩效评价指标的目的不仅仅是为了评出名次和优劣，更重要的是发挥出它正确的目标导向作用，即引导和鼓励企业按照市场需求组织运输活动，提高管理水平，降低成本费用，提高经济效益。

6. 定性指标与定量指标相结合的原则

运输活动的绩效评价指标，既包括技术经济指标，又包括社会环境指标，前者易于通过定量数值表示，但后者诸如安全、快速、舒适、便利等方面，却很难用量化的数值表示。要使得评价更具有全面性、客观性，就应该使定量指标与定性指标相结合，这样可以利用两者的优势，弥补双方的不足。

7. 绝对指标与相对指标相结合原则

绝对指标可以反映运输活动的规模和总量，相对指标可以反映活动在某些方面的强度或性能，两者结合起来使用，才能够全面描述运输绩效的特性。

8. 责权利相结合的原则

绩效评价的目的是改善绩效，而不是为评价而评价。绩效指标必须与有关部门与人员联系起来，指标评价的结果可以与责任人、责任单位的利益挂钩。因此，在运输绩效评价指标体系设计时，应明确各项绩效指标的考评对象及其结果的责任归属。

二、运输绩效评价指标体系建立的方法与步骤

按照运输绩效评价指标体系建立的原则，可以根据实际情况确定运输绩效评价指标体系建立的方法与步骤。

（一）运输绩效评价指标体系建立的方法

建立一套科学、合理的运输绩效指标体系，是一项十分复杂的工作，需要选择和运用适当的方法。一般可以选用以下几种方法：

1. 系统分析方法

运输系统是由运送、搬运、装卸、组织管理等子系统组成，这些子系统分别承担相应的职能，并且相互联系、相互作用。因此，采用系统方法建立绩效评价指标体系是运输系统本身特点的必然要求。

2. 以定量分析为主、定性指标定量化的方法

尽量以定量指标的设计为主，同时对一些必要的定性指标采用定量化的评价标准，从而有效地减少将来实际评价过程中的主观性因素，并使运输绩效评价指标体系具有较强的可操作性。

3. 专家咨询法

在设计指标体系过程中，邀请一些有经验的管理人员或从事这方面研究的专家学者参与进来，或者向他们咨询，使运输绩效评价指标体系具有更强的权威性。

（二）运输绩效评价指标体系建立的步骤

一般来说，运输绩效评价指标体系可以通过以下步骤建立：对运输绩效评价指标体系进行分析后，首先，初步确定各子系统或每一种绩效评价指标；然后，咨询专家意见，反馈、修改、完善，确定各子系统或每一种绩效评价指标；最后，确定绩效评价指标体系。

三、运输绩效评价指标体系内容的确定

运输绩效评价指标包括价格、质量、作用、形象、名誉和服务。运输企业的经营策略由它所选择的市场部分或货主群体来界定，运输绩效评价指标应与此相适应。

（一）运输绩效的一般评价指标

这是一组常用的评价指标，由下列五项指标组成：

1. 市场份额

在确定货主群体或市场领域之后，就可以直接评价运输企业的市场占有

率。一些企业团体、协会、政府部门等也对市场份额进行总体规模的估计。

2. 货主的忠诚度

留住客户是所有企业共同的希望。在运输绩效评价中，可通过评价与现有货主进行的交易量来评价货主的忠诚度。

3. 货主的满意程度

企业对于货主的满意程度无论多么重视都不过分。只有在货主购买产品或享受服务时完全满意或极为满意的情况下，企业才可能与他们建立长期合作关系。

4. 货主群

运输企业若想扩大市场份额，就应争取更多的货主。其绩效可以通过新增货主的数量或新增货主的采购总额来评价。

5. 从货主处获取的利润

运输企业不仅要评价与货主的交易量，还要评价这种交易是否有利可图。应当注意，有些货主尽管无利可图，但是它有很大的增长潜力，不容忽视。

（二）对货主价值重视程度的评价指标

上述评价指标同传统的财务评价指标有着同样的弊端，即职员并不能及时知道自己的服务能否让货主满意以及能否留住货主。下面三个评价指标，可以为运输公司在货主选择服务对象时提供高质量的服务，与货主建立良好关系，树立公司的良好形象和声誉。

1. 运输的价格和质量

有两种类型的货主，一类货主希望承运人提供较低的价格，另一类货主则希望承运人提供特殊的运输服务。前一类货主不会在运输服务档次方面提出特别要求，他们希望得到的是基本服务、尽可能低的价格、保质保量按时交货。后一类货主有时为了实现自己的竞争战略，宁可为特殊的运输服务支付额外的价格。

2. 货主关系

运输企业应对货主的要求尽快做出反应，保持同货主的关系还包括向货主做出长期承诺，以建立范围更广泛的关系。

3. 形象和声誉

形象和声誉是吸引货主的两个抽象因素。一些企业通过提高运输服务质量来树立其形象和声誉，并保持货主对企业的忠诚。形象和声誉宣传可以使企业在货主面前积极展示自己的长处。

（三）满足货主需求的评价指标

1. 运输时间

尽可能在最短的时间内满足货主的需求是极为重要的。对货主的需求做出迅速而可靠的反应通常是争取和留住货主的关键。一些货主不仅要求运输企业在最短的时间内做出反应，而且更关心这些反应的可靠性。对货主来说，按时提供新运输服务是实现货主满意的一个重要因素。将货主得到这些新运输服务的时间作为运输绩效评价指标，是一种以时间占领市场的手段。

2. 运输质量

运输质量往往和时间概念联系在一起，例如，能否按时送达货物就是评价运输质量的一个指标。

3. 运输价格

货主总是关心运输的价格，价格在某种程度上是影响交易的主要因素，企业往往根据竞争对手的价格确定自己的折扣或优惠价，以有竞争力的价格提供运输服务并赢得更多的货主。

四、运输绩效评价指标体系的建立

由于各种运输企业的情况差别较大，要设计一套适用于所有企业运输绩效评价的通用指标体系不太现实；如果按照运输活动或过程来设计指标体系，不同的运输企业或企业运输均可以根据实际情况，有选择地运用这些指标建立绩效评价指标体系。

一般来说，运输绩效评价指标体系可以由货物运输量、运输效率、运输质量、运输成本与效益等方面的指标组成。

动画：建立运输绩效评价指标体系

（一）货物运输量指标

货物运输量可以以实物量（吨）为计量单位衡量，也可以以金额为计量单位衡量。

以实物为计量单位的指标计算公式为：

$$货物运输量 = \frac{商品件数 \times 每件货物毛重}{1\,000}$$

以金额为计量单位的指标计算公式为：

$$货物运输量 = \frac{运输货物总金额}{该类商品每吨平均金额}$$

（二）运输效率指标

运输效率指标主要指的是车辆利用效率指标。可以从多个方面（如时间、速度、里程及载重量等）反映运输工具的利用率，这里仅简要介绍以下几种。

1. 时间利用指标

时间利用指标主要有车辆工作率与车辆完好率指标。车辆工作率是指一定时期内运营车辆总天数（时数）中工作天数（时数）所占的比重；车辆完好率则是指一定时期内运营车辆总天数中车辆技术状况完好天数所占的比重。

$$车辆工作率 = \frac{计算期运营车辆工作总天数}{同期运营车辆总天数} \times 100\%$$

$$车辆完好率 = \frac{计算期运营车辆完好总天数}{同期运营车辆总天数} \times 100\%$$

2. 载重量利用指标

载重量利用指标主要有吨位利用率和实载率。吨位利用率一般按照一定时期内全部营运车辆载重行程载重量的利用程度来计算。实载率则一般按照一定时期内全部营运车辆总行程载重量的利用程度来计算。

$$吨位利用率 = \frac{计算期完成货物周转量}{同期载重行程载重量} \times 100\%$$

$$实载率 = \frac{计算期完成货物周转量}{同期总行程载重量} \times 100\%$$

3. 里程利用率

里程利用率是指一定时期车辆的总行程中载重行程所占的比重，反映了车辆的载重程度，它可以评价运输组织管理的水平。

$$里程利用率 = \frac{载重行程}{车辆总行程} \times 100\%$$

（三）运输质量指标

运输质量可以从许多方面衡量，这里从安全性、可靠性、可达性、一票运输率、意见处理率，以及客户满意率等方面选择衡量运输质量的指标。

1. 安全性指标

安全性指标包括运输损失率、货损货差率、事故频率、安全间隔里程等指标。

（1）运输损失率。运输过程中的货物损失率可以有两种表示方式：一种是以损失货物的总价值与运输货物的总价值进行比较；另一种是用运输损失赔偿金额与运输业务收入额来反映。前者主要适用于货主企业的运输损失绩效考核，而后者更适用于运输企业或物流企业为货主企业提供运输服务时的货物安全性绩效考核。两者的计算公式如下：

$$运输损失率 = \frac{损失货物总价值}{运输货物总价值} \times 100\%$$

$$运输损失率 = \frac{损失赔偿金额}{运输业务收入总额} \times 100\%$$

（2）货损货差率。该指标是指在发运的货物总票数中货损货差的票数所占的比重。

$$货损货差率 = \frac{货损货差票数}{办理发运货物总票数} \times 100\%$$

（3）事故频率。该指标是指单位行程内发生行车安全事故的次数，一般只计大事故和重大事故，反映车辆运行过程中随时发生的遭遇行车安全事故的概率。

$$事故频率（次/万公里）= \frac{报告期事故次数}{报告期总运输公里数/10\,000}$$

（4）安全间隔里程。该指标是指平均每两次行车安全事故之间车辆安全行驶的里程数，是事故频率的倒数。

$$安全间隔里程 = \frac{报告期总运输公里数/10\,000}{报告期事故次数}$$

2. 可靠性指标

正点运输率是评价运输可靠性的主要指标，它反映运输工作的质量，可以促进企业做好运输调度管理，采用先进的运输管理技术，保证货物流转的及时性。

$$正点运输率 = \frac{正点营运次数}{营运总次数} \times 100\%$$

3. 可达性指标

由于有些运输方式（如铁路、航空等）不能直接把货物运至最终目的地，所以要利用货物直达率这个标准来评价企业提供多式联运服务的能力。尤其是当货物来往于机场、铁路端点站、港口时，直达率就显得尤为重要。

$$货物直达率 = \frac{直达票号数}{同期票号数} \times 100\%$$

4. 一票运输率

货主经一次购票（办理托运手续）后，由企业全程负责，提供货物中转，直至将货物送达最终目的地的运输服务，这被称为一票运输。该指标反映了联合运输或一体化服务程度的高低。

$$一票运输率 = \frac{一票运输票号数}{同期票号数} \times 100\%$$

5. 意见处理率

该指标反映了对客户信息的及时处理能力，通常采用设置意见箱收集货主意见的办法操作。在货主针对运输服务质量问题提出的诸多意见中，企业予以及时查处并给予货主必要的物质或精神补偿，取得满意效果的意见，称为已处理意见。

$$意见处理率 = \frac{已处理意见数}{货主提出意见数} \times 100\%$$

6. 客户满意率

在对货主进行满意度的调查中，凡在调查问卷上回答对运输服务感到满意及以上档次的货主，称为满意货主。意见处理率和满意率均可按季度计，必要时也可按月计。前者反映了货主对运输服务性好坏的基本倾向及企业补救力度的大小，后者是对运输服务质量的总体评价。

$$客户满意率 = \frac{满意货主数}{被调查货主数} \times 100\%$$

（四）运输成本与效益指标

运输成本与效益指标主要包括：燃料消耗指标、单位运输费用、运输费用效益、单车经济收益、社会效益等。

1. 燃料消耗指标

燃料消耗是运输费用中的重要支出，评价燃料消耗的指标主要有单位实际消耗和燃料消耗定额比。其中，燃料消耗定额比反映驾驶人员消耗燃料是否合理，促进企业加强对燃料消耗的管理。

$$单位实际油耗 = \frac{报告期实际油耗}{报告期运输吨公里数/100}$$

$$燃料消耗定额比 = \frac{百公里燃料实耗量}{百公里燃料定额量}$$

2. 单位运输费用

单位运输费用指标可用来评价运输作业效益高低以及综合管理水平。运输费用除燃料外还包括各种配件、养路、工资、修理、折旧及其他费用支出。

$$单位运输费用 = \frac{运输费用总额}{报告期货物总周转量}$$

3. 运输费用效益

运输费用效益指标是指单位运输费用支出额所带来的盈利额。

$$运输费用效益 = \frac{经营盈利额}{运输费用支出额}$$

4. 单车经济收益

单车经济收益指标是单车运营收入中扣除成本后的净收益。

$$单车经济收益 = 单车运营总收入 - 单车成本合计$$

计算结果若为正值，则说明车辆运营是盈利的；计算结果为负值，则说明车辆运营是亏损的。

5. 社会效益

社会效益指标主要衡量运输活动对环境污染的程度以及对城市交通的影响程度等。鉴于目前对运输项目的社会评价着重于宏观评价，且环境评价的指标过于专业，所以在这里可以更多地从定性角度对企业具体的运输活动进行评价，如运输活动中是否采用清洁能源的车辆、运输时间是否考虑避开城市交通高峰等。

五、运输绩效评价指标分析的方法

运输绩效评价指标分析的方法分为一般方法和技术方法两种。

（一）一般方法

一般方法是运输绩效评价指标分析可以共同采用的方法，它的要点是：以党的方针政策和国家计划任务作为评价企业运输活动的依据；在分析时从总体评价开始，按时间、地点由浅入深地加以研究；对计划执行结果的影响因素加以分类，据以查明各因素对计划的影响程度；相互联系地研究各类因素，把经济、技术、政治因素结合起来分析；以会计核算、统计核算和业务核算的资料为依据进行综合分析。一般方法可以说明企业运输活动的一般情况，但不能深入说明具体因素及其影响程度。

（二）技术方法

运输绩效评价指标分析的技术方法，是指分析时采用的具体数学方法。技术方法种类繁多，应根据企业的特点、分析的目的、掌握资料的性质和内容不同，有选择地应用。下面介绍几种主要的方法，包括比较分析法、因素分析法、差额分析法、综合分析法。

1. 比较分析法

比较分析法又称对比法，是运输绩效评价指标分析的主要方法。它是利用指标数据进行对比分析，以便发现问题、找出差距。使用比较分析法进行比较的方向如下：

（1）实际数与计划比较，用以说明计划的完成程度，并指出进一步分析的方向。

（2）本期实际完成数与前期实际完成数比较，用以说明发展速度和企业管理水平的改进情况。

（3）本期实际完成数与先进企业比较，可以找差距、明确赶超方向。

对比分析法要注意指标的可比性。它一般只适用于单因素，对于多因素分析要应用其他方法。

2. 因素分析法

因素分析法又称连环替代法，适用于分析多种因素对指标的影响程度。它是在确定了影响某项综合性指标各个因素的基础上，对各个因素的影响做定量分析的方法。具体做法是：以各个因素构成的计划指标的计算式为基础，依次替代各个因素的实际数（每次只替代一个因素）。替代后计算式乘积与计算式乘积之差为该替代因素对指标完成情况的影响值，各因素影响值之和就是实际数与计划数的差额。

现举例说明如下：

已知有关资料如表8-1所示，分析各个因素的影响值。

表8-1 某企业各项运输指标计划数和实际数

指标	计量单位	计划数	实际数
车辆工作率	%	90	80
平均车日行程	公里	250	200
里程利用率	%	100	100
吨位利用率	%	90	95
车吨日产量	吨公里	202.5	152

车吨日产量受四个因素的影响，它们的关系如下式：

车吨日产量＝车辆工作率×平均车日行程×里程利用率×吨位利用率

车吨日产量的计划数为202.5吨公里，实际数为152吨公里，低于计划50.5吨公里。这个差额就是因素分析的对象，依次替代和测定各因素的影响值。在实际分析时，可以用实际值减去计划值，也可以用计划值减去实际值。

在上例中，实际数减去计划数的差额为–50.5吨公里。即

$$0.8 \times 200 \times 1 \times 0.95 - 0.9 \times 250 \times 1 \times 0.9 = -50.5（吨公里）$$

$$计划完成百分比 = \frac{152}{202.5} \times 100\% = 75\%$$

各个因素变动对车吨日产量的影响程度分析如下：

（1）车辆工作率变动的影响（第一次替代）。

影响值=0.8×250×1×0.9−0.9×250×1×0.9=180−202.5

=−22.5（吨公里）

$$影响的百分比=\frac{180}{202.5}×100\%=89\%$$

（2）平均车日行程变动的影响（第二次替代）。

影响值=0.8×200×1×0.9−0.8×250×1×0.9=144−180

=−36（吨公里）

$$影响的百分比=\frac{144}{180}×100\%=80\%$$

（3）里程利用率变动的影响（第三次替代），本例中里程利用率无变动，所以无影响。

（4）吨位利用率变动的影响（第四次替代）。

影响值=0.8×200×1×0.95−0.8×200×1×0.9=152−144

=8（吨公里）

$$影响的百分比=\frac{152}{144}×100\%=106\%$$

综合验证：

−50.5=（−22.5）+（−36）+8

75%=89%×80%×1×106%

计算各因素影响值也可以直接进行连环替代，公式如下：

第一因素影响值=（车辆工作率实际数−车辆工作率计划数）×
平均车日行程计划数×里程利用率计划数×
吨位利用率计划数

第二因素影响值=车辆工作率实际数×（平均车日行程实际数−
平均车日行程计划数）×里程利用率计划数×
吨位利用率计划数

第三因素影响值=车辆工作率实际数×平均车日行程实际数×
（里程利用率实际数−里程利用率计划数）×
吨位利用率计划数

依此类推，逐个因素替代计算。

应当指出的是，应用连环替代法进行因素分析时要注意因素排列的顺序，排列的顺序不同，替代的顺序就不同，测定各因素的影响值就会有变化。但综合结果是不变的。在实际工作中，为了保证各个时期计算的一致性和各个因素的替代顺序，应有相对的固定形式。

3. 差额分析法

差额分析法是因素分析法的简化形式，是指利用各个因素的实际数与计划数之间的差额来计算各因素对计划完成情况的影响程度的一种分析方法。

现举例说明如下：某公司汽车大修厂的总产值计划完成情况如表8-2所示。

表8-2　总产值计划完成情况因素分析

指　标	本期计划	本期实际	本期实际比计划增（＋）减（－）
总产值/元	6 120 000	6 300 000	+180 000
职工人数/人	720	700	−20
劳动生产额/元	8 500	9 000	+500

由于职工人数变动对总产值的影响：

（本期实际职工人数－本期计划职工人数）× 本期计划劳动生产额

＝（700−720）× 8 500=−170 000元

由于劳动生产额变动对总产值的影响：

（本期实际劳动生产额－本期计划劳动生产额）× 本期实际职工人数

＝（9 000−8 500）× 700=−350 000元

总产值增加=−170 000+350 000=180 000

差额分析法适用于影响因素不超过两个的问题分析。

4. 综合分析法

综合分析法是指将各种分析资料综合比较，适用于企业总体的诊断和分析，也可以应用于对企业所属基层单位的综合分析。现结合下面的案例加以说明。

某运输企业2018—2022年的经济效益有关指标如表8-3所示。

表8-3　某运输企业2018—2022年的经济效益有关指标

指标		2018年	2019年	2020年	2021年	2022年
营运业务收入总额/万元		1 700	2 000	2 568	2 844	3 328
利润总额/万元		396	437.5	500	520.2	455
资金占用总额/万元		1 800	1 750	2 232	2 880	3 420
营运车平均总吨位/吨		1 650	1 700	1 940	2 200	2 560
利润构成	运输利润/万元	452	530	582	520	450
	装卸利润和其他利润/万元	24	30	34	65	82
	附属工业利润/万元	7	2	10	65.2	93
	营业外收支净额/万元	−87	−124.5	−126	−130	−170

根据表8-3中的数据，对该运输企业的经济效益及管理做出分析与评价。

（1）根据资料计算得到营运业务收入总额，利润总额、资金占用总额及营运车平均总吨位等指标的增减变化计算表（如表8-4所示），并绘出变化曲线（如图8-1所示）。

表8-4　指标增减变化计算表

指标	2018年		2019年		2020年		2021年		2022年	
	原始数据	增减变化/%	原始数据	增减变化/%	原始数据	增减变化/%	原始数据	增减变化/%	原始数据	增减变化/%
营业业务收入总额/万元	1 700	100	2 000	118	2 568	151	2 844	167	3 328	196
利润总额/万元	396	100	437.5	110	500	126	520.2	131	455	115
资金占用总额/万元	1 800	100	1 750	97	2 232	124	2 880	160	3 420	190
营运车平均总吨位/吨	1 650	100	1 700	103	1 940	118	2 200	133	2 560	155

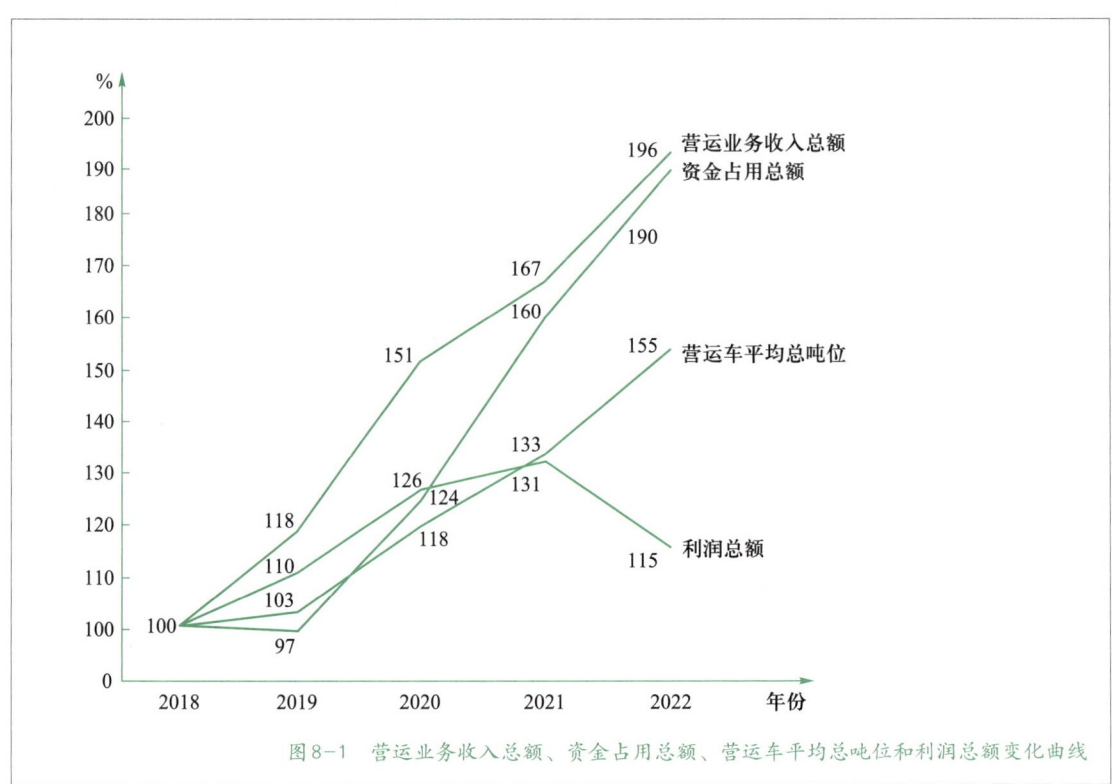

图8-1　营运业务收入总额、资金占用总额、营运车平均总吨位和利润总额变化曲线

分析如下：

① 从以上变化曲线，可以看出该企业2021年前营运业务收入总额、资金占用总额和利润总额都在增长，而营运业务收入总额与资金占用总额增长得更快，企业营运车平均总吨位也在增长，说明该企业生产力发展，运力增长，利润水平也在提高。但2021年的利润总额增长缓慢，其他三项都增长较快；2022年利润大幅度下降，其他三项都继续大幅度增长。这显示出企业收入增加了，但利润却下降了，反映出成本升高了。同时，收入大幅度增长是因为车辆增加，资金占用大幅度增长，反映了企业用扩大生产能力增加收入，搞的是外延型扩大再生产。由于忽视了管理，经济效益也下降了。

② 该企业盲目追求收入增长速度，重产值、产量，忽视经济效益等经营思想上的片面性，没有确定眼睛向内的观念，可以看出该企业没有实现转型。

③ 2021年利润水平下降，该企业的经营管理开始出现恶性循环。

（2）计算利润总额、资金利润率、收入利润率、车吨利润率的变化情况，得到如表8-5所示的指标变化计算表。

表8-5 指标变化计算表

指标	2018年		2019年		2020年		2021年		2022年	
	数据	变化情况/%	数据	变化情况/%	数据	变化情况/%	数据	变化情况/%	数据	变化情况/%
利润总额	396	100	437.5	110	500	126	520.2	131	455	115
资金利润率/%	22	100	25	114	22.4	102	18.1	82	13.3	60
收入利润率/%	23	100	22	95.7	19.5	84.8	18.3	79.6	13.7	59.6
车吨利润率/%	24.00	100	25.74	107	25.77	107	23.65	99	17.77	74

分析如下：

① 该企业2021年前利润总额是增长的，2021年开始增长幅度放慢，2022年开始大幅度下降。同时，参考车吨利润率、资金利润率、收入利润率三个指标的变化，可以看出该企业2020年开始经济效益出现下降趋势了。

② 综合观察图8-1中各项指标的变化曲线，从图8-2的曲线变化趋势中，可以明显看出该企业在经济效益大幅度降低的趋势面前，缺乏预见性，并且盲目扩大生产能力，增加资金占用，从而导致2021—2022年企业经营陷入恶性循环。

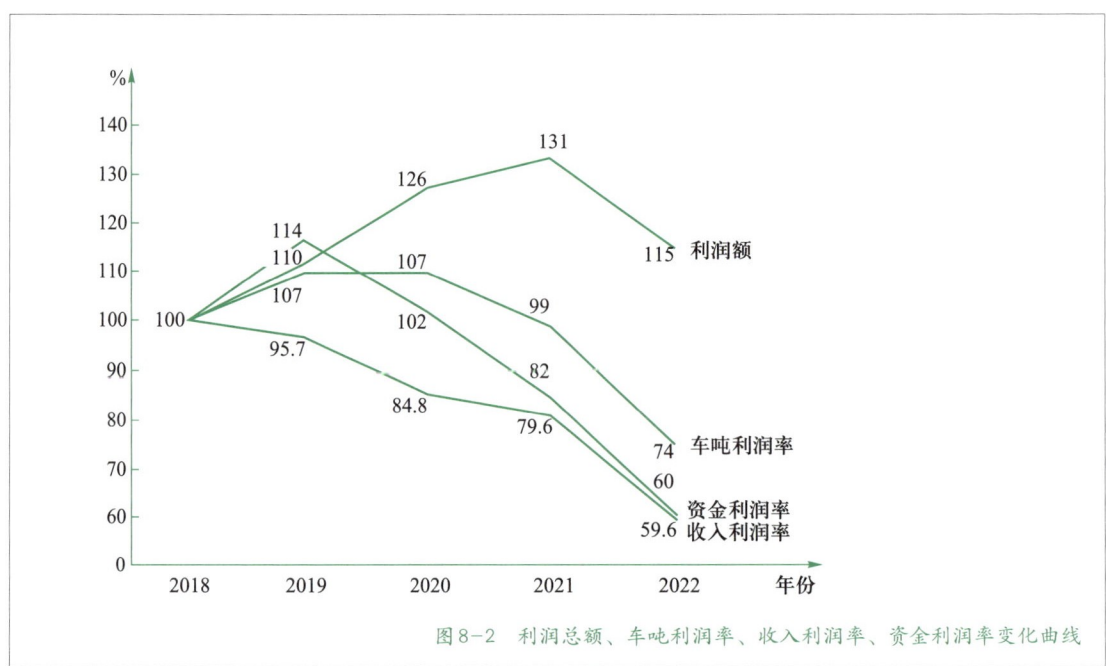

图8-2 利润总额、车吨利润率、收入利润率、资金利润率变化曲线

（3）分析原因，提出措施。

① 从以上分析中可以看出该企业经营管理上的主要问题有：

第一，企业决策层的经营思想不够端正，还没有从产品经济观念指导下的生产型管理转移到经营开拓型管理。

第二，企业运输成本升高，因而增收不增利。

第三，企业营业外支出逐年增长，企业投资过大，生产能力盲目增长，缺乏经济技术多方面的可行性分析。

② 结合已有分析，针对企业经营中的问题，提出以下解决办法：

第一，必须端正企业的经营思想，树立以提高经济效益为中心、加强内部经营管理、挖掘企业现有的资源潜力、以内涵扩大再生产为主的经营观念。

第二，缩小资金占用水平和固定资产投资规模，控制企业生产规模和生产能力盲目增长，加强流动资金管理，加速运费的清结工作，缩短在途资金占用量，采用现代化管理方法控制储备定额，加强物资管理。

第三，用提高现有车辆生产率的方法来增加企业收入，并采取一系列措施降低成本。

第四，继续抓好企业有盈利空间的业务生产，该企业附属工业利润2018年和2019年显著上升，说明该项业务经营潜力很大；装卸和其他业务利润2018年和2019年也显著上升，应利用现有势头扬长避短。

第五，分析营业外支出的具体项目，增加收入，控制支出，拒绝不合理的摊派。

实训目标

1. 能够正确进行运输绩效评价指标计算。
2. 能够选择合适的方法进行运输绩效评价分析。

情景描述

某运输公司一车队有20辆车，在2023年9月，有1辆车因事故停运，5辆车修理各用了4天时间，3辆车修理用了2天，其他车辆都是完好的，则该车队该月（以30天计）的车辆完好率为多少？如果在完好车日中，因为任务不足，有4辆车停驶了8天，其他车辆每天都在营运，则车辆工作率为多少？以上两个重要指标分别反映了什么情况？提高它们的途径是什么？

假设你是运输项目主管，在明确运输服务绩效评价需要注意哪些问题，整个作业的操作程序是什么，要较好地完成运输服务绩效评价任务，岗位人员需要哪些特殊专业知识和操作技能等问题的基础上，提交一份运输绩效评价内容建议方案，制定合适的指标体系，撰写详细的总结分析报告。

环境要求

1. 一间能够容纳80人的计算机教室。
2. 需要能够上网的计算机80台，计算机装有办公软件。
3. 需要一台投影仪及配套设备。
4. 需要白板、马克笔等资料若干。

（一）单选题

1. 环境因素主要包括（　　）和地点因素。

　　A. 时间因素　　　　　　　　B. 评价标准因素

　　C. 考评者因素　　　　　　　D. 被考评者因素

2. 运输绩效管理主要是指对运输活动或（　　）的绩效管理。

　　A. 运输行为　　　　　　　　B. 运输行动

　　C. 运输过程　　　　　　　　D. 运输流程

3. 满足货主需求的评价指标有（　　　）。

A. 运输时间、运输质量、运输价格

B. 运输时间、运输质量

C. 运输时间、运输品质

D. 运输质量、运输价格

4. 下列属于运输绩效评价标准的是（　　　）。

①运输成本　②中转时间　③可靠性　④运输能力　⑤可达性　⑥安全性　⑦固定性

A. ①②⑤⑦　　　　　　　　B. ③⑤⑥⑦

C. ①②③④⑤⑥⑦　　　　　D. ①②③④⑤⑥

5. 运输绩效的一般评价指标不包括（　　　）。

A. 市场份额　　　　　　　　B. 货主的忠诚度

C. 货主的满意度　　　　　　D. 信誉

（二）多选题

1. 载重量利用指标主要有（　　　　　　）。

A. 吨位利用率　　　　　　　B. 实载率

C. 平均总吨位　　　　　　　D. 车吨日产量

E. 货物运输量

2. 选择运输绩效评价指标的原则有（　　　　　　）等。

A. 目的性原则　　　　　　　B. 系统性原则

C. 可操作性原则　　　　　　D. 层次性原则

E. 目标导向性原则

3. 在因素分析法中，车吨日产量与（　　　　　　）指标成正比。

A. 车辆工作率　　　　　　　B. 平均车日行程

C. 里程利用率　　　　　　　D. 吨位利用率

E. 完好率

4. 运输效率指标包括（　　　　　　）。

A. 时间利用指标　　　　　　B. 空间利用指标

C. 里程利用率　　　　　　　D. 载重量利用指标

E. 燃油利用指标

5. 运输绩效评价的影响因素包括（　　　　　　）。

A. 环境因素　　　　　　　　B. 评价标准因素

C. 考评者因素　　　　　　　D. 被考评者因素

E. 服务因素

（三）简答题

1. 简述物流运输绩效评价的含义。
2. 简述常用的运输绩效评价指标体系的内容。
3. 简述运输成本与效益指标。
4. 简述运输绩效评价标准。

（四）分析题

某公司的单车月产量有关指标如表8-6所示，试用因素分析法分析各因素变动的影响情况。

表8-6　单车月产量有关指标统计表

指标	单位	计划数	实际数
日历日数	天	30	31
车辆工作率	%	85	80
平均车日行程	公里	250	240
里程利用率	%	100	100

素养目标

● 培养精益求精、不断创新的工作态度

● 培养不断进取、勇于挑战的大无畏精神

知识目标

● 掌握智慧运输与智能运输的关系，明确智慧运输与智能运输的区别

● 掌握物联网、大数据技术等智慧运输技术的基本原理

技能目标

● 能够运用智慧运输技术解决公路运输企业的提质增效问题

● 能够独立完成智慧运输企业应用情况调研并撰写报告

思维导图

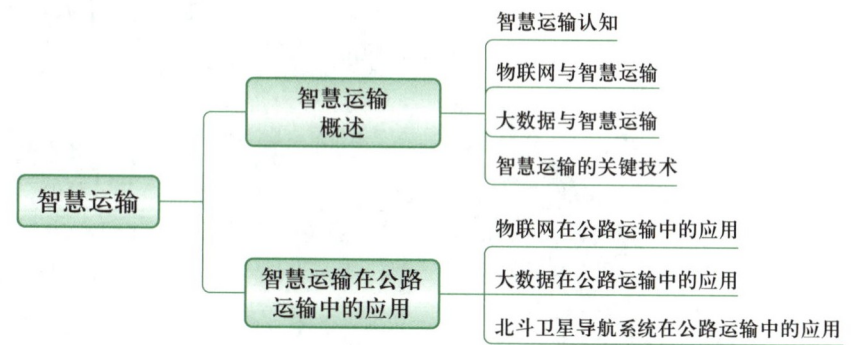

智慧运输
- 智慧运输概述
  - 智慧运输认知
  - 物联网与智慧运输
  - 大数据与智慧运输
  - 智慧运输的关键技术
- 智慧运输在公路运输中的应用
  - 物联网在公路运输中的应用
  - 大数据在公路运输中的应用
  - 北斗卫星导航系统在公路运输中的应用

引 导案例

北斗增强运输服务能力，助力交通强国建设

北斗卫星导航系统是我国自主建设、独立运行的卫星导航系统。北斗卫星导航系统的建设靠的是几代北斗人接续奋斗、数十万建设者聚力托举，弘扬了"自主创新、开放融合、万众一心、追求卓越"的北斗精神。二十六载风雨兼程，九千日夜集智攻关，目前北斗系统已完成了从北斗一号到北斗三号，从双星定位到全球组网，从覆盖亚太到服务全球的"三步走"发展战略。中国北斗从此走向了服务全球、造福人类的时代舞台。

交通运输行业具有点多、线长、面广和移动的特点，随着经济发展，交通工具数量急剧增长，使得交通运输行业成为卫星导航应用量最大的行业。北斗卫星导航系统的建设和应用是助力实现交通运输信息化和现代化的重要手段，主要应用场景有三个方面：① 陆地应用，如车辆自主导航、车辆跟踪监控、车辆智能信息系统、车联网应用、铁路运营监控等；② 航海应用，如远洋运输、内河航运、船舶停泊与入坞等；③ 航空应用，如航路导航、机场场面监控、精密进近等。

交通运输部、科学技术部发布的《"十四五"交通领域科技创新规划》提出，大力发展智慧交通，推动云计算、大数据、物联网、移动互联网、区块链、人工智能等新一代信息技术与交通运输融合，加快北斗导航技术应用，开展智能交通先导应用试点。推动北斗在自动驾驶、智能航运、智能铁路、智慧民航、智慧邮政等领域的创新应用，加快北斗在交通基础设施勘察设计、建设、管理、运营和运输服务领域的推广，构建北斗交通产业链。据统计，全国已有超过790万辆道路营运车辆安装使用北斗系统，近8 000台各型号的北斗终端在铁路领域应用推广，4.7万多艘船舶应用北斗系统。交通运输是国民经济、社会发展和人民生活的命脉。北斗系统正在成为反哺交通运输行业发展，推动智慧交通发展，助力交通强国建设的国之利器。

第一节 智慧运输概述

一、智慧运输认知

（一）智慧运输的概念

运输是我国现代物流体系建设的重要基础和关键环节。智慧运输就是要实现云计算、大数据、物联网、移动互联网、区块链、人工智能等新一代信息技术与物流运输的有效融合。实现智慧运输可以大大降低各个行业的运输成本，提高运输效率，提升整个物流行业的智慧化和自动化水平。

（二）智慧运输与智能运输

1. 智慧运输与智能运输的联系

智慧运输和智能运输都是运用信息和通信等多种先进技术在公路运输方面进行运用的产物。两者在关键技术、建设内容和应用目标等方面包含较多共同部分。

2. 智慧运输和智能运输的区别

（1）本质不同。智能运输关注的是运输过程中信息的采集和传递。而智慧运输是在智能运输基础上，更多关注使用大量数据模型和数据挖掘等数据处理技术进行运输信息分析、知识或规律的发现，以及决策反应等。

（2）定义不同。智慧运输是指在交通范畴内充分运用物联网、云计算、互联网、大数据、人工智能、自动控制、移动互联网、数据通信传输技术、电子传感技术、卫星导航与定位技术、计算机等信息技术集成运用到运输系统的各个节点，通过汇聚交通信息，提供实时准确的交通信息服务。智能运输是指将先进的信息技术、数据通信传输技术、电子传感技术、控制技术及计算机技术等有效地集成运用于整个地面交通管理系统而建立的一种在大范围内、全方位发挥作用的，实时、准确、高效的综合交通运输管理系统。

（3）目标不同。智慧运输是以功能自动化和决策支持为目标，将智能运输管理理念与人的智慧、信息技术融合，将人、车、路、环境等有机结合，发挥基础设施效能，保障运输安全，在较大区域内实现有序、高效运输，其结果是数据的利用和开发，用数据去完成任务，去实现功能。智能运输是以电子化和网络化为目标，使人、车、路密切配合达到和谐统一，发挥协同效应。达到的结果是数据的积累和传递，提高交通运输效率。

（4）核心不同。智慧运输的核心在"智慧"，即运输安装大脑，使之能够及时看到、听到、闻到有关信息，并及时做出反应，从根本上解决交通拥堵、资源浪费、安全事故频发、难于实时控制等难题。智能运输的特点是以信息的收集、处理、发布、交换、分析、利用为主线，为运输参与者提供多样性的服务。

二、物联网与智慧运输

（一）物联网的概念

物联网（Internet of Things，IOT）是指通过射频识别扫描器等信息传感设备，按照约定的协议，把物品与互联网相连接，进行信息交换和通信，以实现智能化识别、定位跟踪、监控和管理的一种网络。

物联网就是"物物相连的互联网"，包含两层含义：第一，物联网的核心和基础仍然是互联网，是在互联网基础之上延伸和扩展的一种网络；第二，其用户端延伸和扩展到了任何物品，进行物品之间的信息交换和通信。

物联网应该具备三个特征：一是全面感知，即利用无线射频技术、传感器、二维码等，随时随地获取物体的信息；二是可靠传递，通过各种电信网络与互联网融合，将物体的信息实时、准确地传递出去；三是智能处理，利用云计算、模糊识别等各种智能计算技术，对海量数据和信息进行分析和处理，对物体实施智能化控制。

（二）物联网的组成

物联网的体系结构可以分为感知层、网络层和应用层三个层次。

1. 感知层

感知层是物联网发展和应用的基础，是指包括传感器或读卡器等数据采集设备、数据接入到网关之前的传感器网络。感知层以RFID、传感与控制、短距离无线通信等为主要技术，其任务是识别物体和采集系统中的相关信息，从而实现对"物"的认识与感知。

2. 网络层

网络层是指建立在现有通信网络和互联网基础之上的融合网络。网络层通过各种接入设备与移动通信网和互联网相连，其主要任务是通过现有的互联网、广播电视网络、通信网络等实现信息的传输、初步处理、分类、聚合等，用于沟通感知层和应用层。

3. 应用层

应用层是指将物联网技术与专业技术相互融合，利用分析处理的感知数据为用户提供丰富的特定服务。应用层是物联网发展的目的。物联网的应用可分为控制型、查询型、管理型和扫描型等，可通过现有的手机、计算机等终端实现广泛的智能化应用解决方案。

（三）物联网技术在智慧运输中的作用

1. 货物运输跟踪

物联网借助互联网、无线射频技术、传感技术等无线数据通信技术的支持，在运输过程中，电子标签承载的信息可以实时被获取，掌握货物位置，进行车辆定位、货物监控、在线调度等，为货物质量及安全提供了保障。

2. 降低运输风险

对运输企业而言，货物代码可以自动获取数据，进行货物分类，降低取货、送货成本。并且，货物代码电子标签中编码的唯一性和防伪性可以用来鉴别货物真伪。由于其读取范围较广，可实现自动通关和运输路线的追踪，从而保证了产品在运输途中的安全。即使在运输途中出现问题，也可以准确定位，做出及时补救，使损失尽可能降到最低。这就大大提高了运输企业送货的可靠性和效率，从而提高了服务质量。

3. 降低运输成本

运输企业通过电子产品代码可以提供新的信息增值服务，从而提高收益率，维护其资产安全。不仅如此，利用无线射频技术能够识别高速移动物体的特点，可以对运输工具进行快速有效的定位与统计，方便对车辆的管理和控制。

三、大数据与智慧运输

（一）大数据的含义

大数据（Big Data），是指无法在可承受的时间范围内用常规软件工具进行捕捉、管理和处理的数据集合。大数据也是需要新处理模式才能具有更强的决策力、洞察发现力和流程优化能力的海量、高增长率和多样化的信息资产。大数据技术是以数据为本质的新一代革命性的信息技术，在数据挖掘过程中，能够带动理念、模式、技术及应用实践的创新。大数据技术的战略意义不在于掌握庞大的数据信息，而在于对这些具有意义的数据进行专业化处理。换言之，如果把大数据比作一种产业，那么这种产业实现盈利的关键在于提高对数据的"加工能力"，通过"加工"实现数据的"增值"。

（二）大数据的特征

大数据具有数据规模大、数据类型多、数据流转快以及价值密度低等特征。

1. 数据规模大

在大数据时代，各种信息源源不断地汇集到数据库，数据库中信息的总量越大，其价值也就越大。如百度资料表明其新首页导航每天需要提供的数据超过 1.5 PB（petatype，存储容量单位，1PB=1 024 TB），这些数据如果打印出来将超过 5 000 亿张 A4 纸，数据体量巨大。

2. 数据类型多

大数据类型不仅有文本形式，而且包括图片、视频、音频、地理位置信息等多类型的数据，个性化数据占绝对多数。

3. 数据流转快

大数据处理遵循"1秒定律"，可从各种类型的数据流转中快速获得高价值的信息。

4. 价值密度低

尽管数据体量巨大，但有用的数据往往不多。以视频为例，一小时的视频在不间断监控过程中，可能有用的数据仅仅只有一两秒。

（三）大数据在智慧运输中的作用

1. 提高智慧运输管理水平

公路货运企业可以通过大数据技术进行公路货运市场及竞争环境分析、运输供给与需求匹配、运输资源优化与配置等。货运企业可以通过对运输数据的跟踪和分析，实时分析市场变化情况，从海量数据中提取运输需求信息，同时优化已配置和将要配置的资源，从而实现对运输资源的合理利用。能够进行特定时期、特定区域的运输供给与需求情况分析，进行智能化运输管理。

2. 降低运输成本

由于运输订单获取、运输线路规划、运输调度、车辆安排及运输绩效分析等环节，对信息的交互和共享要求比较高，大数据技术能够对用户需求数据进行分析，预测运量需求，提前在各个物流分站预先发货；根据历史销售数据和对市场的预测，帮助企业制订更精准的运输作业计划。从运输网点的智能布局到运输路线的优化；从装载率的提升到最后一公里的优化；从公司层面的决策到运输员的智能推荐等，从点到面，大数据能够逐步提升运输智能化水平，从而大大降低运输成本，提高运输效率。

3. 规避运输风险

公路运输比较容易受大雾、冰雪等气候条件的影响，大数据技术能够有效规避公路货物运输中的风险。公共信息平台对大数据进行处理后，将相关信息对外发布，公路货运企业能够及时了解各地区、各路段的运行状况，避开风险路段，使货物安全准时到达。此外，通过大数据公共信息平台，运输企业能够在短时间内找出最佳行驶路线，并根据路况随时对运输线路进行调整，在有效规避风险的同时避免浪费，大幅度提高运输效率。

4. 提高用户服务水平

在大数据时代，电子商务规模不断扩大，商品流通速度明显加快，货运量不断增加，用户对公路货运企业的服务质量要求也越来越高。基于大数据技术，通过大数据的挖掘和分析，以及合理地运用分析成果，公路货运企业可以深入了解用户习惯，及时更新用户信息、货物信息，以及运输过程中的各类信息，进行科学规划。同时，将货物运输信息及时反馈给用户，进一步巩固企业和用户之间的关系，提升用户满意度和忠诚度，从而促进公路货运企业发展，提升企业的市场竞争力。

四、智慧运输的关键技术

（一）射频识别技术

1. 射频识别技术的基本原理

射频识别技术（Radio Frequency Identification，RFID），是指利用发射接收无线电射频信号，对物体采用近距离无接触方式进行跟踪的一种高新技术。射频识别技术的基本原理是电磁理论，它的主要特点是非接触式识别。

射频识别系统由电子标签（Tag）和读写器或阅读器（Reader）组成。电子标签用以存储数字字母编码，当受无线电信号照射时，能反射回携带数字字母编码信息的无线电射频信号，供阅读器处理识别。阅读器用以产生发射无线电射频信号并接受由电子标签反射回来的无线电射频信号，经过处理后获得标签的数据信息。

2. 射频识别技术的优点

射频识别技术的优点突出体现在如下几个方面：

（1）无接触识别的距离远。射频识别技术的传送距离由许多因素决定，如传送频率，天线设计等。

（2）识别速度快，输入12位数据只需要0.3~0.5秒。

（3）适应物体的高速移动，可以识别高速移动中的物体。

（4）可穿过玻璃、布、皮、木等材料识别。

（5）抗恶劣环境工作能力强，可全天候工作。

（二）全球定位系统

1. 全球定位系统的基本原理

全球定位系统（Global Positioning System，GPS），是指由一系列卫星组成的，以人造地球卫星为基础的高精度无线电导航的定位系统，可以24小时提供世界范围内高精度的定位和导航信息。准确地说，它是由24颗沿距地球12 000千米高度的轨道运行的NAVSTAR GPS卫星组成，不停地发送回精确的时间和位置。GPS接收器同时收听3~12颗卫星的信号，从而判断地面上或接近地面物体的位置，还有它们的移动速度和方向等。

GPS接收器利用GPS卫星发送的信号确定卫星在太空中的位置，并根据无线电波传送的时间来计算它们之间的距离。计算出至少3~4个卫星的相对位置后，GPS接收器就可以计算出自己的位置。每个GPS卫星都有4个高精度原子钟，还有一个实时更新的数据库，记载着其他卫星当下的位置和运行轨迹。当GPS接收器确定了一个卫星的位置时，它可以下载其他所有卫星的位置信息，这有助于它更快得到其他所需要卫星的信息。

2. 全球定位系统的优点

GPS问世以后，迅速在导航、定位领域得到广泛应用。与其他导航系统相比，GPS具有一些明显的优点。

（1）全球性。由于GPS卫星的分布合理，全球覆盖率达到98%，在覆盖范围内的地球上任何地点均可以连续同步观测至少4颗卫星。

（2）全天候。利用GPS进行观测可在一天24小时内的任何时间进行，不受阴天黑夜、起雾刮风、下雨下雪等气候因素的影响。

（3）高精度。GPS可提供高精度的三维坐标、三维速度和时间信息，采用差分技术定位精度可达到厘米级，授时精度达到20纳秒。

（4）高效率。随着GPS的不断完善和软件的不断更新，一般静态定位仅需要几分钟；在流动站与基准站相距15千米以内的差分定位中，流动站观测时间只需要1~2分钟；完成一次快速动态定位或测速仅需要数秒钟。

（5）应用广泛。GPS可用于与定位、导航、授时有关的领域，是继通信、互联网技术之后的第三大高科技应用技术。

（6）操作简便。GPS是单向测距的被动式定位，只要能接收到GPS信号就可以进行定位，操作简便。同时，GPS接收器的自动化程度越来越高，极大地减轻了测量的工作量和劳动强度。

（三）地理信息系统

1. 地理信息系统的基本原理

地理信息系统（Geographic Information System，GIS）是一门集计算机科学、信息学、地理学等多种学科交叉的产物，是指在计算机软件和硬件的支持下，运用系统工程和信息科学理论，科学管理和综合分析具有空间内涵的地理数据，以提供对规划、管理、决策和研究所需信息的空间信息系统。

GIS是在计算机硬件、软件系统的支持下，对整个或部分地球表层（包括大气层）空间中的有关地理分布数据进行采集、储存、管理、处理、分析、显示和描述的技术系统。其基本功能是将数据库、电子表格文件等表格型数据转换为地理图形显示，然后浏览显示结果，并进行操作和分析。其显示范围可以从洲际地图到非常详细的街区地图，显示对象包括人口、销售情况、运输线路，以及其他内容。将其广泛应用于军事，自然资源管理，电力，电信，石油和天然气，城市规划，交通运输，环境监测和保护等领域。

2. 地理信息技术的组成

地理信息技术由硬件、软件、数据、人员和方法五个部分组成。

（1）硬件。硬件的核心作用是数据和信息的处理、加工与分析。一般由计算机和数字化仪、扫描仪、解析测图仪、测绘仪器等外围设备组成。

（2）软件。软件是指GIS运行所必需的各种程序，主要包括地理信息系统软件和计算机系统软件，提供了存储、分析和显示地理信息的功能和工具。主要的软件部件有输入和处理地理信息的工具，数据库管理系统工具，支持地理信息查询、分析和可视化显示的工具，帮助使用这些工具的图形用户界面等。

（3）数据。数据是GIS最基础的组成部分。数据包括空间数据和属性数据。空间数据是GIS的操作对象，是指现实世界经过模型抽象的实质性内容。空间数据的表达可以采用栅格和矢量两种形式。属性数据是指与地理实体相联系的地理变量。一个GIS应用系统必须建立在准确合理的地理数据基础上，数据来源包括室内数字化、野外采集，以及从其他数据中转换。

（4）人员。人员是地理信息系统中的重要构成要素，GIS是一个动态地理模型，仅有系统软硬件和数据还不能构成完整的地理信息系统，需要人进行系统组织、管理、维护和数据更新，系统扩充完善以及应用程序开发，并采用空间分析模型提取多种信息。

（5）方法。方法主要是指空间信息综合分析方法，也就是模型应用。它是在对专业领域的具体对象与过程进行大量研究的基础上总结出来的规律的表示，GIS应用就是利用这些模型对大量空间数据进行综合分析来解决实际问题。

3. GIS与GPS的区别与关系

GIS与GPS在地理信息处理和分析中有很大关系，但是它们之间又存在着明显的区别。

GIS具有一定的结构和功能，是一个完整的系统。GIS与其他系统不一样的地方在于它拥有空间信息，可以利用这些空间信息做地理分析，这是其他系统做不到的。而GPS是一个中距离圆形轨道卫星定位系统，可以为地球表面绝大部分地区提供准确的定位和高精度的时间基准。GIS与GPS的区别如表9-1所示。

表9-1　GIS 与 GPS 的区别

名称	含义	主要组成部分	主要功能	应用
地理信息系统（GIS）	专门处理地理空间数据的系统	数据、硬件、软件、人员和方法	对地理空间数据进行输入、管理、分析、查询等	地图类App运用了GIS，商业网点的选址，城市规划等也需要用到GIS，是一个十分综合的技术系统
全球定位系统（GPS）	借助卫星定位的系统	GPS卫星、GPS接收器、地面监控系统	定位、导航	可以精确定出静态物体或动态物体的地理坐标及高程。车载导航是常见的GPS应用

虽然GIS与GPS存在很多区别，一个为模拟，一个为定位，但它们在地理信息处理和分析中有很大的关系。而GPS是GIS数据的重要来源，GPS提供了高精度的位置定位数据，GIS可以将这些位置数据与其他地理信息数据结合，进行分析和处理。例如，通过GPS实时监控车辆位置信息，结合GIS中的运输网络布置、路况信息等，运用车辆线路模型、最短路径模型等，实现运输管理可视化，精准实施运输生产管理与决策。

（四）北斗卫星导航系统

1. 北斗卫星导航系统概述

北斗卫星导航系统（BeiDou Navigation Satellite System，BDS）是由我国的研究机构独立研制的卫星通信定位系统，是继美国GPS系统、俄罗斯GLONASS系统之后的第三个较为成熟的卫星导航系统。

自2000年开始，我国就开始进行了北斗卫星导航系统的相关试验，于2017年11月5日发射了中国第三代导航卫星，标志着我国开始正式建造北斗全球卫星导航系统。2020年建成北斗三号系统，向全球提供服务。

2. 北斗卫星导航系统的组成

北斗卫星导航系统由空间段、地面段和用户段三部分组成。

（1）空间段。空间段由若干地球静止轨道卫星、倾斜地球同步轨道卫星和中圆地球轨道卫星等组成。

（2）地面段。地面段包括主控站、时间同步/注入站和监测站等若干地面站，以及星间链路运行管理设施。

（3）用户段。用户段包括北斗兼容其他卫星导航系统的芯片、模块、天线等基础产品，以及终端产品、应用系统与应用服务等。

北斗卫星导航系统可在全球范围内全天候、全天时地为各类用户提供高精度、高可靠定位、导航、授时服务，并具备短报文通信能力，已经初步具备区域导航、定位和授时能力，定位精度为2~5米，测速精度为0.2米/秒，授时精度为10纳秒。

第二节　智慧运输在公路运输中的应用

一、物联网在公路运输中的应用

物联网在公路运输中应用的技术包括RFID、GPS、GIS等。

（一）RFID技术在公路运输中的应用

1. 在公路运输中应用RFID技术的必要性

随着全国高速公路网络规划的逐步建成和完善，高速公路运输在综合运输体系和国民经济发展中起着越来越重要的作用。但是，高速公路运输体系所追求的快速、高效和安全，在很大程度上受各类事故和自然灾害等因素的影响和制约。例如，恶劣天气或汽车抛锚引起汽车追尾等事故所造成的损失，成为威胁人们生命及财产安全的重大隐患。因此，对高速公路车辆进行监测，及时发现各路段及关键点的车辆行驶异常情况并采取相应的应急措施，减少各类交通事故发生，是保证高速公路安全、舒适、快速运营的必要手段。

2. RFID技术在公路运输管理上的具体应用

RFID技术在公路运输管理上的具体应用为公路运输管理系统。

（1）公路运输管理系统概述

该系统由安装在车辆内携带的超级远距离电子标签、传输处理分站（含发射天线、接收天线、目标识别器）、数据传输接口、地面中心站软件组成。当携带标识卡的车辆通过传输处理分站区域时，标识卡立即发射出具有代表身份特征的射频信号，经目标识别器接收并通过传输处理分站发送到中心站。中心站接收来自传输处理分站上的编码信号，实现对车辆跟踪定位信息的采集、分析处理、实时显示历史数据、存储报表查询打印等功能，使管理人员能够及时准确地查询各种信息，方便险情的及时提醒和实时处理，提高和优化高速公路的整体管理水平。

（2）公路运输管理系统的原理及构成

公路运输管理系统的原理为：公路各分站设备的车辆信息采集处理板将低频的加密数据载波信号经发射天线向外发送；标识卡进入高频的发射天线工作区域后被激活（未进入发射天线工作区域标识卡不工作），同时将加密的载有目标识别码的信息经卡内高频发射模块发射出去；接收天线接收到标识卡发来的载波信号，经分站车辆信息采集处理板接收处理后，提取出目标识别码，并经车辆信息传输处理板送至计算机，完成预设的系统功能，从而实现车辆的自动化监控及管理。公路运输管理系统用一定数量的监测站点

动画：集卡车
到港操作

（读卡器）按一定间距（约160米）设立在高速公路上，构成公路交通的监控带。该监控带可以自动记录各站点通过车辆的编码和通过时间，从而确定车辆在任何时刻在路面上所处的位置，以便于查询。在事故发生时，能够实现事故的快速有效处理。

监测管理部分由数据传输接口、HUB、监控计算机（含监控管理软件）、打印机、网络终端、防雷设备等组成。其中数据传输接口是将RS485接口信号转换为监控计算机RS232串口信号；HUB（集线器）用于设备网络连接；监控计算机（含监测管理软件），实现对信息的自动化管理目标，在计算机屏幕上直观动态显示车辆的分布情况，使路面车辆情况一目了然；打印机主要用来打印车辆监测管理报表；网络终端主要是车辆监测信息的网上共享。

（3）公路运输管理系统软件功能。公路运输管理系统软件可以实时定位车辆跟踪查询、车速监测、事故处理、历史数据查询打印、数据统计、系统设置和联网等功能。

① 车辆实时定位跟踪查询。实时查询车辆动态分布情况及数量；查询高速公路上任一车辆的当前位置和某一时刻所处的位置，并进行实时跟踪显示。

② 车速监测。对车辆在各区域的车速及前后车辆情况进行监测。对前方有突发事故或其他异常情况进行报警提醒。

③ 事故处理。当某路段发生事故时，可迅速确定事故发生地点、车辆数量及身份等信息，为事故处理迅速提供准确的依据，减少损失。

④ 历史数据查询打印。可查询指定日期、指定车辆在任一路段的具体情况，查询和打印相关信息。

⑤ 数据统计。将各类信息统计汇总，按指定的格式统计事故发生路段分布，提供各路段的车辆、车速情况表等。

⑥ 系统设置和联网。设置系统的数据库连接，并提供基于网络的查询系统，能够确保相关人员通过网络准确、及时地了解高速公路上各车辆的具体情况。

（二）GPS在公路运输中的应用

1. GPS在公路运输中的运作模式

GPS目前在货物运输中的运作模式类似于手机运营商模式，即使用人（企业）购买信号接收终端后，安装在需要监控的车辆上，则该车辆的行驶信息即开始通过终端发送到运营商的服务器上。使用人采用网页或软件方式从运营商的服务器上获取车辆信息或下达管理指令。

目前利用GPS对车辆进行管理的方式主要有B/S模式和C/S模式两种。B/S模式是指通过浏览器登录运营商网站，使用人（企业）输入对方授权的用户名和密码，即可监控或管理自己的车辆，优点是在任何地点，只要有一台可上网的计算机，即可随时监控，缺点是相关功能较少。C/S模式是指使用单位或个人在固定监控计算机上安装客户端程序，运行后自动登录运营商服务器，监控本单位的车辆。这种模式的优点是监控、管理的选项多、功能多，缺点是监控地点固定。根据实际情况，也可以上述两种模式同时使用。运营商系统平台涉及通信网关技术、小负荷条件下海量信息发送技术、车载设备驱动技术等；车载终端平台则涉及不同条件下触发信号采集、判断、后续动作实施技术，TCP/UTP两种链接方式的兼容技术，集成身份识别技术，如IC卡、指纹识别器、加密U盘等；终端软件则涉及区域查询、电子地图分析、数据库技术等。

汽车导航系统是在GPS基础上发展起来的一门实用技术。它通常由GPS导航、自律导航、车速传感器、陀螺传感器、微处理器、CD-ROM驱动器、IJCD显示器组成。它通过GPS接收器接收到多颗GPS卫星的信号，经过计算得到汽车所处位置的经纬度坐标、汽车行驶速度和时间信息。它通过车速传感器检测出汽车行驶速度，通过陀螺传感器检测出汽车行驶的方向，再依据时间信息就可计算出汽车行驶的动态轨迹。将汽车实际行驶的路线与电子地图上的路线进行比较，并将结果显示输出，可以帮助驾驶人员在正确的行驶路线上行驶。

通过采用GPS对车辆进行定位，在任何时候，调度中心都可以知道车辆所在位置、离目的地的距离；同时还可以了解到货物尚需要多长时间才能到达目的地，其配送计划可以精确到小时。这样就提高了整个物流系统的效率。另外，借助于GPS提供的准确位置信息，可以对故障或事故车辆实施及时的援救。

2. GPS在公路运输管理中的应用

（1）路线规划。路线规划的内容主要包括：

① 资料信息查询。是指提供主要物标，如旅游景点、宾馆、医院等数据库，能够在电子地图上根据需要进行查询。查询资料可以以文字、语言及图像的形式显示，并在电子地图上显示其位置。

② 路线规划。规划出行路线是汽车导航系统的一项重要辅助功能，包括：自动路线规划，是指由驾驶员确定起点和终点，由计算机软件按照要求自动设计最佳行驶路线，包括最快的路线、最简单的路线、通过高速公路路段次数最少的路线等；人工路线规划，是指由驾驶员根据自己的目的地设计起点、终点和途经点等，自动建立路线库，路线规划完毕后，显示器能够在电子地图上显示设计路线，并同时显示汽车运行路径和运行方法。

（2）实时监控。实时监控的内容主要包括：

① 能够在任意时刻发出指令查询运输工具所在的地理位置（经度、纬

度）和速度等信息，在电子地图上直观显示出车辆的实际位置；能够随目标移动，使目标始终保持在屏幕上；能够多窗口、多车辆、多屏幕同时跟踪，对重要车辆和货物进行跟踪运输。

② 可随时掌握车辆出车后的行踪。若有不正常的偏离、停滞与超速等异常现象发生时，GPS工作站显示屏能立即显示并发出警告信号，并可由管理人员迅速查询纠正，避免危及人、车、货的安全的情况发生，减少企业的损失。指挥中心也可随时与被跟踪目标通话，实行管理。

③ 客户可登录GPS工作站的监控平台，查询货物运送状况，实时了解货物的动态信息。

④ 长途运输由于信息闭塞，渠道狭窄，回程配货是各运输企业的一大困扰。GPS实时监控建立在互联网这一开放式公共平台上，可提前在线预告车辆的实时信息及精确的抵达时间，用户则可以根据具体情况合理安排回程配货，从而提高了车辆的实载率，降低了运输成本。

⑤ 紧急援助。通过GPS定位和监控管理系统可以对遇有险情或发生事故的车辆进行紧急援助。监控台的电子地图可显示求助信息和报警目标，规划出合理的援助方案，并以报警声、报警光提醒值班人员进行应急处理。

（3）双向通信。双向通信的内容主要包括以下两点：

① GPS用户可以使用语音功能与司机通话，或者使用系统安装在运输工具上的移动设备的液晶显示终端进行消息收发对话。

② 驾驶员通过按下相应的服务、动作键，就把相关信息反馈到GPS监控中心，质量监督员可在GPS工作站的显示屏上确认其工作的正确性，以便了解并控制整个运输作业的准确性（发车时间、到货时间、卸货时间、返回时间等）。

（4）动态调度。动态调度主要包括以下内容：

① 调度人员能在任意时刻通过调度中心发出文字调度指令，并得到确认信息。GPS能够实时监控到自有车辆的位置及状态，所以能做到真正意义上的实时动态调度。

② 可快速解决客户问题，满足客户日益增长的服务需要。公司操作人员在接到客户来电或接到其他查询指示后，能立即通过查询数据库来显示客户关心的资料及相关信息，能够做到就近调派运力，提高运能，并在尽可能短的时间内为客户提供服务。

③ 可实时掌握车辆动态，当有一项临时任务发生时，可依照各个车辆位置及运输作业状态，进行临时性工作调派，以达到争取时间、争取客户、节约运输成本的目的。

④ 可进行运输工具待命计划管理。操作人员通过在途信息的反馈，在运输工具未返回车队前即做好待命计划，可提前下达运输任务，减少等待时

间，加快运输工具周转速度。

⑤ 运能管理。将运输工具的运能信息、维修记录信息、车辆运行状况信息、司机人员信息、运输工具的在途信息等多种信息提供给调度部门，帮助调度部门决策，使得调度部门能够更合理、更准确、更科学地进行调度，提高重车率，尽量减少空车时间和空车距离，充分利用运输工具的运能。

（5）数据存储和分析。数据存储和分析的内容主要包括以下四点：

① 路线存储。记录车辆的运行路线、运行区域，何时应该到达什么地方等，并将信息存储在数据库中，以备以后查询、分析使用。

② 路线优化。实时了解车辆状态，在控制点的具体位置以及距离目的地的距离，确认运输任务的完成情况，收集、积累、分析数据，以便进一步优化路线。

③ 服务质量跟踪。在中心设立服务器，使得有权限的用户能够在异地方便地获取与车辆有关的信息（运行状况、在途信息、运能信息、位置信息等用户关心的信息）。

④ 依据资料库存储的信息，可随时调阅每辆运输工具以前的工作资料，并可根据各管理部门的不同要求制作各种不同形式的报表，使各管理部门能够更快速、更准确地做出判断并提出新的指令。

（6）第三方应用。GPS可通过互联网第三方应用实现信息共享，实现发货方、承运人、接货方及时准确地掌握车货位置及运行情况等信息。

① 发货方。承运人将车辆信息部分开放给发货方，让其能够在网上较为直观地看到车辆分布和运行情况，从而找到适合自己使用的车辆，省去不必要的协商环节，加快车辆使用频率，缩短运输时间。在货物发出之后，发货方可随时通过网页或者手机来查询车辆在运输过程中的运行情况和已到达的位置，实时掌握货物在途信息，确保货物运输时效。

② 承运人。承运人可以通过互联网实现对车辆的动态监控式管理和对货物的及时合理配载，加强对车辆的管理，减少资源浪费和费用支出。通过将有关车辆的信息开放给用户，既方便了用户的使用，又减少了不必要的协商环节，同时提高了承运人企业的知名度与可信度，拓展了企业的业务面，提高了企业的经济效益和社会效益。

③ 接货方。接货方只需要通过发货方所提供的相关资料与权限，就可通过互联网实时查看货物信息，掌握货物在途情况和预计运输时间，以此来提前安排货物的接收、存储、销售等环节。

（三）GIS技术在公路运输中的应用

1. 在公路运输中应用GIS的必要性

随着高速公路的迅速发展，以及车流量的不断增加，现代化的监控系统在公路管理中的地位越来越高。但是，目前的高速公路管理系统中并没有充分利用现代化设施对高速公路进行整体上的管理和监控。高速公路本身是一种地理对象，由此可以把GIS的知识引入高速公路的管理中去，同时辅以办公自动化技术、计算机网络技术等，以实现高速公路真正意义上的现代化管理及监控。

高速公路监控系统主要通过外场设备对现场交通状态实时采集，针对高速公路范围内各种交通状态、交通事件和气象状况，利用建立的数学模型进行相关计算，生成相应的控制策略和控制方案。控制人员所采用的控制方案，通过可变情报板、可视信息等途径反馈给驾驶人员，诱导交通流运行在管理者期望的状态，达到安全、高效运输的目的。

2. GIS在公路运输管理上的应用

随着经济的快速增长，我国的高速公路建设发展极为迅速，为实现高速公路的各类信息管理与查询，基于网络的GIS（WebGIS）已应用到高速公路管理中来。例如，高速公路监控系统的运用可以反映公路上车辆运行情况的交通参数和交通状况。高速公路信息经监控系统分析、处理、判断后，可发出指令，控制公路情报板，变更其显示内容，实施对交通流的调节和控制。其性能的优劣在一定程度上取决于车辆驾驶员能否协调配合工作，接受系统的调度和指挥。高速公路监控系统运行资料表明，它不仅能够改善高峰期间车辆行驶的平均速度，增加高峰期间的交通量，减轻交通堵塞程度，缩短车辆延滞时间，同时也能大大减少交通事故，保证交通安全，节约燃料并减少车辆的磨损，缩短运输时间，减少污染，发挥高速公路快速、安全、舒适和高效率的功能；具有较为显著的经济效益、社会效益和环境效益。

二、大数据在公路运输中的应用

（一）大数据在公路运输中的重要性

对于交通管理部门，基于大数据技术的AI智能摄像机可实时监测和记录下公路上车辆的行驶速度、数量和公路状况，并通过高速信息传输网络送至综合管理平台进行分析和处理，帮助交通管理部门做科学分析和决策。对于公路货运业，大数据分析可以减少工作环节，且能够实现科学调度，进一步提高货车利用率，大大缩减货车周转所需时间。对于使用交通运输服务的用户，在实际应用中，各类型数据通过动态电子地图的形式实现可视化，用户可根据各自需求，在电子地图上进行内容查询。公共信息平台会将可提供服务的公路货运企业的信用评价、报价、车辆总数、车型结构、运力布局等信息进行处理，然后根据用户要求，遵循运输合理化原则，对运输线路和运输方式进行选择，并将选择结果反馈给用户。用户就可以准确掌握企业动态，从而实现科学决策。

（二）大数据在公路运输中的应用

1. 车货匹配

由于信息不对称，运输供给不均衡而造成的运输空驶率高，路桥费等硬性成本优化难，加上运输人员人工成本、吃住行修、加油、保险等软性成本过高，导致了运输成本长期居高不下。通过构建大数据信息服务平台，可以将平台中所有接入车辆的路线、车型、载货情况等一一展示在所有车主和货主面前，用户只需要将需求发送到线上，平台即可智能化匹配货主与车主，大大提高车货匹配效率，降低车辆空驶风险，从而降低货运成本。

2. 安全监控

根据货运车辆监控需要，安装各种传感器、视频监控设备，将收集的相关信息集成、处理、分析，如有任何异常数据，安全监控人员可实时找到驾驶人员或车辆潜在的安全隐患，采取措施解决。例如，建立危险货物的运输安全监测系统，可以实现危险货物运输整个流程的管理审批；建立整个公路超限货物运输的信息管理，可以实现超限货物的网络监管、承运人资质管理、运输决策帮助，超限货物跟踪、统计分析等功能；加强货物检查安全集中监控系统的建设，可以提高实时监控报警的功能，实现自动语音提示和综合数据处理，并实现从货物装车前的预检到车辆出站全过程的视频监控和管理。

3. 数据管理

利用大数据技术整合公路货运平台资源，以形成规模效应，以海量数据代替采样数据，这是其他公路运输统计数据无法比拟的优势。在交通流分析、经济运行分析、运费统计等交通数据统计中，大数据平台可快速准确地识别、抓取及计算数据，减少了不必要的重复工作，提高了统计人员的工作效率，利于运输企业掌握货运市场现状，了解行业发展动态，分析宏观经济形势。

三、北斗卫星导航系统在公路运输中的应用

建设交通强国，需要构建智慧交通体系。通过运用北斗卫星导航系统，能够使公路运输管理的智能化水平有效提高，使我国的公路运输安全得到有效保障。北斗卫星导航系统在公路运输中的应用主要有：

（一）车辆智能导航

北斗卫星导航系统能够实现对车辆的智能化导航。北斗卫星导航系统在车辆智能导航中的应用主要体现在以下几个方面：对车辆进行的定位及跟踪，对车辆行车路线进行设计并进行引导，提供综合信息服务并进行信息交流。通过在车辆上安装北斗车载终端系统，利用北斗卫星导航服务对车辆的实际位置进行定位，并将位置信息与终端系统所储存的电子地图进行匹配，从而实时显示出车辆的实际运行位置。同时，通过北斗卫星导航系统，还可以根据驾驶员设定的行驶目的地，利用智能计算对行驶路径进行优化，为驾驶员提供路程最短或者用时最少的路径信息。此外，借助北斗卫星导航系统中集成的电子罗盘以及车速传感器等装置，还可以对车辆的运行方向以及运行速度进行测量，并通过相应的算法实现对车辆的智能导航，使车辆定位系统更加完善。

（二）车辆运营管理

在公路管理系统中，对车辆的运营进行管理是非常重要的一个环节。而利用北斗卫星导航系统，结合无线通信技术的后端服务运用，可以建立完善的公路交通管理系统，对整个交通运输过程进行全面管理和控制。

通过车辆监控和调度系统与北斗卫星导航系统相结合，能够将车辆状况在电子地图中进行清晰显示，从而帮助管理者对车辆进行及时、有效的调度和调整。此外，以北斗卫星导航系统为基础，可以优化设计社会运行系统中的管理方案，并对社会运行系统的软件和硬件进行合理配置。例如，将城市医疗交通急救系统与公路交通管理系统相结合，能够使城市的医疗急救事业得到更加良好的发展。

由于北斗卫星导航系统具有覆盖面广、不受国际政治因素影响的优势，因此对于跨境车辆、特种车辆的监管具有更好的效果，能够大大提高政府的行政管理水平。在货运、客运管理上，通过北斗卫星导航系统能够使车辆的空载率得到有效降低，使运输企业的经济收益提高。此外，随着我国卫星定位系统服务平台的逐渐完善，公众的出行、物流、娱乐等也能够逐渐实现一体化的发展。

（三）公路交通监控

通过将北斗卫星导航系统与计算机网络技术、移动通信技术等相结合，可以实现公路交通管理与监控系统的智能化，实时获取公路交通的相关数据，为我国的公路交通的规划和建设提供有效的参考信息。通过对北斗卫星导航系统的定位和无线通信功能的开发，能够让政府、企业对车辆进行实时的监控和调度，改善车辆监控和调度中的效率低下的问题，使车辆管理的效率得到提高。通过利用北斗卫星导航系统建立的车辆管理系统，能够使公路管理部门实时监控和定位车辆的运行位置，从而更加便捷地指挥和调度公路交通，并可以通过广播、网络等渠道向公众及时传播公路交通信息。同时还能够加强公共部门对交通紧急事件的应急处理，实现快速救援，使公路交通的安全和顺畅得到有效的保障。

技 能训练 «‹‹‹

实训目标

能够完成一份智慧运输分析报告。

情景描述

选取典型企业案例，通过某运输企业信息技术应用调研，分析智慧运输在运输决策，运输方案设计，优化运输作业流程等的作用及产生的效果。完成一份智慧运输分析报告。

环境要求

1. 一间能够容纳80人的计算机教室。
2. 需要能够上网的计算机80台，计算机装有办公软件。
3. 需要一台投影仪及配套设备。
4. 需要白板、马克笔等资料若干。

同 步测试 «‹‹‹

（一）单选题

1. 物联网的英文缩写是（　　　）。

　　A. IOT　　　　　　　　　　B. GPS

　　C. RFID　　　　　　　　　　D. GIS

2. （　　　）是指利用发射接收无线电射频信号，对物体采用近距离无接触方式进行跟踪的一种高新技术。

　　A. RFID　　　　　　　　　　B. GPS

　　C. GIS　　　　　　　　　　　D. WMS

3. Global Positioning System 是（　　　）。

　　A. 地理信息系统　　　　　　B. 全球定位系统

　　C. 卫星导航系统　　　　　　D. 遥感定位系统

4. 射频识别系统由（　　　）、读写器或阅读器组成。

　　A. 条形码　　　　　　　　　B. 卫星

　　C. 光源　　　　　　　　　　D. 电子标签

5. （　　　）系统是由我国的研究机构独立研制的卫星通信定位系统。

　　A. GLONASS　　　　　　　　B. GPS

　　C. 北斗卫星导航　　　　　　D. GALILEO

（二）多选题

1. GPS在公路运输管理中的应用包括（　　　　　　　　）及第三方应用。

   A. 路线规划　　　　　　　　　B. 实时监控

   C. 双向通信　　　　　　　　　D. 动态调度

   E. 数据存储和分析

2. 智能交通和智慧交通的区别表现在（　　　　　　）。

   A. 本质不同　　　　　　　　　B. 定义不同

   C. 目标不同　　　　　　　　　D. 核心不同

   E. 没有不同

3. 大数据的特征包括（　　　　　）。

   A. 数据规模大　　　　　　　　B. 数据类型多

   C. 数据流转快　　　　　　　　D. 价值密度低

   E. 数据清晰度高

4. 北斗卫星导航系统由（　　　　　　）组成。

   A. 空间段　　　　　　　　　　B. 地面段

   C. 用户段　　　　　　　　　　D. 管理段

   E. 时空段

5. 大数据在公路运输中的应用有（　　　　　　）。

   A. 车货匹配　　　　　　　　　B. 事故处理

   C. 安全监控　　　　　　　　　D. 数据管理

   E. 货物跟踪

（三）简答题

1. 简述GPS技术与GIS技术的区别。

2. 简述GPS技术的含义及基本原理。

3. 简述北斗卫星导航系统在公路运输中的应用。

4. 简述RFID技术的基本原理。

5. 简述我国智慧运输发展趋势。

参考文献 <<<<<<<<<<<<<

［1］李琼，汪勇杰.道路运输组织学［M］.北京：人民交通出版社，2020.

［2］王术峰.运输管理［M］.北京：机械工业出版社，2018.

［3］孟祥茹.运输组织学［M］.2版.北京：北京大学出版社，2022.

［4］张亚平，杨大恒，徐玲玲.交通运输物联网［M］.北京：中国财富出版社，2011.

［5］张志骏，袁长伟.道路运输统计［M］.北京：人民交通出版社，2010.

［6］刘艳霞，杨丽.物流运输管理［M］.北京：机械工业出版社，2018.

［7］黄福华，吴可夫.物流绩效管理研究［M］.长沙：湖南人民出版社，2007.

［8］陈志红.运输管理实务［M］.北京：人民交通出版社，2007.

［9］王述英.物流运输组织与管理［M］.北京：电子工业出版社，2006.

［10］方芳.运输管理［M］.北京：高等教育出版社，2005.

［11］朱隆亮，万耀明.物流运输组织管理［M］.2版.北京：机械工业出版社，2004.

［12］金廷芳.物流运输管理实务［M］.广州：华南理工大学出版社，2008.

［13］邵振一，董千里.道路运输组织学［M］.北京：人民交通出版社，1998.

主 编 简 介

仪玉莉，教授，任辽宁省交通高等专科学校物流管理系主任15年。主编的《运输管理》教材荣获"十二五""十三五""十四五"职业教育国家规划教材。荣获辽宁省教学名师奖，2018年入选首届中共辽宁省委组织部/辽宁省人才工作领导小组"兴辽英才计划"教学名师。辽宁省普通高等学校品牌专业带头人，优秀教学团队负责人。全国交通高等职业教育物流管理专业带头人，全国物流行职委教育改革专委会委员、全国交通运输行职委运输管理类专委会委员。全国高职高专经管类专业教学资源库建设专家。参与完成国家级教学成果二等奖1项；省部级教学成果一等奖1项；二等奖3项。主持省部级教学成果一等奖1项；二等奖2项。主持教育部物流管理专业教学资源库建设－运输管理课程建设，及其升级建设。主持辽宁省精品课程"现代物流管理"建设。主持省部级及以上教科研课题5项，参与部级及以上教科研课题11项。授权发明专利2项。

关艳萍，副教授。高级物流师。主编的《运输管理》成功入选"十二五""十三五""十四五"国家职业教育规划教材。荣获国家级教育教学成果二等奖1项；辽宁省教育教学成果特等奖1项，一等奖1项，二等奖4项。国家级资源库《运输管理》，国家级共享资源课程等2门，辽宁省级精品课等2门。主持完成了物流三年制高职、初中起点五年一贯制人才培养方案；中职升高职考试纲要、高职升本科考试纲要。主编教材1部。完成教研项目40余项。发表论文30余篇，其中中文核心期刊论文4篇。获得发明专利1项，实用新型专利及软著20项。以赛代教，以赛代改。荣获省级教师信息化大赛二等奖2项，三等奖1项；指导学生获得全国职业技能大赛一等奖1项，二等奖1项。

郑重声明

高等教育出版社依法对本书享有专有出版权。任何未经许可的复制、销售行为均违反《中华人民共和国著作权法》，其行为人将承担相应的民事责任和行政责任；构成犯罪的，将被依法追究刑事责任。为了维护市场秩序，保护读者的合法权益，避免读者误用盗版书造成不良后果，我社将配合行政执法部门和司法机关对违法犯罪的单位和个人进行严厉打击。社会各界人士如发现上述侵权行为，希望及时举报，我社将奖励举报有功人员。

反盗版举报电话 （010）58581999　58582371
反盗版举报邮箱　dd@hep.com.cn
通信地址　北京市西城区德外大街4号
　　　　　高等教育出版社知识产权与法律事务部
邮政编码　100120

读者意见反馈

为收集对教材的意见建议，进一步完善教材编写并做好服务工作，读者可将对本教材的意见建议通过如下渠道反馈至我社。

咨询电话　400-810-0598
反馈邮箱　gjdzfwb@pub.hep.cn
通信地址　北京市朝阳区惠新东街4号富盛大厦1座
　　　　　高等教育出版社总编辑办公室
邮政编码　100029

防伪查询说明

用户购书后刮开封底防伪涂层，使用手机微信等软件扫描二维码，会跳转至防伪查询网页，获得所购图书详细信息。

防伪客服电话 （010）58582300

网络增值服务使用说明

授课教师如需获取本书配套教辅资源，请登录"高等教育出版社产品信息检索系统"（xuanshu.hep.com.cn），搜索本书并下载资源。首次使用本系统的用户，请先注册并进行教师资格认证。

高教社高职物流专业QQ群：213776041